Jovens olhares sobre a Guerra Fria

Org. Charles Sidarta Machado Domingos

Jovens olhares sobre a Guerra Fria

1ª edição

coragem

www.editoracoragem.com.br
contato@editoracoragem.com.br
(51) 98014.2709

Produção editorial e projeto gráfico: Thomás Vieira.
Preparação e revisão: Pedro S. Gediel.

Porto Alegre, Rio Grande do Sul.
Outono de 2022.

Dados Internacionais de Catalogação na Publicação (CIP)
(Câmara Brasileira do Livro, SP, Brasil)

Jovens olhares sobre a Guerra Fria / org. Charles Sidarta Machado Domingos. -- 1. ed. --

Porto Alegre, RS : Editora Coragem, 2022.
Vários autores.
Bibliografia.
ISBN 978-65-996064-1-0

1. Guerra Fria - História 2. Política internacional 3. Relações internacionais 4. União Soviética I. Domingos, Charles Sidarta Machado.

22-105691 CDD-327.112

Índices para catálogo sistemático:

1. Guerra Fria : Política internacional 327.112

Eliete Marques da Silva - Bibliotecária - CRB-8/9380

Sumário

A Guerra Fria e os Jovens

Apresentação

Charles Sidarta Machado Domingos

Marc Bloch nos ensinou em seu livro *Apologia da História ou o Ofício de Historiador* que "a História é a ciência que estuda os homens no tempo" (BLOCH, 2001, p. 55). Hoje, indiscutivelmente, esse livro está entre os clássicos dos estudos históricos. Escrito em condições extremamente adversas, quando o autor estava preso em um campo de concentração nazista durante a Segunda Guerra Mundial, esse livro traz questões e reflexões que ainda hoje – e por isso ele é um clássico – são fundamentais para o entendimento da História.

Entre elas, que não existe História sem os seres humanos, como concorda Eric Hobsbawm para quem "a única generalização cem por cento segura sobre a história é aquela que diz que enquanto houver raça humana haverá história" (HOBSBAWM, 2003, p. 16). A relação entre as mulheres e os homens com a história sempre vai se construindo a partir da realidade social de cada momento vivido; afinal, "os seres humanos fazem sua própria história, mas não a fazem de maneira voluntária, não sob circunstâncias por eles próprios escolhidas, e sim sob circunstâncias encontradas, dadas e legadas de maneira direta" (MARX, 2020, p. 30).

O século XX foi um período muito intenso na História. A velocidade das mudanças sociais, políticas, econômicas e culturais demonstram bem a dinâmica histórica daquela época. Para alguns, foi "O Século Americano" (PURDY, 2018), afinal, desde a Primeira Guerra Mundial os Estados Unidos da América (EUA) vão se tornando mais fortes que as outras potências capitalistas e rapidamente tomam seu lugar; outros o percebem como "O Século Soviético" (LEWIN, 2007), no qual, a partir da Revolução Socialista de 1917, a Rússia – que em 1922 se tornará a União das Repúblicas Socialistas Soviéticas (URSS) – passa a construir uma modernidade alternativa àquela construída pelo capitalismo desde a Dupla Revolução da segunda metade do século XVIII.

O século XX também pode ser entendido como "O Breve Século XX" (HOBSBAWM, 2003). Um século que se inicia com a Primeira Guerra Mundial em 1914, mas que ganha uma nova dimensão a partir de 1917, e que se encerra em 1991 com o fim da URSS. Para Eric Hobsbawm, esse Breve Século XX se desenvolveu em três momentos: de 1914 a 1945 em uma "Era da Catástrofe", onde o autor argumenta que houve um conflito de 31 anos; uma "Era de Ouro" de 1947 até 1973, na qual capitalismo e socialismo viveram seu esplendor e uma fase de "Desmoronamento" indo de 1974 até o fim da

URSS em 1991. Mais da metade desse "Breve Século XX", que dura 77 anos, vai corresponder ao período da Guerra Fria (1945-1991).

Com o final da Segunda Guerra Mundial em 1945, houve uma rápida deterioração da Aliança entre Estados Unidos e União Soviética "que na maior parte do século – com exceção do breve período de antifascismo – ocuparam posições de antagonismo inconciliável" (HOBSBAWM, 2003, p. 17). Como sutilmente menciona Eric Hobsbawm, esse antagonismo já era presente desde 1917. Outros historiadores irão mais longe, ao afirmar que a Guerra Fria tem início no mesmo momento em que a Revolução de Outubro sai vitoriosa em 1917 (POWASKI, 2000; FONTANA, 2017).

Não discordamos da análise dos historiadores citados acima a respeito da presença imediata desse antagonismo entre capitalismo e socialismo desde a vitória dos revolucionários russos – os bolcheviques. Acreditamos inclusive que esse antagonismo foi importante para a melhoria das condições de trabalho e de vida social das pessoas no mundo capitalista: a Revolução de 1917 foi uma motivação excelente para isso nos EUA, na Europa Ocidental e mesmo na América Latina. A burguesia precisava dar alguma resposta aos trabalhadores para que eles não fossem cada vez mais atraídos pelo que a URSS representava naquele momento. A Revolução Socialista domesticava o capitalismo selvagem! Mas também entendemos que o mundo que se abriu com o fim da Segunda Guerra Mundial foi um mundo diferente daquele anteriormente conhecido em função de algumas características centrais:

> Os 45 anos que vão do lançamento das bombas atômicas até o fim da União Soviética não formam um período homogêneo único na história do mundo. (...) Apesar disso, a história desse período foi reunida sob um padrão único pela situação internacional peculiar que o dominou até a queda da URSS: o constante confronto das duas superpotências que emergiram da Segunda Guerra Mundial na chamada "Guerra Fria" (HOBSBAWM, 2003, p. 223).

As bombas atômicas conferiam uma peculiaridade singularmente terrível àquele mundo pós-guerra. E originalmente eram uma exclusividade dos Estados Unidos: "É possível constatar que, a partir dos resultados positivos com os testes nucleares em Alamogordo, em 16 de julho de 1945, Truman iniciou o processo de exclusão dos soviéticos na participação da construção de uma nova ordem no Extremo Oriente, conforme pactuado em Yalta" (MUNHOZ, 2020, p. 114). A União Soviética, embora tenha saído vitoriosa da Segunda Guerra Mundial, saiu devastada econômica e demograficamente: muitas de suas fábricas e centros urbanos estavam destruídos e mais de 27 milhões de soviéticos foram mortos durante a Grande Guerra Patriótica (assim os soviéticos e hoje os russos se referem à Segunda Guerra Mundial). Mesmo assim, em 1949 os soviéticos já contavam com a sua própria bomba atômica e, por volta de 1955, já eram uma superpotência equiparada aos EUA – o que constitui uma característica muito particular da Guerra Fria, diferencinado-a do período iniciado em 1917.

Outra característica bastante peculiar do pós-guerra foi o que chamamos de corrida espacial. Ao longo dos anos 50 e 60, houve uma disputa muito intensa entre estadunidenses e soviéticos sobre o domínio do espaço sideral. Em 1957, os soviéticos foram os responsáveis pelo primeiro satélite artificial, o Sputnik e no mesmo ano enviaram o primeiro ser vivo ao espaço, a cachorrinha Laika. Em 1961, o primeiro ser humano a entrar em órbita também era soviético, o cosmonauta Yuri Gagarin e em 1969 o homem pousava na lua com o estadunidense Neil Armstrong. Grandes feitos tecnológicos, mas que principalmente serviam como demonstração da superioridade de cada estilo de vida numa tentativa de atração dos corações e das mentes das pessoas ao redor do mundo. Hoje pode parecer muito difícil de acreditar, mas "o Ocidente capitalista sentia estar perdendo terreno para as economias comunistas, que haviam crescido mais rapidamente na década de 1950" (HOBSBAWM, 2003, p. 240).

As disputas da Guerra Fria, tanto tecnológicas, como econômicas, políticas e culturais, foram a base da segunda metade do século XX. Eram formas de atração e sustentação das populações de suas nações, mas também dos países que estavam fora de sua área de influência, servindo como propaganda do alto nível de seu estilo de vida. Mas faziam parte também de uma lógica de dominação ante seus próprios cidadãos. Nessa perspectiva, existem historiadores que entendem a Guerra Fria como um **conflito** e outros como um **sistema**.

Para os que veem a disputa entre EUA e URSS em termos de competição, a Guerra Fria apenas seria superada com a vitória de um polo sobre o outro:

> Enquanto os dois sistemas distintos existiram, o **conflito** da Guerra Fria estava destinado a continuar: a Guerra Fria não poderia terminar com

> o compromisso ou a convergência, mas somente com a prevalência de um destes sistemas sobre o outro. Somente quanto o capitalismo prevalecesse sobre o comunismo, ou vice-versa, o conflito intersistêmico se encerraria (HALLIDAY, 2007, p. 195 – grifos nossos).

Já os historiadores que veem a Guerra Fria como uma forma de controle das populações de cada superpotência percebiam que a estabilidade da Guerra Fria interessava tanto à URSS quanto aos EUA:

> Seria mais realista considerar o sistema da Guerra Fria como uma macabra dança da morte na qual os governantes das superpotências mobilizam suas populações em apoio a medidas severas e brutais contra as vítimas no interior daqueles que consideram seus respectivos domínios, onde estão "protegendo seus legítimos interesses". Com esta finalidade, o recurso à suposta ameaça do poderoso inimigo global tem-se verificado dos mais úteis. Neste sentido, a Guerra Fria revelou-se altamente funcional para as superpotências, sendo este um dos motivos pelos quais persiste, não obstante a perspectiva de dizimação recíproca se o **sistema** sair dos trilhos, o que provavelmente acontecerá mais cedo ou mais tarde (CHOMSKY, 2007, p. 321-322 – grifos nossos).

Em nossa avaliação, a Guerra Fria funcionou tanto como **conflito** quanto como **sistema** ao longo de sua existência. Era do interesse das duas superpotências o emprego da propaganda que era a tônica do conflito, mas também do medo que era importante para a manutenção dos grupos políticos internos no poder em cada país, enfraquecendo as críticas e mesmo a emergência de oposições.

Além disso, os anos entre 1945 e 1991, no qual a Guerra Fria se desenvolveu, e que abarca mais da metade do "Breve Século XX", não foram um período homogêneo, como lembrado anteriormente por Eric Hobsbawm. Há diferentes formas de entender o desenvolvimento daquele tempo. Mais recentemente, temos pensado na Guerra Fria com a seguinte periodização:

Confrontação (1945-1962): é o período do início da Guerra Fria, tratado no capítulo intitulado *Começa uma "nova era": o início da Guerra Fria visto pela grande imprensa brasileira*, de minha autoria. Dentro dessa época temos o primeiro conflito mais "quente" da Guerra Fria, a Guerra da Coreia, analisado por Adrian Nunes de Carvalho e Pedro Duarte Pereira no capítulo *Península Vermelhazul: a Guerra da Coreia na grande imprensa brasileira*. E encerramos no ano de 1961 com o capítulo de Alice da Cruz Busatto e Karolayne de Lima Recoba, *Revolução Cubana: a representação da invasão da Baía dos Porcos na grande imprensa brasileira*. Essa fase que chamamos de confrontação se encerra com a Crise dos Mísseis de outubro de 1962, que trouxe o horror nuclear a um ponto até então desconhecido na História.

Détente (1963-1978): Com a resolução pacífica da Crise dos Mísseis, temos a abertura de um novo momento na Guerra Fria. Para evitar momentos de tensão tão alucinantes quanto os vividos em outubro de 1962, uma *linha vermelha*, direta, ligando a Casa Branca ao Kremlin, assim como o Pacto de Paz Atômica, de agosto de 1963, são os pontos iniciais desse novo período. Dessa época, temos o capítulo escrito por Gabrielly Hampe Salvador, Natália Ramazzini Lindner e Vitória Simon de Souza com o título *A bala assassina: o impacto causado pelo assassinato do presidente John F. Kennedy na imprensa brasileira*. É desse momento também o golpe civil-militar no Brasil em 1964 e um movimento de proporção mundial no ano de 1968 – que negava aquele mundo da Guerra Fria – e que podemos entender melhor a partir da leitura do capítulo de Cássia Luísa de Menezes Ferreira *"Mataram um Estudante. Podia ser seu filho!": reflexos da Guerra Fria no Brasil*. É importante lembrar que na América Latina a distensão não estava na ordem do dia: depois do Brasil, houve golpes militares em 1973 no Uruguai em junho e no Chile em 11 de setembro, seguido pelo golpe na Argentina em 1976. A América Latina se torna vermelha, não do comunismo, mas de sangue. Também é desse período o fim da Guerra do Vietnã, com a acachapante derrota dos Estados Unidos.

Nova Guerra Fria (1979-1991): No natal de 1979, a URSS entraria no seu próprio atoleiro ao estilo do Vietnã: a Guerra do Afeganistão. No mesmo ano, Margareth Thatcher, a *Dama de Ferro* do capitalismo é empossada como primeira-ministra da Grã-Bretanha com o objetivo de acabar com o Estado de Bem-Estar Social inglês e, no ano seguinte, Ronald Reagan é eleito presidente dos Estados Unidos e toma posse em 20 de janeiro de 1981: juntos, levam o mundo a uma "nova Guerra Fria". Desse período temos também um dos primeiros grandes desafios enfrentado por Mikhail Gorbachev, apresentado no capítulo escrito por Andrielly Saraiva de Araujo, Bárbara Lopes Nobre de Souza e Manuela da Rosa Azeredo: *Uma nuvem perigosa paira sobre o socialismo: o desastre de Chernobyl representado na imprensa brasileira*, seguido daquele que foi o símbolo maior da Guerra Fria analisado no capítulo de Laura Martins de Lima e Rafaela Gulgelmin Collovini intitulado *Da construção à queda: a História do Muro de Berlim na imprensa brasileira* e encerrando a Guerra Fria e também o nosso livro temos o capítulo de Hernani Santos de Oliveira com o título *Desce a Bandeira Vermelha: a dissolução da União Soviética na grande imprensa brasileira.*

Todos os capítulos desses *Jovens Olhares Sobre a Guerra Fria* foram produzidos a partir do que chamamos de fontes primárias de pesquisa: no caso desse livro, os jornais brasileiros do período compreendido entre 1945 e 1991, que é o tempo da Guerra Fria. Foram pesquisados os periódicos *Correio da Manhã, Jornal do Brasil, Diário de Notícias, Diário Carioca e Última Hora, todos do Rio de Janeiro; O Estado de São Paulo e Folha de São Paulo;* e o *Correio Braziliense.*

Em comum, todos esses jornais têm o fato de pertencerem ao que se chama de "grande imprensa". Como afirma Tania de Luca, o conceito de grande imprensa "de forma genérica designa o conjunto de títulos que, num dado contexto, compõe a porção mais significativa dos periódicos em termos de circulação, perenidade, aparelhamento técnico, organizacional e financeiro" (LUCA, 2020, p. 149). Embora seja um conceito muito fluido, ele está ligado diretamente ao desenvolvimento capitalista no Brasil no século XX que, em suas primeiras décadas, trouxe uma transformação significativa também no jornalismo em nosso país. Os jornais deixavam de ter a vinculação explícita com grupos partidários – como foi muito presente no século XIX – e passavam a se organizar como empresas capitalistas visando em última instância o lucro para seus proprietários.

Ao longo dos anos da Guerra Fria, o Brasil transitou do fim da ditadura do Estado Novo com a deposição de Getúlio Vargas em 29 de outubro de 1945 até o ano de 1991, quando o primeiro presidente da Nova República era Fernando Collor de Mello. Nesse período, houve um tempo de uma pujante "experiência democrática" entre os fins de 1945 e o golpe militar de 1 de abril de 1964, seguido de uma longa ditadura militar que durou 21 anos e se encerrou em 1985 (que contou em grande parte com a censura à imprensa) dando início à Nova República simbolizada pela Constituição de 1988.

Durante esse momento da Guerra Fria no Brasil, os jornais da grande imprensa consolidaram as mudanças que começaram a ocorrer nas primeiras décadas do século. E esse movimento se deu a partir do deslocamento do sentido daquilo que o jornal informava:

> Os jornais, ao priorizarem, a partir daí, um conteúdo enfeixado pela ideia de imparcialidade contida nos parâmetros do lide e na edição, no qual o corpo de copy-desk ganha destaque, e ao promoverem a padronização da linguagem, constroem para a imprensa o espaço da neutralidade absoluta. Com isso, passam a ter o reconhecimento do público como lugares emblemáticos para a difusão da informação, ainda que a carga opinativa não tenha sido alijada das publicações (BARBOSA, 2010, p. 151).

Desse modo, os jornais da grande imprensa procuravam consolidar essa nova imagem perante o público leitor com o "sentido de transformar as notícias produzindo a aura de neutralidade e objetividade" (BARBOSA, 2010, p. 150). Era ao mesmo tempo uma estratégia de poder político e econômico: político no sentido de criação de um consenso, onde "o leitor do jornal, ao ver réplicas idênticas sendo consumidas no metrô, no barbeiro ou no bairro em que mora, reassegura-se continuamente das raízes visíveis do mundo imaginado na vida cotidiana" (ANDERSON, 2008, p. 68), formando então uma "comunidade imaginada" entre os leitores; e econômico no sentido de afirmação de um pensamento único, embora evidentemente com algumas clivagens, que considerava aqueles valores ideológicos centrais para aquela estratégia de poder onde "o capitalismo cria a ilusão de que as oportunidades são iguais para todos, a ilusão de que triunfam os melhores, os mais trabalhadores, os mais diligentes, os mais econômicos" (MELLO; NOVAIS, 1998, p. 581), reproduzindo as bases de um discurso meritocrático muito caro ao capitalismo.

Sabemos que a neutralidade e a objetividade no sentido em que os jornais tentam se apresentar fazem parte de um discurso ideológico; afinal, nenhuma fonte histórica é neutra, "pois os textos ou os documentos arqueológicos, mesmo os aparentemente mais claros e mais complacentes, não falam senão quando sabemos interrogá-los" (BLOCH, 2001, p. 79). Em razão disso, é fundamental fazermos as perguntas adequadas às fontes primárias com as quais estamos nos deparando em nossas pesquisas. Não devemos tratar os jornais "como meros receptáculos de informações a serem selecionadas, extraídas e utilizadas ao bel prazer do pesquisador" (LUCA, 2021, p. 116).

Ao investigarmos a História utilizando os jornais como fonte de pesquisa, precisamos estar sempre atentos aos textos que analisaremos, mas também devemos "estar alerta para os aspectos que envolvem a materialidade dos impressos e seus suportes que nada têm de natural" (LUCA, 2021, p. 132). O destaque que determinada informação recebe, por exemplo, na capa de um jornal, não pode ser considerado da mesma forma em que uma pequena nota em alguma página interna do periódico. Há razões para se enfatizar mais ou menos determinada notícia – e cabe à pesquisadora e ao pesquisador não perder isso de vista.

E nesse ponto gostaríamos de chamar a atenção para a peculiaridade desse livro: à minha exceção, todos os demais autores dos capítulos desse livro nasceram ou no último ano do século XX ou em 2001, 2002, 2003 e 2004, portanto, nos primeiros anos do século XXI. Elas e eles não compartilham da mesma experiência que outros pesquisadores de gerações anteriores tiveram com os periódicos da grande imprensa enquanto instrumento de informação e tampouco com o jornal como objeto físico. Os Jovens Pesquisadores que contribuem com seus trabalhos neste livro fazem parte de uma geração digital por excelência. Desse modo, para eles – assim como para os Jovens Leitores que terão esse livro em mãos – a relação com os jornais em papel é mais distante, o que constituiu mais um desafio para as autoras e autores – embora, esse distanciamento também seja interessante em termos de menor subjetividade com a fonte examinada, permitindo uma análise diferenciada em relação às gerações anteriores. Por outro lado, o acesso à Hemeroteca Digital da Biblioteca Nacional, onde estão concentradas as fontes primárias utilizadas nesse livro, não apresentou para eles maiores dificuldades de acesso nem de ambientação, permitindo que se concentrassem na crítica necessária para a análise daqueles jornais.

Em seu célebre livro *Era dos Extremos*, Eric Hobsbawm afirma que "quase todos os jovens de hoje crescem numa espécie de presente contínuo, sem qualquer relação orgânica com o passado público da época em que vivem" (HOBSBAWM, 2003, p. 13). Apesar de passados mais de vinte e cinco anos em que Hobsbawm escreveu essas palavras – e hoje a realidade social ter diferenças que são bastante perceptíveis – elas se mantém bastante atuais. E isso não é responsabilidade dos jovens, pois "a destruição do passado – ou melhor, dos mecanismos sociais que vinculam nossa experiência pessoal à das gerações passadas – é um dos fenômenos mais característicos e lúgubres do final do século XX" (HOBSBAWM, 2003, p. 13), ou seja, do mundo que emergiu da Guerra Fria.

Mais uma vez à minha exceção, todos os demais autores nasceram após o período da Guerra Fria. Para eles, aquela época não produziu nenhuma memória própria: sua subjetividade afetou muito pouco a produção de seus trabalhos apresentados agora neste livro. Eles nasceram e vivem em um mundo onde o capitalismo tem como projeto a "destruição do passado" para a formação de um pensamento único, onde não haja espaço para sociabilidades alternativas em nível macro. E isso passa pelo esquecimento do passado, que é fértil em demonstrar – com seus limites todos que existiram – que as coisas não foram sempre assim como são hoje; e que, portanto, não serão, necessariamente, sempre assim também. Não é por acaso, portanto, que "quase todos os jovens de hoje" não consigam vislumbrar um futuro diferente do presente, ou seja, do mundo capitalista.

E essa não é uma perspectiva exclusiva de um historiador marxista. O respeitado historiador Tony Judt, que definitivamente não tinha simpatia pelo marxismo, afirmou, por volta do fim da primeira década do século XXI, que vivemos "em uma era de esquecimento" (JUDT, 2008, p. 13). Para Judt, o fim do mundo da Guerra Fria trouxe as condições necessárias para essa mudança em relação ao passado, em razão da globalização, mas de uma forma diferente das anteriores: "o aspecto significativo sobre a era atual de transformações não é a tranquilidade única com que abandonamos as práticas do passado – algo normal, que não chega a assustar – e sim a própria memória delas. Um mundo recentemente perdido já ficou meio esquecido" (JUDT, 2008, p. 18).

E dentro desse processo de esquecimento, Tony Judt destaca como a economia capturou a política após o fim da Guerra Fria através da mudança na visão sobre o Estado. O autor argumenta que o Estado de Bem Estar Social, que já vinha sofrendo críticas desde o final dos anos 1970, passou a ser percebido como desnecessário com o final da Guerra Fria: "em conjunção com a queda do comunismo e o decorrente descrédito no projeto socialista em todas as suas formas, a redução do Estado se tornou condição padrão do discurso público em grande parte do mundo desenvolvido" (JUDT, 2008, p. 21). Judt não fala explicitamente em pensamento único como produto do fim da Guerra Fria, mas declara que "o que chama a atenção é o quanto perdemos nossa capacidade até de conceber uma política pública que transcenda a visão estreita do economicismo. Desaprendemos a pensar politicamente" (JUDT, 2008, p. 24).

Tony Judt aponta como o esquecimento do passado é fundamental para que a sociedade internalize a noção de que a técnica (economia) é imparcial, é apolítica, construindo assim uma visão homogênea sobre a realidade social, ou seja, a ilusão de um congelamento da História: "de todas as ilusões contemporâneas a mais perigosa é a que sustenta e justifica todas as outras. E essa vem a ser a ideia de que vivemos em um tempo sem precedentes: de que o que está acontecendo a nós é novo e irreversível, e que o passado nada tem a nos ensinar" (JUDT, 2008, p. 33).

Com o fim da Guerra Fria, os projetos de construção de uma visão de pensamento único ou congelamento da História não passam de tentativas de ilusão, a partir da "destruição do passado" ou da "era de esquecimento", como bem observam Hobsbawm e Judt, cada qual a sua maneira, a partir de seus instrumentos teóricos e metodológicos. Com esses *Jovens Olhares Sobre a Guerra Fria* procuramos mostrar que a História tem um compromisso maior que é com a verdade. E para isso não falta Coragem a esses Jovens Pesquisadores.

Como Vladimir Maiakóvski escreveu:

> "O mar da História é agitado.
> As ameaças e as guerras, havemos de atravessá-las.
> Rompê-las ao meio, cortando-as, como uma quilha corta as ondas".

Referências

ANDERSON, Benedict. *Comunidades Imaginadas*: reflexões sobre a origem e a difusão do nacionalismo. São Paulo: Companhia das Letras, 2008.

BARBOSA, Marialva. *História Cultural da Imprensa*: Brasil (1900-2000). 2ª ed. Rio de Janeiro: Mauad X, 2010.

BLOCH, Marc. *Apologia da História ou o ofício de historiador*. Rio de Janeiro: Jorge Zahar Editor, 2001.

CHOMSKY, Noam. *Rumo a uma nova guerra fria*: Política Externa dos EUA, do Vietnã a Reagan. Rio de Janeiro: Record, 2007.

FONTANA, Josep. *El siglo de la Revolución*: una Historia del mundo desde 1914. Barcelona: Crítica, 2017.

HALLIDAY, Fred. *Repensando as relações internacionais*. 2ª ed. Porto Alegre: Editora da Universidade (UFRGS), 2007.

HOBSBAWM, Eric. *Era dos Extremos*: o breve século XX (1914-1991). 2ª ed. São Paulo: Companhia das Letras, 2003.

JUDT, Tony. *Reflexões sobre um século esquecido (1901-2000)*. Rio de Janeiro: Objetiva, 2010.

LEWIN, Moshe. *O Século Soviético*: da Revolução de 1917 ao colapso da URSS. Rio de Janeiro: Record, 2007.

LUCA, Tania Regina de. A grande imprensa na primeira metade do século XX. In: MARTINS, Ana Luiza; LUCA, Tania Regina de (Orgs.). *História da Imprensa no Brasil*. 2ª ed. São Paulo: Contexto, 2020, p. 149-175.

LUCA, Tania Regina de. História dos, nos e por meio dos periódicos. In: PINSKY, Carla (Org.). *Fontes Históricas*. 3ª ed. São Paulo, Contexto, 2021, p. 111-153.

MARX, Karl. *O 18 de brumário de Luís Bonaparte*. Porto Alegre: L&PM, 2020.

MELLO, João Manuel Cardoso de Mello; NOVAIS, Fernando A. Capitalismo tardio e sociabilidade moderna. In: SCHWARCZ, Lília Moritz (Org.). *História da Vida Privada no Brasil*: Contrastes da intimidade contemporânea. São Paulo: Companhia das Letras, Volume 4, 1998.

MUNHOZ, Sidnei. *Guerra Fria*: História e Historiografia. Curitiba: Apris, 2020.

POWASKI, Ronald. *La Guerra Fría*: Estados Unidos y la Unión Soviética (1917-1991). Barcelona: Crítica, 2000.

PURDY, Sean. *O General Estadista*: Douglas MacArthur e o Século Americano. São Paulo: Intermeios, 2018.

Prefácio

Carla Brandalise
Professora Titular de História Contemporânea na UFRGS

Há muita coisa por trás do título dessa obra, "Jovens Olhares sobre a Guerra Fria". Traz muito mais que um conjunto de pesquisas realizadas a partir de uma sala de aula, em uma escola e com um professor. Existe aqui toda uma riqueza de experiências, de reflexões e aprendizados sobre um mundo, que, muito mais frequentemente do que gostaríamos, se mostra árduo e quase intangível. Há a compreensão, no alvorecer de uma vida adulta desses pesquisadores, dos intrincados ecos de reverberações históricas, os quais buscam dimensionar-se através de conceitos atemporais em sua expectativa de decifrar a caoticidade aparente de um universo cotidiano temporal e profano.

Há uma "ideia de História", demonstrada na redação de cada capítulo, através de considerações de ordens teórica e metodológica, estabelecendo um elo entre o fazer histórico e sua epistemologia, em sua busca pelo passado. Dado que a História, como conhecimento, é fruto de um trabalho de reconstrução minucioso e perseverante de um mosaico em sua temporalidade. Algo que se realiza segundo um método rigoroso, impregnado, ao mesmo tempo, de ciência e de intuição/percepção. Através de uma metodologia que desemboca na difícil arte de estabelecer os fatos em suas inter-relações.

Com isso, cada nova pesquisa lançada nesse livro traz um quadro do passado entrelaçado, por sua vez, a uma rede de conhecimento já produzido, em suas concordâncias, divergências e criatividades. É a especialidade de historiadoras e historiadores, esse tecer e recompor pacientemente um distante transcorrido, em seus contornos em meio a uma quase imensurável complexidade. Evidencia-se que o passado é, por essência, algo passado, visto a partir do presente.

O fazer História reconstrói a veracidade científica de tempos de outrora, em sua resoluta pluralidade, com um grande dever ético nessa avaliação do passado. E, isso, porque todas/os historiadoras/es, em especial os mais jovens, ainda não cansados de lutas tantas vezes perdidas, sonham em usar os acertos e, principalmente, os erros de um passado sombrio como o grande espelho que refletiria o caminho para um futuro melhor. E tal esperança desenhada em plena consciência de que a História não se repete jamais, mas é feita por essa mesma humanidade que percorre o tempo, o que deveria validar um aprendizado com o acontecido. Não tem se revelado assim na maior parte dos casos.

Todo esse artesanato da História está embutido nestas páginas. Mas há ainda mais a desvelar. Há um professor. Justamente aquele professor que faz a diferença. Que explora, enriquece, constrói, congraça conhecimentos com seus sagazes discentes. Não se limita apenas a chamada "transmissão de conteúdo". Não é esse seu objetivo único. Ele partilha com os discentes a "educação pela pesquisa". Pode parecer evidente, mas é preciso salientar que essa forma de educar redireciona a centralidade da sala de aula do professor para o aluno. Esses passam de objetos a sujeitos da relação pedagógica, capazes que são de tomar iniciativas concernentes a sua própria aprendizagem.

Esse professor "que faz a diferença", mostra que o conteúdo não está pronto, que a História não é única, é polissêmica. Ensina que não basta, para reconhecer a História, uma atitude passiva. É preciso ir atrás desse conhecimento. Produzi-lo. Ver como ele se edifica e a partir de que bases. Esse professor incita à busca das fontes, à pesquisa coletiva, a entender como a natureza da própria História se revela e se escreve a partir da leitura e da ótica de quem se debruça sobre ela.

Muito para além, portanto, de um caminho linear e retilíneo em suas ponderações quanto às formas metodológicas do exercício. Sem dúvida, a capacidade crítica e a autonomia intelectual dos discentes se veem sobremaneira reforçadas. Não há simples aceitação do conhecimento existente e, sim, construção de argumentos e questionamentos, resultando em um modo de intervenção no discurso coletivo através do envolvimento ativos de todos.

Esse professor tem um nome, é Charles Sidarta Machado Domingos, um doutor pesquisador em História pela UFRGS, que se dedica atualmente a lecionar junto ao IFSul. E quando esse mesmo professor encontra discentes talentosos e astutos, o ciclo se fecha e surge uma obra como a aqui presente, com capítulos escritos por esses jovens do ensino médio. No exato momento, alguns desses alunos já estão inclusive na Universidade, mas, sem dúvida, com o gosto pela História para sempre aguçado.

Encontra-se, assim, atrás do título da obra verdadeiras produções historiográficas executadas por esse grupo jovem. E tarimbado, pois, junto com o seu professor Charles, cumpriram jornadas extraclasse, participando de inúmeras Feiras de Iniciação Científica pelo estado. Percorreram Canoas, Novo Hamburgo, Passo Fundo, Pelotas, Santana do Livramento, Sapiranga,

Sapucaia do Sul, Venâncio Aires. E até mesmo São Paulo, em uma ocasião. Com um profissionalismo a toda prova.

Me orgulho ao dizer que, esse agora professor Charles, foi meu aluno na graduação, no mestrado e no doutorado em História da UFRGS. Convivência da qual eu, igualmente, muito aprendi. Convido a todos à leitura desse livro, em sua vocação em mostrar que a profissão docente, apesar de todas as dificuldades, vale sempre à pena. Estão aqui esses alunos jovens pesquisadores para demonstrar.

Começa uma “nova era”:

o início da Guerra Fria visto pela grande imprensa brasileira

Charles Sidarta Machado Domingos

A Guerra Fria foi um momento marcante do século XX. Por aproximadamente 45 anos, a disputa entre Estados Unidos da América (EUA) e União das Repúblicas Socialistas Soviéticas (URSS) mobilizou os povos de todo o globo nos campos da política, da economia, da cultura, da tecnologia e da ideologia. Cada uma das duas superpotências envidava seus melhores recursos para demonstrar que a sua formação social – capitalista no caso dos EUA, socialista na URSS – era mais atraente aos olhos de sua própria sociedade e dos povos que estavam sob suas áreas de influência, mas também na mesma medida aos olhos dos cidadãos do outro lado.

A Guerra Fria foi o período em que o homem se aventurou no espaço! Foi também o terreno dos espiões! Foi o momento onde a disputa ideológica se manifestou nas Olimpíadas! E também nas artes! Mas foi também um período de medo! Medo do diferente, medo do conhecido, medo do passado para os povos que tinham sido colonizados na época do imperialismo, medo do presente nos países que viveram ditaduras militares na América Latina, medo do futuro, ou melhor, da ausência de futuro em razão das armas nucleares!

> Gerações inteiras se criaram à sombra de batalhas nucleares globais que, acreditava-se firmemente, podiam estourar a qualquer momento, e devastar a humanidade. Na verdade, mesmo os que não acreditavam que qualquer um dos lados pretendia atacar o outro achavam difícil não ser pessimistas, pois a Lei de Murphy é uma das mais poderosas generalizações sobre as questões humanas ("Se algo pode dar errado, mais cedo ou mais tarde vai dar"). À medida que o tempo passava, mais e mais coisas podiam dar errado, política e tecnologicamente, num confronto nuclear permanente baseado na suposição de que só o medo da "destruição mútua inevitável" (adequadamente expresso na sigla MAD, das iniciais da expressão em inglês – *mutually assured destruction*) impediria um lado ou outro de dar o sempre pronto sinal para o planejado suicídio da civilização. Não aconteceu, mas por cerca de quarenta anos pareceu uma possibilidade diária (HOBSBAWM, 2003, p. 224).

É muito difícil compreender a Guerra Fria sem destinar atenção para o significado que as armas nucleares – a partir da detonação das bombas atômicas nas cidades japonesas de Hiroshima e Nagasaki – conferiram àquele mundo. Uma reflexão muito oportuna de Jean-François Sirinelli ilustra com maestria o que pensamos sobre a História e em especial a História desse período: "Deve se recordar de novo que tanto quanto a reconstrução mais aproximada da realidade, a História deve preocupar-se com a percepção que dela tinham os contemporâneos" (SIRINELLI, 1998, p. 418).

Entender a percepção que as pessoas tinham sobre determinado tema não é tarefa fácil para o historiador. Mas, nesse texto, procuraremos enfrentar esse desafio! Munido de nossa melhor arma, a ciência histórica, temos como objetivo geral justamente perceber como a sociedade brasileira acompanhou o início da Guerra Fria. Para tanto, escolhemos alguns acontecimentos que, no nosso entendimento, são emblemáticos para compreendermos como teve início essa nova era na História do Século XX e vamos analisá-los em três tempos: as explosões atômicas contra o Japão (agosto de 1945), o discurso do antigo primeiro-ministro da Inglaterra, Winston Churchill, em Fulton, nos Estados Unidos (março de 1946) e o pronunciamento do presidente Harry Truman ao Congresso dos Estados Unidos (março de 1947).

O trabalho do historiador é feito sempre a partir de fontes, que são os vestígios produzidos pelos seres humanos. Nossas fontes secundárias são textos produzidos por historiadores que se preocuparam com o estudo da Guerra Fria. E as fontes primárias sobre as quais nos debruçaremos em nossa pesquisa são os periódicos *Correio da Manhã* e *Jornal do Brasil* que estão disponíveis *online* no site da Hemeroteca da Biblioteca Nacional. A escolha se deu por esses dois jornais em razão da grande circulação e da credibilidade que ambos detinham no período estudado e também por serem publicados na cidade do Rio de Janeiro que era a capital do Brasil.

Como mencionamos anteriormente, vamos analisar os jornais em questão em três tempos: agosto de 1945, março de 1946 e março de 1947.

Em agosto de 1945, o Brasil estava, também, entrando em uma nova era. A ditadura do Estado Novo estava perto do seu final, eleições para presidente do Brasil tinham sido marcadas para 2 de dezembro e novos partidos políticos como a União Democrática Nacional (UDN), o Partido Social Democrático (PSD) e o Partido Trabalhista Brasileiro (PTB) estavam se organizando – além do Partido Comunista do Brasil (PCB) que estava saindo do período de clandestinidade. O período era de abertura política e fim da censura para a imprensa, como pode ser observado em matérias onde os jornais em questão chamavam o regime de ditadura – o que seria impensável há um ano antes.

Já em março de 1946, o Brasil tinha o primeiro presidente eleito no tempo da experiência democrática (1945-1964). Ministro da Guerra na ditadura do Estado Novo, Eurico Gaspar Dutra foi eleito presidente pelo PSD para o mandato compreendido entre janeiro de 1946 a janeiro de 1951. O novo presidente rapidamente se aliou, de forma subordinada, aos Estados Unidos da América em sua política externa.

Quando do discurso de Truman, em março de 1947, Dutra estava em seu segundo ano de mandato presidencial. De seus primeiros anos de governo, cabe destacar sua política repressiva aos trabalhadores, proibindo o direito de greve por decreto em setembro de 1946, mesmo mês da promulgação da nova Constituição do Brasil. Poucos meses depois, como primeiros sintomas da Guerra Fria no Brasil, salientamos a cassação do registro do PCB em maio de 1947, a assinatura do Tratado Interamericano de Aliança Recíproca (TIAR), em setembro, seguida do rompimento das relações diplomáticas do Brasil com a URSS em outubro do mesmo ano e a cassação dos mandatos parlamentares dos comunistas em janeiro de 1948.

Nesse período, os jornais *Correio da Manhã* e *Jornal do Brasil*, fundados nos anos iniciais da República, faziam parte daquilo que Nelson Werneck Sodré chamava de "grande imprensa" (SODRÉ, 1983, p. 275), ou seja, estavam organizados dentro de uma lógica capitalista de produção, vivendo da suas vendas avulsas e de assinaturas e da comercialização de espaços para anúncios. Eram jornais que estavam vivendo um processo de modernização, que se acentuaria "a partir dos anos 1950, que se pode considerar inauguradas com a reforma do *Jornal do Brasil*" (LUCA, 2021, p. 138).

Em um texto fundamental para o estudo metodológico da imprensa como fonte histórica, Tânia de Luca chama a atenção sobre como "é importante estar alerta para os aspectos que envolvem a materialidade dos impressos e seus suportes, que nada têm de natural" (LUCA, 2021, p. 132). Em razão disso, frisamos que ambos os jornais utilizados como fonte de pesquisa nesse capítulo, se valiam das agências internacionais de notícias para obterem matérias de outros países – não era comum o jornal ter correspondente no exterior, era mais econômico comprar as matérias das agências de notícias. No caso do *Correio da Manhã*, as matérias que o jornal queria enfatizar eram publicadas na capa da edição com seguimento na página 4; já o *Jornal do Brasil* trazia apenas as manchetes na capa, que era complementada com anúncios classificados, as matérias de política internacional normalmente eram publicadas na página 7. Quando queriam dar destaque a alguma matéria, ambos os jornais a publicavam na parte superior esquerda de suas páginas. Aquelas matérias que não eram entendidas como as que deveriam ter maior repercussão eram publicadas na metade inferior da edição. A editoração do *Correio da Manhã* era mais atrativa, visualmente, do que a do *Jornal do Brasil* nesse período em que desenvolvemos a pesquisa. Por fim, ressalto que os jornais praticamente não emitiam sua opinião sobre os temas publicados como é comum hoje em dia. Eventualmente o *Correio da Manhã* trazia uma espécie de editorial no lado direito da capa, em uma única coluna, mas não era em todas as suas edições que havia essa publicação. Em contrapartida, os dois periódicos divulgavam muitas matérias de opinião compradas das agências de notícias.

O fim da Segunda Guerra Mundial parecia estar próximo nos primeiros dias de agosto de 1945. O teatro europeu do conflito estava resolvido desde maio e a Guerra do Pacífico não despertava maiores temores de que continuasse por muito tempo, dada a superioridade dos Aliados. Tudo levava a crer que a expectativa das populações ao redor do mundo, inclusive a brasileira, era sobre um longo tempo de paz e reconstrução. Soviéticos e estadunidenses, secundados pelos britânicos, eram vistos como os grandes libertadores da ameaça nazista. Eram os campeões da liberdade, da luta contra a injustiça e da democracia!

Mas alguma coisa fez tudo isso mudar. Uma coisa terrível!

"Usaremos a arma terrível"

Em agosto de 1945, a Segunda Guerra Mundial estava praticamente terminada. Em 8 de maio os nazistas assinaram sua rendição em Berlim; a guerra na Europa se encerrava. Entre o fim de julho e os primeiros dias de agosto, nos arredores de Berlim, Harry Truman, Winston Churchill (que foi substituído por Clement Attlee) e Josef Stálin se reuniam na Conferência de Potsdam.

Cinco dias após esse encontro dos Aliados na Alemanha, o jornal *Correio da Manhã* trazia em sua capa, no dia 7 de agosto de 1945, a seguinte manchete: "Fantástico engenho de destruição: lançada sobre Hiroshima uma bomba atômica – 2000 vezes mais poderosa que o maior petardo aéreo"

(Correio da Manhã, 7/8/1945, capa). A população brasileira – e mundial – ainda não tinha conhecimento do tamanho da destruição que uma arma daquelas podia produzir. Seu emprego, em um momento em que a Segunda Guerra Mundial já estava se encaminhando para o final, após a derrota do nazismo em maio daquele ano, trazia grande curiosidade, mas as notícias sobre o trágico evento de 6 de agosto ainda estavam sendo produzidas pelos jornalistas.

Nessa edição do jornal, a explosão da bomba atômica ocupou aproximadamente metade da capa do periódico. A cobertura internacional estava preocupada, também, com o julgamento do marechal francês Philippe Pétain – herói da França na Primeira Guerra Mundial e que colaborou ativamente com os nazistas na Segunda Guerra Mundial no governo de Vichy, sendo condenado à morte em 14 de agosto e tendo a pena comutada por De Gaulle em prisão perpétua – e com os ataques aéreos a Tóquio.

O *Correio da Manhã* trazia uma declaração da Casa Branca que fora comprada da agência de notícias estadunidense *Associated Press* (AP), de onde vinha grande parte das notícias internacionais divulgadas pelo jornal e que contava com grande legitimidade nos meios jornalísticos de então. É importante chamar a atenção que o *Correio da Manhã* estava publicando uma declaração oficial do governo do presidente Harry Truman – que tinha tomado posse há pouco tempo, em 12 de abril, em razão do falecimento de Franklin Delano Roosevelt. Era, portanto, uma notícia vinda dos Aliados, mas também de quem produziu a bomba atômica e deu a ordem para que fosse utilizada contra o Japão.

A declaração do governo dos Estados Unidos da América informava que "um avião americano despejou sobre Hiroshima, importante base militar, uma bomba com mais poder que 20.000 toneladas de TNT (trinitrotolueno) e 2.000 vezes o poder de explosão da 'grand slam' britânica, a maior bomba já usada na guerra" (Correio da Manhã, 7/8/45, capa). A nota seguia culpando os japoneses por terem começado a guerra em Pearl Harbor e passava a explicar a tecnologia da "bomba atômica" e da sua indústria – uma forma de propaganda bastante intimidadora; sem sombra de dúvidas, esse era um dos objetivos da declaração que destacava: "Gastamos 2 bilhões de dólares no maior jogo científico da História – e ganhamos" (Correio da Manhã, 7/8/45, capa).

A sociedade brasileira ficava sabendo, com essa declaração publicada no *Correio da Manhã*, da magnitude do poder bélico – agora atômico – que dava singularidade aos Estados Unidos naquele mês de agosto de 1945. E passava a saber, também, através dessa propaganda oficial do governo Truman, que "o fato de podermos liberar energia atômica leva a **uma nova era** no entendimento das forças da natureza" (Correio da Manhã, 7/8/45, capa – grifos nossos).

A "nova era" de entendimento – e domínio – da natureza em que os EUA eram os protagonistas e que traziam nessa declaração um discurso baseado na técnica e na ciência era também uma era que se pretendia diferente da anterior pela concentração do poder em um só lugar: "Nas atuais circunstâncias não vamos divulgar os processos técnicos da produção, ou todas as suas aplicações militares, até novo exame dos métodos possíveis de proteção, nossa e do mundo, contra o perigo de súbita destruição" (Correio da Manhã, 7/8/45, capa).

O governo dos EUA tentava justificar a detonação da bomba atômica sobre o Japão como uma necessidade para abreviar o fim da Segunda Guerra Mundial. Contudo, a "nova era" tinha na disputa com a URSS seu principal objetivo. De acordo com Paulo Vizentini, já na Conferência de Potsdam, Truman "defendia uma posição bastante rígida em relação à URSS, informando a Stálin sobre a existência da bomba A, sem precisar o seu potencial" (VIZENTINI, 2003, p. 199). Essa era a principal razão para que o governo dos EUA mantivesse o segredo sobre a tecnologia da bomba atômica, como pode ser depreendido também do fato de que o "general Groves, responsável pelo Projeto Manhattan (produção da bomba A) afirmara em 1942 – em plena vigência da aliança EUA-URSS – que esta seria uma importante arma contra a União Soviética!" (VIZENTINI, 2003, p. 199).

Na edição do *Correio da Manhã* do dia seguinte, o jornal tinha conseguido mais informações sobre a tragédia de Hiroshima. Agora trazia uma manchete mais em sintonia com o que a detonação da bomba atômica representava de fato: "Mais da metade de Hiroshima arrasada!" Agora com informações da também estadunidense *United Press* (UP), o jornal trazia junto à manchete: "Urgente – Anuncia-se oficialmente que uma única bomba atômica lançada sobre Hiroshima arrasou dez quilômetros quadrados da cidade, isto é, 60 por cento da zona edificada. A destruição na área mencionada foi absolutamente total. Havia ali grandes objetivos industriais" (Correio da Manhã, 8/8/45, capa).

Dessa vez, aproximadamente 75% da capa do *Correio da Manhã* cobria a detonação da bomba atômica em Hiroshima. Assim como no dia anterior, trazia questões sobre a técnica atômica, dessa vez com trechos de depoimentos de importantes cientistas como "Sir" Niels Bohr e outros físicos inseridos em universidades de prestígio. Mas também alargava um pouco a perspectiva a respeito do que a bomba atômica representava em nível de poder, através da reportagem que veio de Londres assinada pelo repórter John Kimche:

> A bomba atômica deixa a perder de vista as decisões estratégicas de Potsdam, Teerã e Yalta. Assim pensam os técnicos militares que estão adaptando essas decisões à nova descoberta. As grandes resoluções estratégicas de todas as conferências assumem aspecto novo. A segurança não mais depende do controle dos Dardanelos ou de Suez. A posse de Königsberg pela Rússia, a fronteira nesse ou naquele rio ou montanha, não acrescentam um ponto de vantagem estratégica em novo conflito. A posse do Reno e de Colônia pode ser vantagem econômica para a França: mas não é mais uma necessidade estratégica. Nada, a não ser a paz internacional, poderá dar ao mundo a sensação de segurança.
>
> Muito mais importante que fronteiras estratégicas é o controle da fabricação das bombas atômicas (Correio da Manhã, 8/8/45, capa).

A "nova era" anunciada por Harry Truman agora parecia estar tendo um entendimento mais completo através da análise de Kimche. Muito mais que a técnica, era o controle da produção da bomba que produziria as novas estratégias da política internacional. Uma mudança, uma ruptura mesmo, em relação ao mundo anterior à Segunda Guerra Mundial.

Mesmo apostando que somente a paz internacional poderia garantir um mundo seguro em função da bomba atômica, o repórter conseguiu vislumbrar em sua análise uma possibilidade geopolítica que, aos seus olhos atentos, alargavam, com muita qualidade, a interpretação oficial de "nova era" que o governo dos EUA queria transmitir:

> Essa produção é tão custosa e complicada que somente as Grandes Potências podem tomar a si as pesquisas, e as despesas decorrentes. Assim aumentará consideravelmente a dependência das pequenas potências, indefinidamente subordinadas às que podem dispor da poderosíssima arma.

> Círculos bem informados já admitem claramente que o poderoso instrumento de destruição possa ser objeto de competição entre as Grandes Potências, com os riscos decorrentes. Admite-se que logo que os técnicos tenham estudado todas as conseqüências da nova arma, haverá consultas para estabelecer o método de controle de sua manufatura e uso. Essas consultas podem levar à revisão de certas decisões estratégicas anteriores (Correio da Manhã, 8/8/45, capa).

O *Correio da Manhã* trazia aos seus leitores a certeza de que nada seria como antes. Não se sabia exatamente ainda o que viria dali por diante no concerto das nações. Embora trouxesse, pelas palavras escritas de Kimche, uma ideia real do papel que o Brasil desempenharia nesse mundo novo – e que esse papel não era o reservado às Grandes Potências.

O destaque da edição do jornal no dia 9 de agosto foi a entrada da URSS na guerra contra o Japão – com direito a foto de Stálin na capa. A decisão soviética foi apresentada de forma muito positiva nessa edição do *Correio da Manhã*, que mencionava inclusive o cumprimento do acordo feito por Stálin com Roosevelt e Churchill em Yalta, quando "Stálin tinha se comprometido a declarar guerra ao Japão em três meses depois de concluída a campanha na Europa e havia pedido em troca uma série de concessões territoriais, uma parte das quais afetavam a China, o que lhe obrigou a negociar com os dirigentes chineses do Kuomintang" (FONTANA, 2011, p. 41 – tradução do autor).

E a cobertura sobre a bomba atômica em Hiroshima continuava na capa do periódico. A cada dia, com uma cobertura mais profunda sobre o acontecimento. Nessa edição, apareceram fortes críticas realizadas pela imprensa japonesa:

> (...) o novo tipo de arma adotado pelo inimigo e que reduziu Hiroshima a ruínas. O auxílio médico e outras organizações que correram para a cidade atingida, não puderam ainda identificar os que morreram dos ferimentos ou em conseqüência do abalo provocado pela explosão do novo petardo.
>
> No raio de ação da bomba, cessou completamente toda espécie de vida animal, devido ao tremendo calor e à extraordinária pressão provocada pela explosão.
>
> Todos os mortos ficaram queimados e foi impossível a sua identificação. Os efeitos desse novo projétil foram tremendos, pois os que se acha-

vam dentro de casa morreram carbonizados e os que se encontravam ao ar livre pereceram em virtude da pressão profunda pelo enorme deslocamento de ar (Correio da Manhã, 9/8/45, capa).

A dimensão real dos efeitos nefastos da detonação atômica se mostrava, agora, mais próxima para a população brasileira. A tragédia tomava corpo – e corpos incendiados. A "nova era" preconizada por Truman começava a ser percebida de outras formas: "Os matutinos londrinos publicaram detalhes relativos à bomba atômica. Os editoriais, ao mesmo que traduzem a palavra dos cientistas aliados, expressam sérios temores pela sorte da humanidade, pelo que opinam que um severo controle deve ser exercido (Correio da Manhã, 9/8/45, p.3).

A ideia de uma ruptura de poder estava cada vez mais presente: "O *Daily Express* diz: O mundo transformou-se em uma noite. A explosão de Hiroshima assinala o fim de uma época e o princípio de outra. Todo um mundo de idéias ficou cancelado" (Correio da Manhã, 9/8/45, p.3).

E para que não houvesse dúvidas nessa mudança da definição do poder entre as nações, na mesma edição do dia 9 de agosto, o *Correio da Manhã* trazia a seguinte notícia: "Novo ataque com bomba atômica: Anuncia-se que foi realizado novo ataque com bomba atômica ao Japão, contra Nagazaki (Correio da Manhã, 9/8/45, capa). Os desdobramentos vieram no dia seguinte – certamente foi uma noite de grande apreensão para os leitores do jornal da capital do Brasil.

"A terra parecia tremer com a explosão: bomba atômica sobre Nagasaki" (Correio da Manhã, 10/8/45, capa). Assim o *Correio da Manhã* informava aos seus leitores sobre a explosão da segunda bomba atômica da História, embora não tivesse, ainda, maiores informações sobre a profundidade da tragédia: "A bomba atômica lançada sobre Nagasaki causou terríveis danos, porém são desconhecidos os resultados completos porque a cidade ficou totalmente coberta de fumaça" (Correio da Manhã, 10/8/45, capa).

Acompanhava a apreensão com aquela "nova era" um discurso do presidente Harry Truman, fornecido pela *United Press* ao *Correio da Manhã*, que deu o seguinte destaque na capa da edição: "Usaremos a arma terrível até que os japoneses se rendam" (Correio da Manhã, 10/8/45, capa). Truman enfatizava a ameaça do emprego sistemático de bombas atômicas: uma ameaça que se mostrava possível de ser endereçada também a outros países:

> As 2 bombas atômicas lançadas são só um aviso do que sucederá. O povo japonês deve abandonar imediatamente as grandes cidades industriais e salvar-se da destruição. Compreendo o significado da bomba atômica e sei que a arma é perigosa para ficar sem fiscalização num mundo sem lei. Os EUA e a Grã-Bretanha não revelarão o segredo até encontrar os meios de dominá-lo, de forma a nos protegermos e a proteger o mundo do perigo da destruição. Devemos constituir-nos guardiões da nova força, para evitar seu mau emprego e pô-la a serviço da Humanidade. É terrível a responsabilidade que caiu sobre nós. Continuaremos usando bombas atômicas até a destruição completa do poder japonês e só nos deterá a rendição do Japão (Correio da Manhã, 10/8/45, capa).

O presidente Truman, detentor do monopólio nuclear e anunciador da "nova era", colocava os Estados Unidos – sob seu comando – como "guardião" da bomba atômica, colocando, cinicamente, a situação como um fardo que caiu sobre seus ombros, quando, na realidade:

> as bombas atômicas lançadas sobre um Japão à beira da rendição eram militarmente desnecessárias. Foram, na verdade, uma demonstração de força diante dos soviéticos e dos movimentos de libertação nacional que amadureciam na China, Coréia e países do Sudeste Asiático, bem como uma intimidação à esquerda européia e à agitação no mundo colonial. Neste sentido, essa política visava limitar os acordos de Yalta no que se referia à Europa e impedir sua aplicação na Ásia. Ainda que enfrentando algumas resistências, os EUA eram os senhores da nova ordem mundial (VIZENTINI, 2003, p. 199).

Nessa edição o jornal *Correio da Manhã* trouxe uma novidade: na capa, um texto com a opinião do jornal, não assinada, um editorial. Esse tipo de editorial não era diário e esse apresentava a seguinte reflexão sob o título PAZ:

> A bomba atômica foi estreada, e o seu advento sublinhado com máxima orquestração em todo o mundo, numa data cuja escolha terá presidido também a idéia de atenuar ou diluir a repercussão mundial da entrada da Rússia na guerra do Oriente. Não faz mal nenhum, mas não deixa de ser divertido, ver o amigável despique com que – como as grandes vedetes do

palco – os gigantes preparam e degladiam seus efeitos de cartas (Correio da Manhã, 10/8/45, capa).

Sidnei Munhoz afirma que "é possível constatar que, a partir dos resultados positivos com os testes nucleares em Alamogordo, em 16 de julho de 1945, Truman iniciou o processo de exclusão dos soviéticos na participação da construção de uma nova ordem no extremo oriente, conforme pactuado em Yalta" (MUNHOZ, 2020, p. 114). A ameaça de Truman, bem como seu cinismo, parecem não ter escapado ao *Correio da Manhã*, que parecia ter entendido as rivalidades da "nova era" – embora talvez não com sua extensão real.

"Uma cortina de ferro desceu sobre o continente"

Sete meses após o maior crime de guerra já cometido na História, os Estados Unidos foram o palco de um famoso discurso de Winston Churchill. No Westminster College de Fulton, no Missouri, aquele que tinha sido o líder da Inglaterra na Segunda Guerra Mundial que impediu o avanço nazista sobre seu país proferiu um discurso que trazia mais elementos para se entender a "nova era" que estava chegando ao mundo.

Naquele 5 de março de 1946, Churchill fazia ecoar palavras que repercutiram por todo o mundo do pós-guerra. Ao afirmar que cabia aos estadistas evitarem a guerra e a tirania, o ex-primeiro-ministro britânico destacava a importância da ONU e a necessidade da manutenção do segredo da bomba atômica, caso contrário "eu não dormiria tranqüilo se algum estado bolchevista ou neo-fascista manipulasse no futuro esses instrumentos mortíferos" (Correio da Manhã, 7/3/46, capa).

A desconfiança agora era pública. E sobre ela que estava assentada a "nova era".

Com Harry Trumam presente no momento do discurso, Churchill pregava a necessidade de uma "união militar" entre a Inglaterra e os Estados Unidos para o mundo de pós-guerra, para o mundo da paz! Afinal,

> Ninguém sabe o que a Rússia e a sua organização internacional pretendem fazer num futuro próximo. Merece elogios o marechal Stálin e o denodado povo russo; deve reconhecer-se à Rússia o direito de garantir a segurança de suas fronteiras contra futura agressão alemã. Mas o que se verifica atualmente é que, de Stettin, no Báltico, até Trieste, no Adriático,

> uma cortina de ferro desceu sobre o continente; todas as capitais da Europa central e oriental estão por trás dessa linha, sujeitas à esfera russa; de uma forma ou outra, ficam cada vez mais sujeitas ao controle de Moscou (Correio da Manhã, 7/3/46, capa).

E essa preocupação de Churchill não era algo novo – já estava presente desde a Segunda Guerra, quando "apesar dos acordos formais interaliados, a tentativa de uma paz em separado, com nova aliança para uma possível continuação da guerra contra os soviéticos continuava em negociações de bastidores e era o fantasma que assombrava Stálin". E Josef Stálin não estava vendo coisas de outro mundo, o fantasma era muito real – a espionagem soviética sabia que em "1944, Churchill encomendara um estudo para uma guerra de surpresa contra a URSS em 1945, com o auxílio de tropas alemãs (Operação Unthinkable) mas o exército recusou" (VISENTINI, 2020, p. 163).

Naquela quinta-feira, 7 de março de 1946, os leitores do *Correio da Manhã* ficavam mais próximos de entender melhor a "nova era" que Truman anunciava estar chegando desde agosto de 1945. O Brasil também vivia a emergência de uma nova era em suas fronteiras: a ditadura do Estado Novo tinha virado outra "página infeliz de nossa História"; o país vivia os primeiros momentos – ainda que tensos e com resquícios de autoritarismo bastante presentes – da experiência democrática, a nossa nova era brasileira.

E nessa dupla nova era – a anunciada por Truman e a vivenciada em nosso país – o *Correio da Manhã* mostrava que também estava passando por transformações. Na mesma capa que trazia o discurso do ex-primeiro-ministro britânico, o periódico trazia também o editorial sob o título "Churchill". Nesse texto, que expressava a opinião do jornal, o *Correio da Manhã* enaltecia a inteligência do líder inglês e relembrava que ele teimava "em apontar os armamentos alemães e a nova progressão do belicismo prussiano como coisas que deveriam tirar o sono a deputados, lordes e banqueiros" (Correio da Manhã, 7/3/46, capa) em sua Inglaterra, quando ninguém queria ouvir. E que agora, dizia o editorial do *Correio da Manhã*, "a mesma voz se levantava em termos bem semelhantes, para denunciar um perigo quase igual. Seis anos de guerra causaram muitas insônias – e é outra vez copiosíssima a multidão dos homens preponderantes a quem apetece dormir. O perigo russo? Talvez suma não se falando nele..." (Correio da Manhã, 7/3/46, capa). O *Correio da Manhã* passava a endossar o discurso de Churchill. Não era só uma questão de publicar a notícia, era uma opção de apoio e de convencimento aos brasileiros para que prestassem atenção àquelas palavras.

No entanto, a URSS estava mais interessada em sua reconstrução naquele momento, como aponta Sidnei Munhoz: "O que se afirma aqui é a existência de evidências de que, do final do conflito global até aproximadamente o início de 1946, Stálin havia focado os seus objetivos na reconstrução da União Soviética, se possível com o apoio financeiro dos EUA e com as reparações de guerra que ele esperava receber da Alemanha" (MUNHOZ, 2020, p. 128).

O jornal trazia também algumas repercussões na Inglaterra, compradas da *United Press*. Alertava que todos os jornais traziam referência ao discurso nos EUA e que "a maior parte comenta favoravelmente o discurso: alguns com ressalvas à tendência das relações com a Rússia" (Correio da Manhã, 7/3/46, p.3). Apontava também que "o homem do povo acha que o discurso de Churchill foi 'muito sombrio' mas impressionou os britânicos como nunca, sobre a piora das relações anglo-russas (Correio da Manhã, 7/3/46, p. 3).

Mas havia espaço para repercussões negativas. O jornal do Partido Trabalhista, partido de Clement Attlee que tinha sido vitorioso na disputa com Churchill para primeiro-ministro em 1945, não trouxe comentários, noticiava o *Correio da Manhã*; já o *Daily Worker* "disse que Churchill propõe 'o que equivale a um novo eixo anti-bolchevista" (Correio da Manhã, 7/3/46, 3).

Ao não trazer comentários, o *Daily Herald*, se não condenava explicitamente as palavras de Churchill, tampouco as apoiava, não fazendo parte daquela *maioria que comenta favoravelmente o discurso*. E o *Daily Worker* não podia ser mais cáustico em sua avaliação: *um novo eixo*, tal qual Berlim-Roma-Tóquio seria revivido caso a proposta de Churchil de união militar com os EUA prosperasse.

Ao mesmo tempo, o *Jornal do Brasil* trazia em sua capa: "Churchill preocupado com a expansão soviética" (Jornal do Brasil, 7/3/46, capa). Também com dados da *United Press*, o *Jornal do Brasil* trazia as mesmas informações do *Daily Herald* e *Daily Worker* – mencionando que o *Worker* era um jornal comunista.

Além disso, o *Jornal do Brasil* também comprara material da agência britânica *Reuters* – que não estava presente na edição do *Correio da Manhã*. Trazia as considerações do presidente do Partido Trabalhista, o professor

Harold Laski, que afirmou ser o discurso de Churchill "'uma formosa defesa da continuação do imperialismo britânico' e acrescentou: 'Acredito que seus sentimentos conservadores o façam tão oposto à Rússia como ao governo trabalhista de seu próprio país. Evidentemente desejamos a cooperação anglo-norte-americana, mas não de maneira exclusiva'" (Jornal do Brasil, 7/3/46, p. 7). A crítica ao imperialismo era bastante presente nos setores mais progressistas da Inglaterra do pós-guerra, como pode se observar pelas palavras do presidente do Partido Trabalhista Independente, Fenner Brockwaf: "Churchill terá tempo suficiente para criticar a política expansionista da Rússia quando ele e o governo trabalhista tenham liquidado o Império Britânico" (Jornal do Brasil, 7/3/46, p. 7).

Mas as críticas mais fortes que o *Jornal do Brasil* apresentou a seus leitores vieram de dois famosos escritores: o Prêmio Nobel de Literatura, Bernard Shaw e J. B. Pristley:

> "Se a proposta de aliança anglo-norte-americana, feita por Churchill, tivesse êxito, seria nada menos do que uma declaração de guerra à Rússia. O que Churchill propõe é um recrudescimento da velha política do equilíbrio do poder: um bloco ocidental contra o bloco russo, com a perspectiva de uma guerra. Devemos enfrentar o fato de que há muitas pessoas, neste país, que desejam fazer a guerra contra a Rússia, e é oportuno que haja alguém, como Churchill, para recordá-lo" (Jornal do Brasil, 7/3/46, p. 7).

> "Churchill não disse que atrás da antiga política de apaziguamento e tolerância com o fascismo havia o temor ao comunismo. No entanto, levanta novamente esse temor, e, sugerindo uma aliança anglo-norte-americana, nas linhas do Pacto Anti-Comintern, começa a mostrar os dentes do dragão". Afirmando que as idéias de Churchill são do século XVIII, disse que "a época da bomba atômica exige maior previsão do que a de Churchill" (Jornal do Brasil, 7/3/46, p. 7).

Bernard Shaw apontava que o discurso em Fulton se constituiria em uma declaração de guerra caso aceita por Truman, dentro de uma velha estratégia de disputas de bloco de poder. J. B. Pristley, por sua vez, trazia à tona a política de apaziguamento que a Inglaterra desenvolveu com a Alemanha nazista, permitindo sua expansão na crença de que estava combatendo um mal maior: o socialismo soviético. Embora não fossem políticos profissionais como Truman, os escritores perceberam, ainda que não em sua totalidade, algumas das características mais importantes daquela "nova era" almejada pelo presidente estadunidense.

Mas essa perspectiva não era exclusividade dos ingleses. Da França, o *Jornal do Brasil* trazia as seguintes informações obtidas pela *United Press*: "Churchill faz explodir uma bomba em Fulton" (Jornal do Brasil, 7/3/46, p. 7). O jornal *L'Humanité*, ao analisar o discurso mencionava: "a explosão do antigo primeiro-ministro é uma prova de que o anti-soviético está se revigorando e cegando alguns estadistas para o perigo da ressurreição da agressão alemã, para o perigo das conseqüências fascistas de tipo que Franco representa" (Jornal do Brasil, 7/3/46, p. 7).

E esse anti-sovietismo que o *Jornal do Brasil* apresentava através da publicação de trechos do *L'Humanité* parecia se reforçar, ainda que indiretamente, com ações que estavam sendo tomadas naquele momento e que foram publicadas na capa do *Jornal do Brasil* do dia seguinte: "Solicitam os Estados Unidos a imediata retirada das tropas soviéticas do Irã" (Jornal do Brasil, 8/3/46, p. capa). A manchete trazia um elemento de tensão muito forte que dava a clara impressão de um desacordo entre os países Aliados na Segunda Guerra Mundial.

O Irã tinha sido ocupado por tropas da Inglaterra e da URSS em agosto de 1941 com o objetivo de impedir que os nazistas tomassem as reservas de petróleo iranianas. Tinha ficado acordado que passados seis meses do final da guerra, essas tropas deixariam o país. Ante a pressão dos EUA, "os russos, que não queriam ficar isolados internacionalmente, retiraram suas tropas antes que o tema fosse discutido na ONU, e isso veio a confirmar a Washington sua convicção de que convinha seguir aplicando uma política dura aos russos" (FONTANA, 2011, p. 65 – tradução do autor).

Essa tensão antes sugerida pela capa do *Jornal do Brasil* passa a ser noticiada sem reservas na edição do domingo, dia 10 de março. Na capa da edição do jornal estava publicada agora a seguinte manchete: "Aguardam-se para a próxima semana sensacionais acontecimentos internacionais" (Jornal do Brasil, 10/3/46, capa). Em uma matéria assinada por R.H. Shakford, via *United Press*, o *Jornal do Brasil* trazia uma interessante análise sobre os acontecimentos de política internacional que estavam em curso no Irã, Alemanha, Espanha, Manchúria, Argentina, Inglaterra e Bulgária, com destaque para a conclusão do jornalista: "As relações soviético-norte-americanas **são mais tensas do que nunca** desde o dia da aliança entre os Estados Unidos e a Rússia" (Jornal do Brasil, 10/3/46, p. 7 – grifos nossos).

Nunca é demais lembrar que a edição dominical, tradicionalmente, era a mais importante da semana – e era assim com todos os jornais da grande imprensa brasileira no período do "tempo da experiência democrática" (1945-1964), tempo esse que coincide com a Guerra Fria e com seu resultado mais nefasto na vida brasileira: o golpe de 1 de abril de 1964. A repercussão da matéria, anunciada já na capa do jornal de forma bastante chamativa à curiosidade dos leitores, reservava o espaço mais nobre em matéria de política internacional para o artigo de R.H. Shakford. É muito difícil para o historiador acompanhar a recepção do público leitor dos jornais, ainda mais passado tanto tempo. No entanto, é possível supor com tranqüilidade, através do estudo sistemático sobre a história política do período, que essas notícias eram de grande interesse dos brasileiros e que elas produziam novas sensações para aqueles que viviam em um mundo que estava em processo de mudanças: mudança da vida conhecida antes da guerra, mudança da vida conhecida durante a Segunda Guerra Mundial e mudança da vida que parecia estar chegando após o fim da guerra, onde o discurso de Churchill em Fulton foi um poderoso elemento na criação dessa nova vida: "ainda continua no cartaz a indicação do discurso de Churchill propondo a aliança anglo-americana. Não obstante o presidente Truman ter se mostrado favorável à idéia, o governo de Moscou continua silencioso. Churchill destacou ser necessária essa aliança para **conter** as tendências soviéticas (Jornal do Brasil, 10/3/46, p. 7 – grifos nossos).

Essa nova vida social que parecia estar nascendo – a "nova era" anunciada há poucos meses por Truman – agora passava a ter, em seu horizonte, armas como a bomba atômica e uma nova proposta de organização da política internacional. Ademais, como pode ser entendido a partir do discurso de Churchill, passaria a estar presente a ideia que já tinha sido percebida pelo jornalista Shakford em sua matéria publicada pelo *Jornal do Brasil*: a ideia da contenção.

"As relações entre a União Soviética e os Estados Unidos jamais foram tão sombrias como hoje"

Um ano após o discurso de Churchil em Fulton, o presidente dos Estados Unidos, Harry Truman, também realizou um discurso, porém, sua platéia era distinta daquela para quem o antigo primeiro-ministro da Inglaterra lançara suas palavras no Missouri. O público de Truman naquele 12 de março de 1947 era composto pelos congressistas dos Estados Unidos da América do Norte. Deputados e senadores ouviram, naquela sessão conjunta, um discurso que ganhou um *status* de histórico, pois enunciava o que ficou conhecido como Doutrina Truman e que, sem dúvidas, anunciava uma "nova era" na história do século XX.

A repercussão das palavras proferidas por Truman teve alcance mundial. Os principais jornais da capital do Brasil deram grande destaque em suas edições do dia 13 de março de 1947: o *Correio da Manhã* publicou em sua capa uma síntese do discurso oriunda da *Agence France-Presse* (AFP), importante agência de notícias francesa herdeira da tradicional *Havas*, enquanto o *Jornal do Brasil* publicou a íntegra do pronunciamento de Truman em sua capa com prosseguimento na página 7, obtida pela *United Press*.

O *Correio da Manhã* destacava que o presidente estadunidense tinha solicitado a liberação de 400 milhões de dólares para auxiliar a Grécia e a Turquia, além da autorização para o envio de pessoal civil e militar a esses países com a seguinte justificativa: "A gravidade da situação que reina no mundo hoje, tornou necessário meu comparecimento diante de uma sessão conjunta do Congresso. A política externa e a segurança nacional do nosso país estão em jogo" (Correio da Manhã, 13/3/47, capa).

De acordo com o presidente dos EUA, as relações internacionais estavam vivendo um momento de grande preocupação. A tal ponto que, de acordo com suas palavras, a segurança nacional de seu país estava em iminente perigo. Uma retórica muito clara: os Estados Unidos precisavam se defender da agressão externa. Mas no que consistia essa agressão externa exatamente?

A resposta vinha logo abaixo, na matéria publicada pelo *Correio da Manhã*. A agressão já estaria ocorrendo na Grécia, através de "atividades terroristas, e vários milhares de homens armados, dirigidos pelos comunistas" (Correio da Manhã, 13/3/47, capa). Sidnei Munhoz, entretanto, assevera que "a acusação de que uma pequena força comunista bancada pelos soviéticos ameaçava a Grécia, conforme foi amplamente divulgada por ingleses e estadunidenses, não se sustenta quando confrontada com as evidências factuais" (MUNHOZ, 2020, p. 172-173). Além disso, Eric Hobsbawm sustenta que "hoje é evidente, e era razoavelmente provável mesmo em 1945-47 que a URSS não era expansionista – e menos ainda agressiva – nem contava com qualquer extensão maior do avanço comunista além do que se supõe houvesse sido combinado nas conferências de cúpula de 1943-45" (HOBSBAWM, 2003, p. 229).

De acordo com Truman, era necessário defender os valores do mundo ocidental onde quer que eles estivessem sob ataque:

> Um desses modos de vida é baseado na vontade da maioria e se estabelece mediante instituições livres, governo representativo, eleições livres, garantias de liberdade individual, liberdade de palavra e de religião, ausência de toda opressão política.
>
> O outro modo é baseado na vontade da minoria imposta pela força à maioria. Esse modo de vida se apóia sobre o terror e a opressão, sobre o rádio e a imprensa controlados, eleições pré-determinadas, supressão da liberdade de palavra e religião e supressão da liberdade pessoal (Correio da Manhã, 13/3/47, capa).

Dois sistemas alternativos de vida e que, pelo visto, teriam muitas dificuldades para coexistir, dentro da ótica do governo dos EUA, que se:

> colocavam como os defensores do 'Mundo Livre', em oposição aos soviéticos, referidos por Truman como terroristas, opressores, controladores e supressores da democracia. Dessa forma, o presidente estadunidense tentava ultrapassar, ao nível do discurso, a oposição capitalismo *versus* comunismo para uma outra relação de oposição, baseada na democracia *versus* autoritarismo, para, dessa forma, resgatar os valores democráticos da Segunda Guerra Mundial, que visavam libertar o mundo dos autoritarismos e totalitarismos promovidos pelo Eixo (DOMINGOS, 2010, p. 31).

Esse conflito fica visível em outra matéria presente também na capa do *Correio da Manhã* e que tinha a seguinte manchete: "Abolição do Partido Comunista nos Estados Unidos" (Correio da Manhã, 13/3/47, capa). Dentro dessa disputa, o presidente dos EUA anunciava acreditar que "a política norte-americana deve apoiar os povos livres que resistem às imposições pelas minorias armadas ou pela opressão. Creio que devemos ajudar os povos livres a determinar seus destinos da forma como o entenderem (Jornal do Brasil, 13/3/47, p. 7). E a defesa de um desses sistemas de vida, que mais tarde passaria a ser conhecido como *american way of life*, implicava numa ruptura da tradição isolacionista da política estadunidense: a "nova era" finalmente tinha chegado!

No dia seguinte, a capa do *Correio da Manhã* trazia – entre as manchetes "Agentes de Moscou na América do Sul: acusações feitas por um deputado norte americano" e "Apurando a infiltração comunista nos sindicatos: O Sr. Budenz será inquirido pelo comitê trabalhista da Câmara" – as repercussões do discurso do presidente dos EUA: "Repercussão mundial das declarações de Truman" (Correio da Manhã, 14/3/47, capa). A matéria produzida por Lyle C. Wilson, da *United Press*, traduzia sem subterfúgios o significado do discurso de Truman: "O plano de emergência de Truman, para **conter** o comunismo no Oriente Médio, começou bem quanto à aprovação do Congresso, a despeito das advertências de que poderá conduzir a uma guerra com a Rússia" (Correio da Manhã, 14/3/47, capa – grifos nossos).

No mesmo dia que publicava em sua capa a manchete "Campanha contra o comunismo nos Estados Unidos", o *Jornal do Brasil* publicava a matéria da *Associated Press*, do repórter John Hightower, com percepção semelhante a de Lyle C. Wilson:

> não pode haver mais dúvida de que os altos círculos americanos – agindo de acordo com a convicção da existência de uma atitude agressiva e expansionista da União Soviética para com o resto do mundo – pretendem colocar a força e o prestígio dos Estados Unidos frente a frente com a força e o prestígio da União Soviética, a fim de **conter** aquela expansão (Jornal do Brasil, 14/3/47, p. 6 – grifos nossos).

Tanto Wilson quanto Hightower perceberam o potencial de uma nova guerra a partir do pronunciamento de Harry Truman, afinal, como observa Sidnei Munhoz, "é possível afirmar que, desde a posse de Truman, os EUA confrontaram a URSS com o intuito de reverter o seu predomínio na Europa Oriental e de restringir a sua atuação na área anteriormente controlada pelo Japão (MUNHOZ, 2020, p. 169). E os leitores dos principais jornais da capital do Brasil ficaram informados – e possivelmente muito preocupados

– a esse respeito. Conforme perceberam ambos os repórteres, o presidente dos EUA justificava sua nova política externa sob a necessidade de conter o comunismo. Essa **contenção**, como bem observado por Hightower, estava assentada muito mais em uma convicção do que em provas reais, servindo, portanto, naquela época, como um elemento de disputa política.

Lyle C. Wilson, na matéria publicada pelo *Correio da Manhã*, argutamente observou que a *nova era* teve como elemento importante em sua construção o discurso de Winston Churchill em Fulton:

> O Congresso ficou atônito com a franqueza de Truman. O presidente acha que os Estados Unidos devem agir rapidamente para impedir a penetração do comunismo em certas áreas e falou com absoluta clareza. (...) Os Estados Unidos, desse modo, assumem o papel mundial preconizado por Churchill há um ano, que em visita aos Estados Unidos, denunciou a "cortina de ferro" na Europa e propôs uma associação anglo-americana para conter as "tendências expansionistas" da Rússia. Truman se achava ao lado de Churchill, quando este pronunciou aquele discurso (Correio da Manhã, 14/3/47, capa).

Posição semelhante tinha Henry Wallace, que foi vice-presidente dos Estados Unidos no período de janeiro de 1941 a janeiro de 1945, sendo substituído no novo mandato de Roosevelt por Harry Truman. Matéria da *Reuters* publicada no *Jornal do Brasil* afirmava que Wallace, "que é o chefe da corrente oposicionista na política externa dos Estados Unidos", tinha declarado pelo rádio que "autorizarem-se os empréstimos propostos pelo Presidente Truman equivale a levar o mundo à beira da guerra" e trouxe à lembrança o discurso de Churchill: "Há um ano em Fulton, no Missouri, Winston Churchill apelou por uma ofensiva diplomática contra a Rússia Soviética. Aprovando seu discurso, Truman nos comprometeu numa política de combate à Rússia" (Jornal do Brasil, 15/3/47, p. 7).

De Londres, a *United Press* enviava matéria que o *Jornal do Brasil* publicou, trazendo uma análise realizada pelo jornal *New Chronicle* sobre o discurso de Truman: "com os seus velados ataques ao comunismo russo o presidente 'ofereceu uma perfeita arma àqueles que declaram que a política dos Estados Unidos está apenas ampliando a separação entre o leste e o oeste'" (Jornal do Brasil, 15/3/47, p. 7). Embora tivessem níveis de análise diferentes a respeito dos objetivos concretos da nova política externa dos

EUA, havia uma concordância geral de que os tempos da Aliança entre EUA--URSS eram obra do passado, de uma outra (velha?) era.

A reação da União Soviética veio dentro do espírito previsto por Lyle C. Wilson: utilizando sua *força e prestígio*, como pode ser visto na capa do *Correio da Manhã*: "Primeira manifestação do governo russo: o 'Izvestia' compara os Estados Unidos à Alemanha Hitlerista". Matéria de Walter Cronkite, correspondente em Moscou para a *United Press*, afirmava que a URSS acusava os EUA de tentar subjugar a Grécia e a Turquia utilizando estratégia semelhante a do nazismo: "O *Izvestia* faz mofa do apelo de Truman para 'salvar' a Grécia e a Turquia do Bolchevismo dizendo que isso não é novo. 'Hitler também fez referência aos bolchevistas quando queria preparar o terreno para suas conquistas'" (Correio da Manhã, 15/3/47, capa).

A URSS ainda contava com o prestígio internacional de ter derrotado o nazismo. Ao comparar a política externa dos EUA com a da Alemanha Nazista, gerava grande desconforto aos apoiadores de Truman. E denunciava uma intromissão de Truman em suas fronteiras, o que estava em desacordo com os compromissos assumidos anteriormente entre os antigos aliados, como pode ser visto em nota oficial de Moscou publicada no *Jornal do Brasil* em matéria da *United Press*: "os russos não levantaram objeção particular à ajuda à Grécia mas 'a sugestão de que a Turquia, que não tomou parte na guerra, reclama que a sua reconstrução se processe com técnicos militares americanos, é interpretada como uma desculpa para o envio de tropas americanas para as fronteiras da União Soviética'" (Jornal do Brasil, 15/3/47, p. 7).

Os soviéticos não ficaram nada satisfeitos com a nova política externa de seu antigo aliado. Sua análise foi dura, porém realista: "as relações entre a União Soviética e os Estados Unidos jamais foram tão sombrias como hoje" (Jornal do Brasil, 15/3/47, p. 7).

A "nova era" agora se tornava uma realidade.

Considerações finais

É impossível entendermos o século XX sem estudarmos a Revolução Russa de Outubro de 1917. É com a chegada de Lênin, Trótsky e Stálin ao poder na Rússia que vai ser inaugurada uma modernidade alternativa, portanto, diferente daquela modernidade que foi inaugurada na segunda metade do século XVIII e que deu início, com a Dupla Revolução, à História Contemporânea e ao capitalismo. Capitalismo e socialismo, são, portanto, filhos de duas grandes revoluções – que mudaram o mundo!

Aproximadamente vinte anos após a Revolução de Outubro 1917, o século XX passa a enfrentar um conflito devastador, autêntico divisor de águas na história do "breve século XX". A partir da expansão imperialista – e racista – do nazismo, associado à Itália fascista e ao Japão, as principais potências capitalistas (Inglaterra, França e EUA) estabelecem uma aliança com a pátria do socialismo (URSS) para enfrentarem as forças do Eixo no conflito que passou à história como Segunda Guerra Mundial.

Nessa aliança prenhe em contradições, não há dúvidas que o fardo mais pesado foi sustentado pela União Soviética. Além das investidas diretas dos nazistas sobre seus territórios, a URSS também se preocupava com os reais interesses de seus parceiros, em especial com o primeiro-ministro da Inglaterra, Winston Churchill. As potências capitalistas européias, em uma política de apaziguamento, custaram a se definir contra o nazismo – pois viam nele um "muro" que impediria o socialismo de avançar para o ocidente além de vislumbrarem um conflito entre nazismo e socialismo. E mesmo durante a guerra, essa possibilidade era vista com muito interesse pelos estrategistas ingleses. Além disso, havia planos para que, assim que o nazismo fosse derrotado, iniciar-se um conflito com os soviéticos, com o objetivo de pôr fim ao socialismo: era essa a Operação Unthinkable planejada por Churchill. Essa operação até poderia ser *impensável* pelos soviéticos – se eles não tivessem sido alertados por seus espiões.

Como se pode perceber, essas contradições entre os aliados da Segunda Guerra Mundial se mostravam obstáculos reais para o período pós-guerra. Mas isso não significa que essas dificuldades precisassem necessariamente levar ao conflito entre aqueles que venceram a guerra. Roosevelt e Wallace, que foi seu vice-presidente durante a maior parte da guerra, entendiam a necessidade de um convívio em bons termos com a URSS.

Mas não foi isso o que aconteceu!

Um movimento em três tempos – agosto de 1945, março de 1946 e março de 1947 – fez surgir uma "nova era".

As explosões atômicas contra o Japão em agosto de 1945 foram o primeiro passo desse movimento. Militarmente desnecessários, esses crimes de guerra impactaram o mundo inteiro. Em um primeiro momento, a grande imprensa brasileira estava mais interessada do avanço científico que as novas armas de guerra representavam. Mas não demorou a aparecer as primeiras críticas nos jornais da capital do Brasil ao emprego dessa produção da ciência. Notícias vindas do Japão e de Londres trouxeram informações que deram ao povo brasileiro uma nova dimensão sobre o resultado do uso da "arma terrível" do presidente Truman. Uma tragédia sem precedentes da história da humanidade. As bombas atômicas, exclusividade dos Estados Unidos, eram a maior força de intimidação jamais vista. E essa intimidação mirava muito além do Japão.

O segundo movimento dessa "nova era" se deu dentro do território dos Estados Unidos, no Missouri. Em março de 1946, Churchill exaltava a necessidade da manutenção do segredo nuclear e de uma aliança anglo-estadunidense em razão de "uma cortina de ferro" que descia sobre a Europa. Churchill anunciava que não dormiria tranqüilo se os bolcheviques tivessem acesso as bombas atômicas – isso em um momento no qual o objetivo central da URSS era sua reconstrução: mais de 27 milhões de soviéticos perderam a vida durante a Segunda Guerra Mundial. O *Correio da Manhã* passava da ambigüidade ao apoio das palavras de Churchill – mas também trazia críticas, via agências de notícias, ao discurso do antigo primeiro-ministro. Já o *Jornal do Brasil* trazia as críticas mais potentes, também via agências noticiosas, aos objetivos enunciados em Fulton: crítica à visão de mundo antiquada (imperialismo), ao apaziguamento do passado, à possibilidade do entendimento do discurso como uma declaração de guerra. O próprio jornal mencionava que o mundo estava vivendo um período de grande tensão naquele momento. E tudo isso despertava grande interesse aos leitores dos jornais da capital do Brasil.

O terceiro movimento dessa "nova era" também partiu de dentro do território estadunidense. Em Washington D.C., o presidente Harry Truman – que tinha estado ao lado de Churchill durante em Fulton há um ano atrás – discursou no Congresso pedindo um auxílio de 400 milhões de dólares destinados a Grécia. O *Correio da Manhã* trouxe uma síntese dos principais pontos do pronunciamento enquanto o *Jornal do Brasil* trouxe o discurso na íntegra e ambos os jornais demonstraram as repercussões mundiais ante as palavras do presidente dos Estados Unidos, o único país a contar com a tecnologia da bomba atômica naquele momento. Em matérias publicadas no Brasil, jornalistas estrangeiros chamavam a atenção para o potencial de guerra que o discurso de Truman trazia – um desses jornalistas chegou a relacionar o discurso do presidente com aquele discurso realizado um ano antes por Churchill. Os jornais brasileiros trouxeram também a justificativa de Truman de que havia uma gravidade na situação política mundial contando com terroristas e homens armados pelos comunistas e que os valores de vida do povo estadunidense estavam sob ameaça – e em suas análises percebiam a intenção de Harry Truman de conter o comunismo. Mas ao mesmo tempo traziam críticas ao pronunciamento de Truman – algumas inclusive estabelecendo relações com o nazismo.

A Doutrina Truman levou o mundo a um momento no qual as coisas "jamais foram tão sombrias como hoje". E a articulação desses três tempos levou a uma "nova era" que durou aproximadamente 45 anos: o tempo da Guerra Fria!

Referências

Fontes primárias

Correio da Manhã (RJ) – Disponível na Hemeroteca Digital da Biblioteca Nacional

Jornal do Brasil (RJ) – Disponível na Hemeroteca Digital da Biblioteca Nacional

Fontes secundárias

DOMINGOS, Charles Sidarta Machado. *O Brasil e a URSS na Guerra Fria*: a Política Externa Independente na imprensa gaúcha. Porto Alegre: Letra & Vida, 2010.

FONTANA, Josep. *Por el bien de imperio*: uma historia del mundo desde 1945. Barcelona: Pasado y Presente, 2011.

HOBSBAWM, Eric. *Era dos Extremos*: o breve século XX (1914-1991). 2ª ed. São Paulo: Companhia das Letras, 2003.

LUCA, Tania Regina de. História dos, nos e por meio dos periódicos. In: PINSKY, Carla Bassanezi (Org.). *Fontes Históricas*. 3ª ed. São Paulo: Contexto, 2021, p. 111-153.

MUNHOZ, Sidnei. *Guerra Fria*: História e Historiografia. Curitiba: Apris, 2020.

SIRINELLI, Jean-François. Elogio da complexidade. In: RIOUX, Jean-Pierre; SIRINELLI, Jean-François. *Para uma História Cultural*. Lisboa: Editorial Estampa, 1998, p. 409-418.

SODRÉ, Nelson Werneck. *História da imprensa no Brasil*. 3ª ed. São Paulo: Martins Fontes, 1983.

VISENTINI, Paulo Fagundes. *O Eixo e a URSS na Guerra Mundial*: diálogo com a narrativa histórica anglo-americana. Porto Alegre: Leitura XXI, 2020.

VIZENTINI, Paulo G. Fagundes. A Guerra Fria. In: REIS FILHO, Daniel Aarão; FERREIRA, Jorge, ZENHA, Celeste. *O Século XX*: o tempo das crises – Revoluções, fascismos e guerras. 2ª ed. Rio de Janeiro, Civilização Brasileira, 2003, p. 195-225.

PENÍNSULA VERMELHAZUL:

a Guerra da Coreia na grande imprensa brasileira

Adrian Nunes de Carvalho
Pedro Duarte Pereira

Introdução

O início de um novo ano, uma nova década ou um novo século é um momento repleto de incertezas. Ele pode chegar carregado de esperanças renovadas e muito entusiasmo pelos dias que estão por vir, mas também pode trazer consigo as apreensões de um período onde conflitos ideológicos e bélicos se apresentam como os protagonistas da cena, incitando guerras, violência, mortes, destruição e derramamento de sangue. A História é, foi e sempre será assim: um misto de sentimentos, dúvidas e incertezas, acompanhados por momentos de felicidade e otimismo que apontam para um futuro, talvez menos violento que o passado e mais próspero que o presente.

Neste capítulo acompanharemos a estruturação, o desenvolvimento e o suposto fim do conflito armado denominado Guerra da Coreia, que foi protagonizado pela luta ideológica entre o comunismo estabelecido na República Popular Democrática da Coreia e o capitalismo anticomunista que dominava a República da Coreia, países localizados em uma península no leste da Ásia. A Guerra da Coreia teve suas origens a partir das tensões provocadas pelo contexto da Guerra Fria, conflito sem embate direto – somente ideológico – entre os Estados Unidos da América e a União das Repúblicas Socialistas Soviéticas, que se iniciou após o fim da Segunda Guerra Mundial e perdurou até o ano de 1991, com a dissolução da URSS.

O estudo que apresentaremos a seguir leva em consideração as nuances observadas entre os anos de 1945, marcado pelo fim da Segunda Guerra Mundial, e 1953, quando verificou-se o suposto fim da Guerra da Coreia, um fato que até hoje levanta questionamentos, debates e contradições. Dentro do contexto histórico da Guerra Fria, observamos as ações norte-americanas e soviéticas que levaram ao conflito estudado, analisando as influências exercidas pelas duas potências sobre os países envolvidos na Guerra da Coreia e compreendendo como o debate ideológico fez com que o conflito se tornasse uma luta entre extremos, tendo como protagonistas, por um lado, o comunismo e, por outro, o capitalismo.

A partir desta delimitação, buscamos observar e demonstrar como a grande imprensa brasileira do Século XX representou o desenvolvimento da Guerra da Coreia, desde o ano de 1948 - quando foram proclamadas como países as nações envolvidas diretamente no conflito: República Popular Democrática da Coreia, ao norte, e República da Coreia, ao sul – até o ano de 1953, marcado pelo cessar fogo que atenuou os conflitos bélicos, porém não encerrou oficialmente a Guerra da Coreia, perdurando até hoje a constante tensão e incerteza sobre a população dos dois países.

A necessidade de estudar a Guerra da Coreia é posta em questão quando percebemos que a bibliografia nacional especializada sobre o tema é escassa, nos levando a acreditar que o desenvolvimento deste trabalho contribuirá para o enriquecimento do referencial teórico sobre a temática. Para tanto, buscamos compreender os fatos que levaram ao desencadeamento, desenvolvimento e suposto fim da Guerra da Coreia entre o período 1945 – 1953, utilizando nomes renomados da bibliografia especializada, tais como Analúcia Pereira (2015); Charles Domingos (2010); Eric Hobsbawm (1995); Helena Melchionna (2015); Josep Fontana (2011); Noam Chomsky (1985); Paulo Vizentini (2003 e 2015); e Sean Purdy (2018).

Após estabelecer o referencial teórico, partimos para a pesquisa em fontes primárias, seguindo metodologias apresentadas por Tânia de Luca (2010) e Cláudio Elmir (1995). Luca frisa que "historicizar a fonte requer ter em conta, portanto, as condições técnicas de produção vigentes e a averiguação, dentre tudo que se dispunha, do que foi escolhido e por quê" (LUCA, 2010, p.132). Já Elmir nos apresenta o conceito de "leitura intensiva", defendendo que "a leitura deve ser meticulosa, deve ser demorada, deve ser exaustiva – e muitas vezes é mesmo enfadonha" (ELMIR, 1995, p.21). Estas afirmações se mostraram fundamentais para o pleno desenvolvimento do presente capítulo.

Desta forma, buscamos atender aos objetivos desta pesquisa realizando a leitura das edições entre agosto de 1948 e março de 1953 dos jornais *Correio da Manhã*, fundado por Edmundo Bittencourt em 1901 e caracterizado por seu papel opositor a diversos presidentes brasileiros durante seu período de tiragem; *Diário de Notícias*, fundado por Orlando Vilar Ribeiro Dantas em 1930 e marcado por posição independente com discurso próprio; e *Diário Carioca*, fundado por José Eduardo Macedo Soares em 1928 e também marcado por se opor a diversos presidentes brasileiros da época. Fazendo a leitura e análise dos periódicos supramencionados e utilizando a bibliografia especializada já apresentada, desenvolvemos a pesquisa detalhada que apresentaremos durante este capítulo.

Em 2 de setembro de 1945 chegava ao fim um dos conflitos armados mais sangrentos de todos os tempos. A Segunda Guerra Mundial contabilizava milhões de mortos e milhões de dólares de prejuízo aos países derrotados, desintegrando a Alemanha nazista e conferindo vitória às nações que compunham os Aliados: Estados Unidos da América (EUA), Inglaterra, França e União das Repúblicas Socialistas Soviéticas (URSS). Os prejuízos alemães foram convertidos em soberania aos EUA, que garantiram hegemonia militar sobre mares e continentes, além de armamento atômico invejável perante aos demais países.

Meses antes do fim da Segunda Guerra Mundial, os aliados EUA e URSS já acumulavam divergências durante a elaboração dos acordos pós-guerra – quando o presidente Harry Truman, que assumiu o cargo após o falecimento de Franklin Delano Roosevelt, revelou para a URSS a existência da denominada "bomba A", uma arma atômica com potencial catastrófico na Conferência de Potsdam –, expondo publicamente os primeiros sinais de um conflito ideológico entre potências que se estenderia pelas próximas décadas:

> O general Groves, responsável pelo Projeto Manhattan (produção da bomba A), afirmara em 1942 – em plena vigência da aliança EUA-URSS – que esta seria uma importante arma contra a União Soviética! No mesmo ano, Churchill elaborou seu Memorandum Secreto, onde afirmou que, assim que o Eixo deixasse de constituir uma ameaça, os aliados anglo-saxões deveriam considerar que a URSS era o verdadeiro inimigo. Ora, em 1945 a derrota germano-japonesa era certa e a verdadeira política podia sair à luz do dia. Mas somente com o bombardeio nuclear de Hiroshima e Nagasaki, Stálin se daria conta da amplitude da mudança ocorrida (VIZENTINI, 2003, p. 199).

Quando Stálin percebeu as reais intenções dos norte-americanos, a Guerra Fria já era um conflito iminente, que viria a ser marcado por demonstrações de poder e força oriundas de cada um dos hemisférios conflitantes. Nesse sentido, os objetivos dos EUA consistiam em um grande plano de expansão e domínio ao qual Noam Chomsky (1985, p. 193) refere-se como "Grande Área". A área compreendida por esse plano iniciava no ocidente e se estendia por todo o mundo – incluindo a URSS –, com o intuito de satisfazer as necessidades econômicas e garantir a soberania mundial dos EUA.

Em agosto de 1945, os japoneses já planejavam sua rendição e a Segunda Guerra Mundial se encaminhava para o fim. Entretanto, uma península denominada Coreia – anexada como colônia pelo Império Japonês em 1910 e agora à disposição dos Aliados – ainda não havia sido repartida. Truman, prevendo uma possível ocupação russa sobre esse território, ordenou que dois coronéis jovens e inexperientes realizassem a divisão desta região. Josep Fontana nos apresenta detalhadamente como se deu este fato:

> Na madrugada de 10 de agosto de 1945, enquanto os japoneses iniciavam os contatos com Washington para sua rendição, o governo norte-americano, preocupado ao ver que os russos podiam ocupar facilmente a Coreia, encarregou dois jovens coronéis que não tinham o menor conhecimento da realidade daquelas terras – um deles era Dean Rusk, que ocuparia a secretaria de Estado de 1961 a 1969 –, e que não contavam com mais auxílio para sua tarefa que um mapa do National Geographic Magazine, que traçassem um plano para delimitar na península duas zonas de ocupação para norte-americanos e russos. Propuseram dividir o território pelo paralelo 38, o que era totalmente arbitrário e, para sua surpresa, os russos, que podiam ter se apropriado da península antes que os estadunidenses chegassem a suas costas, o aceitaram e posicionaram suas tropas na altura fixada, esperando que estes ocupassem o sul (FONTANA, 2011, p. 156-157 – tradução dos autores).

Após a divisão da Coreia, os habitantes da península viveram em regime de domínio por parte das duas potências durante pouco mais de 3 anos, quando, em 15 de agosto de 1948 – por pressão norte-americana – foi criada a República da Coreia (RC) no sul da região, aclamando "o nacionalista de direita Syngman Rhee no poder, apesar da sua falta de apoio popular. Rhee expressava frequentemente seu desejo de invadir o Norte e acabar com as forças nacionalistas e comunistas" (PURDY, 2018, p. 125). Poucas semanas depois, em 9 de setembro de 1948, com o objetivo de garantir autonomia perante aos soviéticos e não ficar para trás em relação ao sul da península, foi proclamada a República Popular Democrática da Coreia (RPDC) na área localizada ao norte do paralelo 38, possuindo o guerrilheiro veterano Kim Il Sung como primeiro-ministro, garantindo grande apoio da população.

"Kim estava determinado a reunir as duas Coreias sob a liderança de um único governo popular. Embora ele viesse a criar um Estado antidemocrático e ditatorial, uma parte expressiva dos coreanos preferia isso ao governo do sul, controlado por colaboradores autocráticos, do imperialismo japonês" (PURDY, 2018, p. 125).

Com a solidificação dos novos países, Estados Unidos e União Soviética realizaram a retirada de suas tropas da península, mas mantiveram a região sob sua influência, nutrindo externamente as tensões ideológicas da Guerra Fria, que desencadeariam a Guerra da Coreia dois anos depois. As tropas norte-americanas foram retiradas da RC no dia 23 de agosto de 1948, marcando repercussões nos jornais *Correio da Manhã*, *Diário Carioca* e *Diário de Notícias*:

> Finda a ocupação norte-americana na Coréia
>
> Auxílio apenas no combate ao comunismo
>
> Washington, 23 (U.P.) – Os Estados Unidos puseram fim à sua ocupação militar da Coréia que durou três anos, e anunciaram que John J. Muccio substituirá, na qualidade de embaixador, o general John R. Hodge. Não serão retiradas todas as tropas dos Estados Unidos na Coréia, pois em virtude de um pedido do presidente da República coreana, Syngman Rhee, ficarão forças ali para ajudar o governo em sua luta contra os comunistas. O general de divisão John B. Coulter assumirá o comando das tropas norte-americanas, pois Hodge foi chamado a Washington. O novo exército coreano terá como base a guarda civil coreana e estará em harmonia com a resolução da ONU autorizando o estabelecimento de uma força de segurança. Tanto funcionários do Departamento de Estado como oficiais do Exército declaram francamente que esperam que tropas dos Estados Unidos permaneçam na Coréia por todo o tempo que os EE.UU. e os coreanos meridionais considerarem necessário, em vista do fato de que os russos mantêm uma força no norte da Coréia, adestrada por eles próprios. Calcula-se que os russos contam com 125.000 homens armados na Coréia do Norte. A guarda civil do sul tem uns vinte e seis mil homens e as forças dos Estados Unidos ascendem a 23.000 soldados. [...] (CORREIO DA MANHÃ, 24/08/1948, capa).

Nesse sentido, as forças militares da RPDC se sobrepunham às da República da Coreia, porque esta primeira recebeu grande incentivo da URSS em insumos para industrialização, o que fortaleceu a economia do país, permitindo capacitação de profissionais e também treinamento de soldados. Ao mesmo tempo, na República da Coreia todas as ações dependiam dos EUA, que não a consideravam tão importante até 1950, mantendo somente o básico para fortalecer os ideais anticomunistas no país, jamais permitindo que a URSS exercesse influência sobre seu Estado.

Inicialmente, como apontado por Orivaldo Biagi (2008, p. 103), os habitantes da península não consideravam o paralelo 38 uma divisão oficial, tanto que transitavam tranquilamente entre as duas áreas, desconsiderando o impasse externo que as regia. Com a proclamação dos novos países, treinamento de soldados e investimentos vindos das duas grandes potências dominantes – EUA e URSS, com a segunda se destacando na assistência à RPDC –, a população passou a se impor em relação aos seus ideais, posicionando-se politicamente moldados à Guerra Fria e reconhecendo o paralelo 38 como a fronteira entre dois sistemas políticos totalmente distintos: o capitalismo norte-americano e o socialismo soviético.

Na República Popular Democrática da Coreia, Kim Il Sung promovia a formação de novos partidos e também apreciava a manutenção dos Comitês Populares (CPs), espécies de partidos com menor quantidade de integrantes. Estes CPs reivindicavam direitos a diferentes camadas da população e eram vistos com frequência dentro da península desde a anexação do seu território pelo Império Japonês em 1910. Kim Il Sung havia sido guerrilheiro na Manchúria, integrante do Partido Comunista Chinês e ascendeu na RPDC como um líder nacionalista e comunista, adotando em seu país métodos de governo semelhantes aos da URSS, marcados por autoritarismo e ideais socialistas. Mesmo com tantas características em comum – em partes pelo domínio exercido pela grande potência sobre o país ao norte do paralelo 38 –, a RPDC não fora integralmente dominada pela URSS, pois este país:

> Não foi simplesmente um satélite soviético nos anos 1940, mas evoluiu de um regime de coalizão, estruturado nos amplamente difundidos comitês populares, durante 1945-1946, para um regime de relativo domínio soviético durante 1947-1948, mas desenvolvendo logo importantes laços com a China em 1949, o que permitiu à RPDC manobrar, desde então, entre os dois gigantes comunistas (CUMINGS apud MELCHIONNA; PEREIRA; VIZENTINI, 2015, p. 49).

Por outro lado, dentro da República da Coreia existia um forte discurso anticomunista, racista e conservador partindo diretamente de Syngman

Rhee, que chegou ao poder do país quando o mesmo foi proclamado, através de eleições que Sean Purdy (2018, p. 125) afirma terem sido fraudadas, enquanto no país ao norte Kim Il Sung teria sido eleito honestamente. A RC de Rhee e dos norte-americanos carregava consigo um histórico de repressão aos Comitês Populares desde o fim da Segunda Guerra Mundial, com o combate a essas organizações marcado por muita violência, contabilizando altos números de mortes de guerrilheiros. A repressão aos ideais comunistas era tão grande na região que, para fugir da morte iminente, "os guerrilheiros, depois de várias campanhas de contrainsurgência, passaram a atuar nas montanhas em 1948-49, agora influenciados pelo norte. A atividade guerrilheira perdurou até 1954 (mesmo durante e depois da guerra), quando foi, finalmente, eliminada" (MELCHIONNA; PEREIRA; VISENTINI, 2015, p. 63).

Durante o ano de 1949, diversos combates foram registrados entre membros da RC e da RPDC ao longo das montanhas cruzadas pelo paralelo 38, possuindo, como consequência, consideráveis índices de baixas aos dois lados. Ainda que os EUA, por sua vez, buscassem atenuar o desejo incendiário de Syngman Rhee – que, por conta própria, já teria invadido a RPDC muito tempo antes desta invadir seu Estado –, a presente potência fortalecia o armamento bélico da República da Coreia e treinava mais soldados para atuarem no país. Ao mesmo tempo, os soviéticos não permitiam um ataque organizado por parte de Kim Il Sung, mas enriqueciam o exército da República Popular Democrática da Coreia e reiteravam o pensamento nacionalista e comunista na população, que agora também recebia influência chinesa, se tornando um vale de comunismo em meio a dois países que partilhavam dos mesmos ideais. Os métodos à Guerra Fria de tomadas de decisões mostravam que EUA e URSS estavam dispostos a muito mais do que explicitavam aos habitantes da península.

A República da Coreia apresentava-se extremamente dependente dos investimentos vindos dos EUA, uma vez que o governo do país apontava o auxílio financeiro norte-americano como algo essencial para a luta contra o comunismo. Em janeiro de 1950, a RC solicitou aos EUA um investimento extra de 60 milhões de dólares, que foi negado em um placar de 193 a 191 votos na Câmara dos Representantes dos Estados Unidos da América, deixando o governo do país recém proclamado em aflição. No jornal *Diário Carioca* era possível perceber o pânico instaurado na República da Coreia com a negação do auxílio ao país:

> PERIGO VERMELHO NA COREIA DO SUL
>
> Informam de Nova York que se a Câmara dos Deputados dos EE. UU. não mudar radicalmente de atitude, se não autorizar a verba de 60 milhões de dólares para financiar a ajuda econômica à Coréia do Sul, os vermelhos coreanos do norte podem preparar uma rápida invasão do país – com ajuda russa. Essa advertência nos vem não apenas do presidente Synghman Rhee, da Coréia do Sul mas também de fontes chegadas a Mac Arthur e mesmo de republicanos tais como o senador Taft, que atacou a política asiática do governo de Washington (DIÁRIO CARIOCA, 26/01/1950, p. 5).

Enquanto a República da Coreia temia uma invasão por parte dos vizinhos do norte, a URSS promovia financeiramente o comunismo e as forças militares na China – país que os EUA negavam a qualquer custo reconhecer como uma nação legitimamente comunista, que até lutaria ao lado da RPDC e contra os EUA na Guerra da Coreia. Desta forma, no mesmo dia em que a RC demonstrou apreensão por uma invasão comunista, os EUA firmaram um acordo bilateral de auxílio financeiro para o fortalecimento militar nos países aliados, inclusive na República da Coreia:

> Acordo de armamentos
>
> WASHINGTON, 26 (R.) – O primeiro acordo bilateral de armas sob o programa de defesa militar dos Estados Unidos foi assinado com a Coréia Meridional, o Departamento de Estado anunciou. O programa militar aliado providenciando um bilhão de dólares em armamento para os países do Pacto do Atlântico, mencionou também 27.640.000 dólares na assistência militar à Coréia Meridional, Pérsia e Filipinas (DIÁRIO DE NOTÍCIAS, 27/01/1950, p. 6).

Além do poder e influência exercidos sobre diversos países ao redor do mundo, os EUA também possuíam considerável influência sobre a Organização das Nações Unidas (ONU), órgão criado após o fim da Segunda Guerra Mundial com o intuito de promover a cooperação internacional e evitar que conflitos semelhantes ocorressem novamente. Ainda que a URSS também fizesse parte da ONU, os EUA detinham a influência majoritária sobre o órgão, manipulando a tomada de decisões sempre a seu favor, o que seria de extrema importância durante os futuros desdobramentos da Guerra da Coreia.

Desta forma, a Guerra Fria começava a tomar proporções inimagináveis, com as duas potências antagônicas evoluindo intensamente em questões armamentistas, econômicas e expansionistas, garantindo o seu espaço no conflito central e nos embates colaterais que ocorreriam futuramente. EUA e URSS estavam sedentos por derramamento de sangue, afinal, pois a Segunda Guerra Mundial chegava ao fim há 5 anos e, nesse período, a ansiedade pelas movimentações da Guerra Fria deixavam o mundo apreensivo sobre o que poderia acontecer. Ainda que as potências apontassem desinteresse em um envolvimento direto na Guerra da Coreia, seguiam influenciando os países da península coreana a prepararem seus exércitos e fortalecerem os extremos ideológicos que defendiam. Os arquitetos do caos estavam prestes a causar violência, destruição e milhões de mortes.

O rompimento da paz

Com a chegada de 1950, o último ano da primeira metade do breve Século XX, o termo "Guerra Fria" já era o principal ponto de discussão dentro das cúpulas políticas de quase todos os países do mundo. A incerteza sobre quando e se as potências EUA e URSS declarariam guerra uma à outra saturava a população com medo e angústia, ao passo que se iniciavam conflitos localizados entre os países influenciados pelos norte-americanos e soviéticos. O sistema da Guerra Fria consiste em uma grande teia de ideologias, "onde cada uma das superpotências pode usar a força e a violência para controlar seus próprios domínios contra os que buscam um grau de independência no interior dos blocos – apelando à ameaça da superpotência inimiga, para mobilizar a sua própria população e a de seus aliados" (CHOMSKY, 1985, p. 189).

O novo ano que se iniciava trazia consigo a formação da Organização do Tratado do Atlântico Norte (OTAN), fortalecendo o anticomunismo ocidental; o estabelecimento do comunismo na República Popular da China (RPC); e a divisão da Alemanha em duas partes bipolares ideologicamente: de um lado, o capitalismo norte-americano; do outro, o comunismo soviético. Com o comunismo dominando a RPC, os soviéticos adquiriram um grande aliado na influência sobre a RPDC, pois agora a metade ao norte da península estava entre Stálin e Mao Tsé-Tung, com Kim Il Sung ansioso por invadir a República da Coreia.

O presidente da República da Coreia, Syngman Rhee, em fevereiro de 1950, já estava certo de que a solução para o impasse entre os países divididos pelo paralelo 38 seria um conflito armado:

> Declarou que os comunistas estão vencendo a guerra fria
>
> Sygman Rhee, presidente da Coréia do Sul, duvida que as potências ocidentais resolvam os principais problemas do mundo sem que se verifique um conflito armado
>
> TÓQUIO, 18 (U. P.) – O presidente da Coréia Meridional, sr.Sygman Rhee, declarou que os comunistas estão vencendo a guerra fria, e <é de duvidar-se> que as democracias possam resolver os principais problemas do mundo sem que se verifique um conflito armado. <A União Soviética – acrescentou – se propõe a expandir-se pacificamente, se puder fazê-lo, e por meio da guerra, se for necessário>. Rhee declarou à imprensa, pouco antes de regressar a Seoul, capital da Coréia Meridional, depois de encerrar sua visita de dois dias ao general MacArthur e ao primeiro ministro Shegeru Yoshida,que acredita que as democracia estão perdendo porque cumprem as promessas feitas, enquanto que a <outra parte> não pretendeu jamais cumprir sua palavra empenhada. Disse o presidente coreano que falava baseado em sua própria experiência na Coréia, que está dividida pelo paralelo 38 em Coréia Setentrional , dominada pelos comunistas, e República Meridional da Coréia, apoiada pelos Estados Unidos. <Forças militares comunistas, sob a direção e domínio da União Soviética – disse Rhee – lançaram várias batalhas em grande escala contra nosso exército, porém foram repelidas em todos os casos>.<A Coréia Setentrional – continuou – está muito quente, em verdade está ardendo, pois continua a atividade de guerrilhas comunistas, que inclui o incêndio de aldeias, incursões, assassinatos e, na realidade, assassinatos em massa de pacatos aldeães> (DIÁRIO DE NOTÍCIAS, 19/02/1950, capa).

As forças militares da República Popular Democrática da Coreia eram frequentemente subestimadas pelo planejador norte-americano Douglas MacArthur, um general bastante autoritário e ambicioso que viria a ser nomeado Comandante Supremo das Forças das Nações Unidas em julho do presente ano, se tornando o principal líder anticomunista à frente do exército da ONU durante a Guerra da Coreia. MacArthur e a inteligência norte-americana observavam periodicamente as movimentações da RPDC durante o ano de 1950 e acreditavam ser improvável uma invasão à República da Coreia partindo do país influenciado pela URSS. Ainda que esta invasão fosse realizada, MacArthur acreditava ser possível exterminar os militares da RPDC com facilidade, colocando sua ambição e seu egocentrismo em primeiro lugar, o que poderia custar milhões de vidas.

A atividade guerrilheira próxima ao paralelo 38 era frequente, assim como também era frequente o extermínio de guerrilheiros da RPDC por parte da República da Coreia e dos norte-americanos. Contudo, no fim de 1949 a Organização das Nações Unidas, fortemente influenciada pelos EUA, emitiu um relatório culpando integralmente a República Popular Democrática da Coreia pelo extermínio de guerrilheiros na fronteira do paralelo 38, isentando a República da Coreia de qualquer responsabilidade, o que elevou as tensões na península e nas potências dominantes.

> Nesse momento, a guerra já parecia iminente, e tanto Rhee como Kim Il Sung passaram a buscar o apoio das suas respectivas potências protetoras. Entretanto, os EUA deixaram claro que só apoiariam a Coreia do Sul caso esta fosse atacada sem provocação prévia. A URSS, por sua vez, também hesitava em apoiar uma ofensiva do norte sem que houvesse uma agressão inimiga. Porém, Kim Il Sung começou a negociar com a China e, no início de 1950, realizou visitas secretas a Moscou e a Pequim que lhe renderam, afinal, a aquiescência de Stalin a seus planos, o fornecimento de equipamentos militares novos por parte da URSS e o apoio direto de Mao Tsé-tung. Por que razão? (MELCHIONNA; PEREIRA; VIZENTINI, 2015, p. 65).

Na verdade, Stálin queria o apoio da República Popular da China para lavar suas mãos perante um confronto direto com a República da Coreia. Uma aliança entre a República Popular Democrática da Coreia e a RPC – ainda que Kim Il Sung estivesse receoso sobre o apoio de Mao Tsé-Tung – colocaria na linha de frente o exército chinês e a URSS somente como apoiadora da RPDC, sem envolvimento direto no conflito com a República da Coreia e com os EUA. Nestas condições, Stálin emitiria o aval a Kim Il Sung para que o primeiro ataque fosse realizado.

Em um cenário onde o conflito armado se mostrava inevitável, Kim Il Sung e seu desejo de unificar a península caminhavam rumo aos preparativos para o primeiro ataque da Guerra da Coreia, que, para a RPDC, era uma extrema necessidade, pois um ataque inicial por parte dos EUA colocaria em xeque o território ao norte do paralelo 38, encurralando o país que possuía a metade da população do vizinho ao sul. Ao mesmo tempo, Syngman Rhee também não via alternativa, pois uma guerra seria um evento ideal para que reafirmasse sua capacidade de governar perante aos habitantes da República da Coreia. Desta forma, era uma questão de pouco tempo para que fosse dada a largada ao derramamento de sangue na península coreana, que se estenderia por três longos, agitados e violentos anos.

Dias antes de invadir a República da Coreia, a RPDC ofereceu propostas de unificação aos vizinhos do sul, como noticiou o jornal *Diário Carioca*: “Proposta vermelha - O governo da Coréia Setentrional, apoiado pelos soviéticos, ofereceu novas propostas para unificar a Coréia...” (DIÁRIO CARIOCA, 21/06/1950, p. 8). Porém, as propostas de unificação eram apenas um blefe para mascarar o que realmente estava por vir, pois “de 15 a 24 de junho, a Coreia do Norte reuniu 90 mil soldados na fronteira: sete divisões de infantaria, uma brigada armada, um regimento separado de infantaria, um regimento de motocicletas e 120 tanques soviéticos” (PURDY, 2018, p. 127). Não haviam outras opções, a única saída era atacar a República da Coreia, aproveitando que ela não estava totalmente preparada para o conflito.

Na manhã de domingo, 25 de junho de 1950, a imprensa brasileira noticiava com urgência e espanto os acontecimentos da última madrugada:

> GUERRA NA CORÉIA
>
> SEOUL, Coréia do Sul, 25 (U.P.) – A Coréia do Norte, dominada pelos comunistas, declarou, oficialmente, guerra ao Estado Meridional da Coréia apoiada pelos Estados Unidos e pelas potências ocidentais(CORREIO DA MANHÃ, 25/06/1950, p. 16).
>
> SEOUL – (A.F.P.) – O exército da Coréia do Norte invadiu a Coréia do Sul (CORREIO DA MANHÃ, 25/06/1950, p. 16).
>
> Seoul, Coréia, 25 (domingo) (U.P.) – Informações procedentes da fronteira indicam que as tropas da República da Coréia, dominada pelos comunistas, iniciaram uma ofensiva em vários pontos da linha fronteiriça entre a Coréia do Norte e a Coréia do Sul, que se estende ao longo do paralelo 38. Estas informações, no entanto, não foram confirmadas oficialmente até agora e não há detalhes completos sôbre a situação (CORREIO DA MANHÃ, 25/06/1950, p. 16).

> CAPTURADA UMA POVOAÇÃO
>
> Seoul, Coréia, 25 (domingo) (U.P.) – Informações não confirmadas dizem que as tropas da Coréia do Norte (dominada pelos comunistas) invadiram o território da Coréia do Sul e capturaram a povoação de Kaesong, situada a 64 quilômetros a noroeste de Seoul, e o quartel da 1ª Divisão da Coréia do Sul. Acrescentam as informações que as tropas da Coréia do Norte empregam tanques na zona de Chungchon, a 80 quilômetros ao norte desta capital. Na zona da península de Ongin, diz-se, as fôrças invasoras penetraram de três a quatro quilômetros em território da Coréia Meridional. Outras informações dizem que as fôrças da Coréia do Norte, utilizando pequenas embarcações, desembarcaram ao sul de Kangnung, na costa oriental (CORREIO DA MANHÃ, 25/06/1950, p. 16).

Naquela madrugada, as tropas da República Popular Democrática da Coreia invadiram a República da Coreia, ocupando o país de costa a costa, chegando até a capital Seul três dias depois. O defasado exército da RC não conseguiu conter os ataques, sofreu diversas baixas e acabou neutralizado pelo bem treinado comboio militar da RPDC. Ao fim da semana que sucedeu o ataque inicial vindo da RPDC, o exército da RC contabilizava dezenas de milhares de baixas e os sobreviventes se alojaram na região de Pusan, que ficava localizada no extremo sudeste da República da Coreia.

Além de sofrer com os ataques da RPDC, a população da República da Coreia ainda precisava lidar com um presidente descontrolado, que "ordenou o massacre de 100 mil pessoas sem julgamento, inclusive adolescentes e idosos, suspeitos de apoiar o comunismo e o governo do norte. Algumas das execuções foram aprovadas por comandantes norte-americanos e testemunhadas e fotografadas por soldados norte-americanos" (PURDY, 2018, p. 127-128). Desta forma, a península precisava de uma forte intervenção para que o conflito fosse, pelo menos parcialmente, atenuado.

Percebendo a situação crítica na qual a península coreana se encontrava, a ONU – após pedido dos EUA e sob influência deste – ordenou o envio de tropas para lutar ao lado da República da Coreia, com o intuito de expulsar as forças de Kim Il Sung, Mao Tsé-Tung e Stálin (estas não oficialmente declaradas) do território ao sul do paralelo 38, reestabelecendo a independência e a integridade da população da República da Coreia.

A URSS teve sua participação na presente guerra somente com o fornecimento de armamento durante a preparação para o conflito propriamente dito, como visto no jornal *Diário Carioca*: "A RÚSSIA DIZ-SE NEUTRA: MOSCOU, 26 (U. P.) – Os meios diplomáticos desta capital creem que o governo soviético assumirá oficialmente uma posição neutra, de 'não intervenção' no problema da Coréia" (DIÁRIO CARIOCA, 27/06/1950, p. 2). Contudo, a inteligência dos EUA se mantinha extremamente atenta aos fatos e "Washington sabia que pelo menos 150 aviões chineses eram na verdade aviões soviéticos com pilotos soviéticos. A informação foi mantida em segredo, porque se supunha, corretamente, que a última coisa que Moscou queria era guerra" (HOBSBAWM, 1995, p. 225-226).

Com a chegada da Organização das Nações Unidas ao território da península coreana, ascende uma personalidade militar que ficaria bastante conhecida por seu trabalho – por vezes contraditório – frente ao exército da ONU. O general anticomunista Douglas MacArthur pisava em terras coreanas como Comandante Supremo da Forças das Nações Unidas, com seu lado na guerra já escolhido e com o intuito de repelir, a qualquer custo, os exércitos da RPDC e URSS.

A ONU explicitava publicamente que seu objetivo principal ao intervir na Guerra da Coreia era apenas atenuar o caos instaurado na península. Porém, já era de se esperar que a organização fortemente influenciada pelos EUA tomaria um lado na guerra, e esse lado não seria aquele apoiado pela União Soviética e pela China. Desta forma, MacArthur permanecia subestimando a real capacidade do exército oriundo da metade norte do paralelo 38 e estava convicto de que não encontraria dificuldades para retomar o território da República da Coreia. Porém, seria uma questão de tempo até o general perceber que estava consideravelmente enganado.

Com a chegada das tropas norte-americanas e da ONU, duas semanas após o estopim da guerra, houve uma forte ofensiva da República da Coreia contra o norte.

> VIOLENTA REAÇÃO NORTE-AMERICANA
>
> Contra-atacam as forças de Mac Arthur
>
> Frente coreana, 7 (R. MacCartney, da R.) – Esmagadores ataques aéreos americanos expulsaram do céu a aviação invasora e detiveram os blindados norte-coreanos: ao mesmo tempo, tropas de MacArthur deram meia-volta e contra-atacaram para o norte. Às 15,30; haviam recuperado 16 kms do terreno cedido ontem (CORREIO DA MANHÃ, 08/07/1950, capa).

O egocentrismo e a arrogância de MacArthur o convenciam de que seu exército era extremamente superior ao dos inimigos. Porém, 2 dias após a ofensiva norte-americana, a República Popular Democrática da Coreia colocava em prática um novo ataque:

> TOQUIO, 9 (U. P.) – A poderosa investida comunista na Coréia do Sul obrigou as tropas norte-americanas a abandonar o estratégico centro ferroviário de Chouan, ao norte de Taejon. Ao mesmo tempo, outras poderosas forças coreanas do norte preparavam-se para reiniciar a ofensiva comunista. Em virtude da queda de Chonan, o exército coreano do norte chegou a 130 quilômetros ao sul do paralelo 38, no 21º de sua invasão à Coréia do Sul. Chonan encontra-se, também, a 85 quilômetros ao sul de Seul, a antiga capital sul-coreana. Em outra direção acha-se a menos de 65 quilômetros ao norte da capital provisória da Coréia meridional (DIÁRIO CARIOCA, 09/07/1950, capa; p. 5).

Com o novo ataque, as tropas da ONU e dos EUA na República da Coreia encontravam-se cada vez mais encurraladas pelas forças da República Popular Democrática da Coreia e URSS. Os invasores do norte ocuparam boa parte do território da RC e possuíam um exército bem treinado, organizado e articulado. Para virar o jogo, cabia ao Comandante Supremo das Forças da ONU, o general Douglas MacArthur, compreender que estava lidando com militares de alto padrão e utilizar seu vasto conhecimento estratégico para traçar um plano capaz de reerguer as forças da RC, agregando força e poderio suficientes para retomar o território ocupado, triunfando sobre os inimigos e transformando seus soldados "acostumados à vida na caserna" (FRIEDRICH, 2007, p. 193) em verdadeiros heróis de guerra.

MacArthur: das palmas ao adeus

Um dos pontos mais altos da carreira do general Douglas MacArthur foi, sem dúvidas, a estratégia de ataque anfíbio arquitetada por ele para revidar contra as tropas invasoras, iniciando uma nova fase da Guerra da Coreia, marcada pela retomada do território da República da Coreia e pela repressão das forças da República Popular Democrática da Coreia para o país homônimo. Mesmo que no ano seguinte MacArthur viesse a ser demitido por insubordinação, o excelente desempenho nesta ação marcou sua carreira.

> Tremendo bombardeio aero-naval de Inchon
>
> Os vermelhos temem agora uma velha tática de Mac Arthur: desembarques à retaguarda – Famintos, os prisioneiros norte-coreanos – "A situação vai mudar radicalmente", declara o Estado Maior em Washington
>
> Tóquio, 15 – (Sexta-feira) – (R. Teatsorth, da U. P.) – Navios e aviões da ONU realizaram o mais intenso bombardeio da guerra contra Inchon – porto de entrada de Seul. Os próprios bolchevistas temem que MacArthur esteja a ponto de usar sua celebre tática no Pacífico: Desembarques á retaguarda. As noticias sobre o intenso bombardeio de Inchon foram dadas ao mesmo tempo em que se revelava que forças de desembarque sul-coreanas já ocuparam e firmaram posições na série de ilhas que protegem os acesso àquele porto (CORREIO DA MANHÃ, 15/09/1950, p. 8).

E assim mesmo Douglas MacArthur faria, utilizando-se de sua conhecida tática em conflitos bélicos, denominada ataque anfíbio. A Batalha de Incheon teve como alvo o território homônimo, próximo a Seul e ligado por importantes estradas e ferrovias, facilitando o corte de suprimentos às forças da RPDC que ocupavam a capital da República da Coreia.

Autoridades e oficiais norte-americanos julgavam inadequado um ataque anfíbio no território de Incheon, opondo-se totalmente aos planos de MacArthur, que havia solicitado reforço militar para realizar o ataque que mudaria os rumos da Guerra da Coreia. Mesmo assim, MacArthur deu seguimento ao plano, travando a Batalha de Incheon.

> Às 6:33h do dia 15 de setembro , a esquadrilha da invasão seguiu os navios, bombardeando defesas na costa e aterrisando Fuzileiros Navais, que rapidamente tomaram a Ilha Wolmido, que protegia o Porto de Incheon. Foi a primeira invasão anfíbia desde a Segunda Guerra Mundial. Com somente quatrocentos defensores, a ilha foi tomada dentro de duas horas, deixando 108 soldados inimigos mortos e 136 capturados, enquanto, do lado da ONU, apenas dezessete soldados ficaram feridos. A ponte da ilha para Incheon foi utilizada para transportar soldados, tanques e equipamentos (PURDY, 2018, p. 135).

O desempenho do general Douglas MacArthur lhe rendeu aclamações e felicitações por parte daqueles mesmos homens que haviam desaconselhado o ataque antes da sua realização. Talvez isto possa ter amaciado o ego do Comandante Supremo das Forças da ONU, que, dominado por sua ambição e desejo incendiário, decidiu por avançar em direção a Pyongyang, pois acreditava na derrota das forças da RPDC e estava determinado a ocupar seu território de qualquer forma. Ainda insatisfeito somente com o território ao norte do paralelo 38, Douglas MacArthur ousou manifestar publicamente que, após Pyongyang, seus planos compreendiam a ocupação de Pequim e Moscou.

Em Washington, a reação às declarações eufóricas de MacArthur não foi das melhores, cabendo à Organização das Nações Unidas reiterar as ordens de que o paralelo 38 não deveria ser ultrapassado, mantendo as forças norte-americanas dentro do território da República da Coreia. O general, em mais um ato de insubordinação, desobedeceu as ordens dos superiores e avançou além do paralelo 38, dando início a um verdadeiro banho de sangue, pois "até a invasão do norte o número de mortos fora limitado, e só então iniciou o massacre que custou 4 milhões de vidas" (MELCHIONNA; PEREIRA; VIZENTINI, 2015, p. 68). O ano de 1950 se aproximava do fim e a nova fase da Guerra da Coreia era marcada pela rápida ascensão – com a Batalha de Incheon – e queda – por insubordinação excessiva – do Comandante Supremos das Forças das Nações Unidas, o general Douglas MacArthur.

> AVANÇO FULMINANTE DOS ALIADOS
>
> Desmoronam-se as defesas de Pyogyang
>
> Tóquio, 17 – (U. P.) – Quatro poderosas colunas da ONU avançam com seus tanques sobre Pyongyang, numa frente de 139 quilômetros, do sul e leste da cidade. Os reconhecimentos aéreos mostram que os norte-coreanos armam novas posições defensivas ao norte da capital. Sua resistência tem sido local, em certos pontos não-existente em quase todos. Com o avanço rápido dos americanos, coreanos do sul, britânicos e australianos, centenas de bolchevistas exaustos têm se entregado; esperam as forças aliadas ao longo das estradas, depois de lançarem ao solo suas armas, e erguem os braços no gesto clássico de rendição. Alguns estão em farrapos. O próprio general Gay, comandante da 1a. Divisão de Cavalaria, encabeçou uma coluna de prisioneiros, trazidos para a retaguarda e recolhidos a improvisados depósitos, onde permanecem sob guardas quase simbólica. Os aliados avançam tão rapidamente que parte de seu abastecimento é feito

> pelo ar. Os grandes "Skymastres" de 4 motores, e os "Comandos", levam toneladas de munições, combustível, rações de combate e suprimentos para o aeródromo de Sinmak, 72 quilômetros a sudeste de Pyongyang, 24 horas depois de capturado (CORREIO DA MANHÃ, 18/10/1950, p. 2).

O antes considerado "Filho do Sol", que ganhou este apelido devido ao seu desempenho emblemático nas guerras passadas e que o transformou em um dos mais importantes comandantes militares do século, parecia cada vez mais um indisciplinado militar. Esta crença de superioridade rendeu em uma sucessão de erros que levariam Douglas MacArthur ao declínio absoluto após mais uma tentativa de avanço dentro do território da RPDC. Além disso, é importante ressaltar que, da mesma forma que a arrogância do general MacArthur, a leviandade de Kim Il Sung o colocou em uma posição que culminou na carnificina de Pyongyang. Acreditou friamente na vitória no Anel de Busan, expondo a capital da República Popular Democrática da Coreia ao massacre que MacArthur conduziu.

> Por que perder tempo com banalidades, se os louros da vitória estavam ao alcance das mãos, bastando apenas um derradeiro esforço? Além do mais, se não dispunha de destróiers e aviões, como poderia o norte deter um assalto anfíbio? As tropas terrestres não estavam disponíveis, haja vista que, no momento, eram minoria no corte do Naktong. O duplo envolvimento pelo inimigo não entrava na cabeça de Kim, que só pensava no assalto a Pusan; caso contrário, perderia a guerra e o governo (FRIEDRICH, 2007, p. 220).

Mais uma vez, as ambições políticas se entrelaçam às militares, fato que iniciou e encerrou guerras. Porém, no caso da Guerra da Coreia, estas ambições simplesmente fizeram com que homens insubordinados traçassem estratégias desesperadas em momentos de repetição histórica. Com certas ressalvas, podemos dizer que esses embates assemelham a península coreana com a Polônia, cercadas por gigantes e palcos de batalhas diplomáticas e sangrentas. Assim como, de certa forma, inferimos que "o Reno de 1935 era o paralelo 38 de 1950" (FRIEDRICH, 2007, p. 197).

Nessa altura da guerra, MacArthur e suas tropas não acreditavam que a República Popular da China ainda estivesse em posição de intervir no conflito com seu poderio militar construído através de altos investimentos soviéticos. O general seguia explicitando suas intenções de vencer a guerra, e não somente estabelecer um perímetro de paz armado próximo ao paralelo 38, como havia sido definido pela Organização das Nações Unidas. Desta vez, o egocentrismo e a insubordinação do Comandante Supremo das Forças da ONU foi inconsequente, desumano e fatal.

> RUIU O CENTRO DA LINHA ALIADA NA CORÉIA DO NORTE
>
> Em vigorosa contra-ofensiva, vinte mil soldados comunistas chineses obrigam as fôrças da ONU a recuar alguns quilômetros, desconhecendo-se a sorte de duas divisões
>
> Entre Tokchou e Oechang o desmoronamento da frente de ataque – Voltam as super-fortalezas voadoras a desfechar terríveis ataques com bombas de gasolina gelatinosa e foguetes e fôgo e metralhadoras – Reservas lançadas à luta
>
> TOQUIO, 27 (Earnest Hoberscht, da U.P.) – (28 terça-feira no Extremo Oriente) – O centro da linha aliada na Coréia do Norte ruiu, sob a vigorosa contra-ofensiva de 20.000 soldados comunistas chineses, e um porta-voz do 8º Corpo de Exército da ONU declarou que desconhece a sorte de duas divisões aliadas, que se encontravam naquela zona. Como consequência da contra-ofensiva comunista, que ameaça cercar pelo menos mais quatro divisões das forças da ONU, está indecisa a sorte do assalto geral ordenado pelo general Douglas Mac Arthur para <pôr fim à guerra> (DIÁRIO DE NOTÍCIAS, 28/11/1950, capa).

Com o avanço estratégico e bem organizado do exército chinês, em janeiro de 1951 as forças apoiadoras do país ao norte do paralelo 38 já conquistavam a reocupação de Seul, conferindo a Douglas MacArthur, à ONU e aos norte-americanos um dos maiores fracassos bélicos de toda a sua história. Ainda assim, o ambicioso general – que tinha planos para concorrer à Casa Branca no ano seguinte, quando boa parte de suas tropas, recrutadas em paz e cansadas da guerra diriam que "o tempo de serviço que lhes restava não comportava mais semelhantes atividades, e este era também o pensamento do seu comandante supremo, cuja mente vagava em torno da campanha presidencial de 1952" (FRIEDRICH, 2007, p. 193) – permanecia com seu ego avantajado, não aceitando a posição crítica na qual suas tropas se encontravam e vilipendiando a imagem de Truman a qualquer custo.

Um verdadeiro abominador do comunismo, não é exagero dizer que MacArthur se via como destruidor, arquirrival e encarregado de vencer a China, visto que esta "[...] resistia como o anticristo, o inimigo devorador, demoníaco e irracional (FRIEDRICH, 2007, p. 256)", em uma visão fascista criada por seu próprio ego, motivo de sucesso em episódios anteriores, mas a razão de seu declínio. Além da sua personalidade forte e caráter duvidável, a ameaça e o temor de uma Terceira Guerra Mundial durante o revide chinês próximo ao rio Yalu foram, sem dúvidas, os principais motivos para que MacArthur fosse exonerado de seu cargo à frente das forças da ONU. Desta forma, o único mérito que MacArthur alcançaria seria a sua demissão em abril daquele ano.

> No dia 11 de abril de 1951, o presidente dos Estados Unidos demitiu MacArthur por insubordinação aberta. Mais tarde, Truman diria: "Eu o demiti porque ele não respeitou a autoridade do Presidente. Eu não o demiti porque ele era um burro e canalha, embora ele fosse, mas isso não é contra a lei. Se fosse, metade ou até três quartos [dos generais] estaria na cadeia" (PURDY, 2018, p. 140).

O caso marcou repercussão na imprensa, onde podemos perceber, como noticiado no jornal *Correio da Manhã*, que Truman sabia manter a diplomacia frente aos microfones, gravadores e câmeras, tratando o general recém demitido como um excelente comandante militar e, por fim, eximindo-se da responsabilidade integral do ato demissionário:

> TRUMAN DESTITUIU MAC ARTHUR DE TODOS OS COMANDOS
>
> Nomeado o general Ridgway para o substituir – Repercute no mundo inteiro o ato do presidente dos Estados Unidos
>
> Washington, 11 (R.) – O presidente Truman demitiu Mac Arthur dos postos de comando que ocupava, e nomeou para o substituir o general Matthew Ridgway, atual comandante do VIII.º Exército. Anunciou a demissão em entrevista à imprensa, às 6 da manhã, Truman disse que os comandantes militares têm de se deixar governar pelas diretrizes políticas de seus governos, particularmente em tempo de crise. Ridgway os quatro postos de Mac Arthur. Para substituir Ridgway no VIII Exército foi nomeado o general Van Fleet. A ordem telegrafada a Mac Arthur dizia: "Deploro profundamente que se torne meu dever, como presidente e comandante-chefe das Fôrças Militares dos EE. UU., substituir-vos nos cargos de Supremo Comandante das Potências Aliadas, comandante-chefe da ONU, comandante-chefe no Extremo Oriente e comandante-chefe do Exército dos EE. UU. No Extremo Oriente. Entregareis imediatamente

vossos comandos ao general Ridgway. Estais autorizado a expedir ordens que se tornem necessárias para viajar para qualquer lugar de vossa escolha. Minhas razões para substituir-vos serão tornadas públicas simultaneamente com a entrega desta ordem em vossas mãos, e estão contidas na mensagem que se segue". Aos jornalistas, Truman asseverou: "O lugar de Mac Arthur na história como um de nossos maiores comandantes, está garantido. A nação tem para com êle uma dívida de gratidão. Por isso faço questão de repetir que deploro a necessidade do ato a que fui compelido" (CORREIO DA MANHÃ, 12/04/1951, capa).

Com a chegada do general Ridgway, a Guerra da Coreia se estabeleceu em um impasse nos arredores do paralelo 38, culminando em repetitivas batalhas entre as forças da República da Coreia e da República Popular Democrática da Coreia. A partir deste ponto, em um cenário sem perspectiva de avanço ou mudança, Matthew Ridgway deu início a uma série de bombardeamentos sobre o território da RPDC, com o intuito de forçá-los a aceitar um armistício que colocaria fim ao conflito sangrento que assolava a península desde 1950.

Muitos homens tombaram depois de assinado o armistício

Intenso jogo de artilharia estremeceu a frente ocidental até a ordem de cessar fogo – Durou a guerra três anos e trinta e dois dias

SEUL, 27 (Warren Franklin, da U.P.) – O período de três anos, um mês e dois dias de guerra na Coréia terminou às 10 horas da manhã de hoje, em uma atmosfera carregada ainda de hostilidades a envolver as posições de batalha. Intenso fogo de artilharia de ambos os lados estremeceu a frente ocidental até o momento de cessação oficial dos combates. O canhoneio foi o mais vigoroso desde vários dias. A morte estêve reclamando vítimas até poucos momentos antes que o comandante do Oitavo Exército, general Maxwell Taylor, transmitisse a ordem oficial de cessar fogo. Muitos homens caíram sob os projéteis de morteiros metralhadoras muitas horas depois de se haver assinado em Pan MunJom o documento que pôs fim à guerra. Logo que a ordem foi transmitida em nove idiomas pela emissora das fôrças armadas, o corneteiro da Primeira Divisão de Infantaria da Marinha americana na frente ocidental fêz soar seu instrumento sôbre as posições que silenciaram imediatamente. Os refletores da infantaria da Marinha iluminaram os céus escuros, anunciando o começo da tão esperada trégua. As luzes dos refletores ofuscaram o luar que brilhava sôbre

> as colinas, as trincheiras e as covas de rapôsa em que homens cheios de esperança passaram as últimas horas da guerra. Por tôda parte havia silêncio. Mas a quietude foi quebrada pouco depois pelo estrondo de explosões, quando as fôrças das Nações Unidas iniciaram a demolição de suas fortificações na linha de frente (CORREIO DA MANHÃ, 28/07/1953, capa).

Em 27 de julho de 1953 foi assinado o armistício que pausaria a Guerra da Coreia – pois o documento previa um cessar fogo, não o fim do conflito –, estabelecendo que as tropas dos países da península coreana deveriam recuar 2 Km em relação ao paralelo 38, formando uma área de 4 Km de extensão hoje denominada Zona Desmilitarizada, atual palco de grandes tensões entre a República da Coreia e a República Popular Democrática da Coreia.

"A verdadeira tragédia não foi a guerra em si mesma (...), a tragédia foi que a guerra não solucionou nada: simplesmente foi restaurado o *status quo* anterior, e a paz foi lograda apenas por um armistício. Hoje, os problemas e as tensões ainda permanecem" (CUMINGS apud MELCHIONNA; PEREIRA; VIZENTINI, 2015, p. 71). Foram três anos de massivos ataques armados que causaram a morte de milhões de seres humanos, entre militares e civis. Tudo isso com um único objetivo: a demonstração de força por parte de duas potências políticas na Guerra Fria: não bastasse bipolarizarem ideologicamente o mundo, ainda fomentariam covardemente o massacre de milhões de cidadãos em diversos países durante as próximas décadas.

Considerações Finais

A Guerra da Coreia foi um conflito sangrento, que contabilizou um saldo milionário de mortes, sendo, sem dúvidas, um dos embates mais quentes e caóticos da Guerra Fria. Não apenas por ser o primeiro conflito armado desta disputa ideológica entre EUA e URSS, mas também pela sede de sangue que as potências nutriam desde o fim da Segunda Guerra Mundial. A tensão entre a República Popular Democrática da Coreia e a República da Coreia apenas uniu o útil ao agradável para que os dois países dominantes apertassem o tão desejado botão vermelho, iniciando um banho de sangue regado por capitalismo e comunismo.

Ao observar a conduta do general Douglas MacArthur, Comandante Supremo das Forças das Nações Unidas, percebemos que o seu perfil ambicioso, destemido, orgulhoso, egocêntrico e insubordinado o colocou em um aclive rumo ao sucesso e aclamação, bem como ligeiramente o levou a um declive rumo ao desentendimento com Truman, sua demissão e o fim de sua carreira. O desempenho de MacArthur na Guerra da Coreia foi imprescindível para a retomada do território da República da Coreia, porém seus cálculos desencontrados e sua intuição errônea levaram ao vexame norte-americano na batalha ocorrida no Rio Yalu, em terras da RPDC, pondo em xeque qualquer possibilidade de vitória da República da Coreia durante o conflito.

Realizando a leitura dos periódicos selecionados, pudemos perceber que a imprensa brasileira sempre retratou com discrepância a República da Coreia e a República Popular Democrática da Coreia. Enquanto a primeira era representada como o lado inocente e atacado da história, a segunda recebia o rótulo de ameaça comunista, quase um fantoche soviético e chinês, sempre denominada como "os comunistas" ou "os vermelhos". Isso se deve ao fato dos ideais políticos brasileiros da época se encontrarem totalmente alinhados aos EUA – principalmente pela parceria estabelecida entre o mercado cafeeiro do Brasil e os norte-americanos –, com um viés anticomunista, nacionalista e conservador que tratava qualquer resquício de comunismo como uma ameaça passível de conflito armado e repressão imediata. A visita do embaixador da República da Coreia ao Brasil em 28 de janeiro de 1950 corrobora nossas afirmações:

> PARA AGRADECER O RECONHECIMENTO DA REPÚBLICA DA CORÉIA
>
> Esteve, em Petrópolis, a fim de visitar o presidente da República, no Palácio Rio Negro, o sr. DongSung Kim, diplomata coreano que se encontra no Brasil em missão especial com o fito de transmitir ao nosso governos agradecimentos do seu país pelo gesto do Brasil ao reconhecer a República da Coréia. Acompanhado do introdutor diplomático do Itamaraty foi recebido a chegada pelo chefe do Cerimonial da Presidência da República, e, em seguida, apresentado ao presidente Eurico Dutra, que se achava ladeado pelo ministro de Estado das Relações Exteriores e pelo comandante Raul Reis, sub-chefe do Gabinete Militar da Presidência da República. Após palestrar com o chefe de Estado brasileiro e transmitir-lhe os agradecimentos do seu governo, o diplomata coreano retirou-se (CORREIO DA MANHÃ, 28/01/1950, p. 2).

A forma como a Guerra da Coreia era tratada e representada pelos jornais estudados apresentava abordagens extremamente anticomunistas. A denominação pejorativa conferida à República Popular Democrática da Coreia apontava a posição política da população brasileira – e até mesmo do movimento estudantil – naquele período:

> "Cabe à mocidade abrir os olhos dos inocentes"
>
> Manifesto dos estudantes cariocas sôbre a invasão da Coréia do Sul pelas forças comunistas
>
> Recebemos da UME: "A UNIÃO METROPOLITANA DOS ESTUDANTES, entidade máxima dos universitários cariocas, vem a público protestar contra a invasão sofrida pela Coréia do Sul pelas forças comunistas. No momento em que os comunistas, em todo o mundo, bradam por "paz" , vemos estes mesmos comunistas demonstrarem a falsidade de seus propósitos. Estes fatos confirmam que a "paz" comunista nada mais é do que o alicerce de uma futura guerra. Cabe à mocidade abrir os olhos dos inocentes e, como pioneira da verdadeira liberdade, repudiar êste ato de barbárie , que vem perturbar a paz entre os homens. Revolta-nos a idéia de domínio totalitário. Queremos IGUALDADE, LIBERDADE e FRATERNIDADE, porém, não apenas para uns, mas para todos os seus verdadeiros amantes. Não admitimos que estas palavras encubram falsos ideais, cuja finalidade é o domínio dos povos. Não admitimos que a "paz" sirva como arma de invasão comunista. Repudiamos a invasão da Coréia do Sul como brado mais eloquente em prol dos verdadeiros ideais de PAZ MUNDIAL. PAULO EGIDIO MARTINS, presidente da UME" (DIÁRIO DE NOTÍCIAS, 27/06/1950, p. 2).

Deste modo, compreendemos que as representações da Guerra da Coreia nos periódicos estudados – *Correio da Manhã*, *Diário Carioca* e *Diário de Notícias* – se deram de forma ampla e detalhada, com atualizações praticamente diárias de quaisquer eventos ocorridos dentro da península coreana. Os três jornais foram bastante cirúrgicos em suas posições quando se referiam à República Popular Democrática da Coreia de forma vilipendiosa e depreciativa, sempre exaltando o desempenho norte-americano no conflito e subestimando o poderio da RPDC. Ademais, o alinhamento do Brasil aos Estados Unidos da América como parceiros comerciais serviu como instrumento para justificar a defesa da República da Coreia durante o conflito por parte da grande imprensa brasileira, apresentando riqueza de informações acerca da Guerra da Coreia, mas com posicionamentos estritamente anticomunistas, nacionalistas e conservadores.

Referências

Fontes primárias

Correio da Manhã (RJ) – Disponível na Hemeroteca Digital da Biblioteca Nacional

Diário de Notícias (RJ) – Disponível na Hemeroteca Digital da Biblioteca Nacional

Diário Carioca (RJ) – Disponível na Hemeroteca Digital da Biblioteca Nacional

Fontes secundárias

BIAGI, Orivaldo Leme. A construção de discursos anticomunistas pela imprensa brasileira nos anos 50 através da sua cobertura da Guerra da Coréia (1950-1953). In: *Momentum*. Ano 6, Vol. 1. Atibaia: FAAT, 2008, p. 101 – 125.

CHOMSKY, Noam. Armas Estratégicas, Guerra Fria e Terceiro Mundo. In: THOMPSON, Edward (org.). *Exterminismo e Guerra Fria*. São Paulo: Brasiliense, 1985, p. 188 – 205.

ELMIR, Cláudio Pereira. As armadilhas do jornal: algumas considerações metodológicas de seu uso para a pesquisa histórica. In: *Cadernos do PPG em História da UFRGS*, n. 13. Porto Alegre: UFRGS, 1995.

FONTANA, Josep. *Por el bien del imperio*: uma historia del mundo desde 1945. Barcelona: Pasado y Presente, 2011.

FRIEDRICH, Jörg. *Yalu*. Rio de Janeiro: Record, 2011.

HOBSBAWM, Eric. *Era dos Extremos*: o breve século XX: 1914 – 1991. 2ª ed. São Paulo: Companhia das Letras, 2003.

LUCA, Tania Regina de. História dos, nos e por meio dos periódicos. In: PINSKY, Carla Bassanezi (org.). *Fontes Históricas*. 2ª ed. São Paulo: Contexto, 2006, p. 111 – 153.

PURDY, Sean. *O General Estadista*: Douglas MacArthur e o Século Americano. São Paulo: Intermeios, 2018.

VIZENTINI, Paulo G. Fagundes. A Guerra Fria. In: FERREIRA, Jorge; FILHO, Daniel Aarão Reis; ZENHA, Celeste (org.). *O século XX*: O tempo das crises: Revoluções, fascismos e guerras. 2ª ed. Rio de Janeiro: Civilização Brasileira, 2003, p. 195 – 225.

VIZENTINI, Paulo G. Fagundes; PEREIRA, Analúcia Danilevicz; MELCHIONNA, Helena Hoppen. *A Revolução Coreana*: o desconhecido socialismo Zuche. São Paulo: Editora Unesp, 2015.

REVOLUÇÃO CUBANA:

a representação da invasão da Baía dos Porcos na grande imprensa brasileira

Alice da Cruz Busatto

Karolayne de Lima Recoba

Introdução

Com o fim da Segunda Guerra Mundial, duas grandes potências protagonizaram um contexto complicado de disputas pela hegemonia mundial. O mundo, em uma configuração bipolar, exibia-se num conflito indireto de duplicidade ideológica – a Guerra Fria. De um lado os Estados Unidos da América (EUA), capitalista, e de outro a União das Repúblicas Socialistas Soviéticas (URSS), socialista, travavam disputas dissimuladas por recursos políticos, tecnológicos, armamentistas, econômicos e, com especial atenção, zonas de influência.

Nesse contexto, dos anos de 1953 a 1959, temos a instauração da Revolução Cubana. Até então, a ilha caribenha era vista apenas como mais uma zona de influência estadunidense na América Latina. Entretanto, com o crescente sentimento nacionalista impulsionado pela Revolução, o país deixava de ser um "quintal" dos EUA e lutava por uma independência efetiva e, no meio desse processo, tornava-se parceira da URSS, um país que, mesmo a quilômetros de distância, ameaçava a supremacia estadunidense. Assim, diversas estratégias foram arquitetadas e orquestradas pelos governos Eisenhower e Kennedy para acabar com a revolução de Fidel Castro, através do argumento de defender o mundo e, em especial a América Latina, do comunismo. Dentre as operações desenvolvidas pela potência capitalista naquela nova conjuntura internacional, abordaremos aquela que causou a primeira derrota estadunidense na Guerra Fria – a invasão da Baía dos Porcos.

Além da análise e explanação do contexto revolucionário cubano, em especial o fracasso estadunidense na Baía dos Porcos, analisaremos sua repercussão no Brasil, através da pesquisa em dois jornais de grande circulação dos anos 60, o *Última Hora* e o *Diário de Notícias,* ambos do Rio de Janeiro. A utilização dos jornais como fonte para a investigação histórica ganhou legitimidade apenas na segunda metade do século XX, pois, até então, as fontes periódicas eram vistas como documentos pouco confiáveis, nos quais a história era modificada. Acreditava-se que somente fontes objetivas, neutras, sem alterações visíveis e que tivessem data distante do ocorrido seriam matéria digna para a escrita da História – e os jornais, até então, eram vistos como produtores de imagens distorcidas e superficiais.

Conforme os historiadores começaram a pensar em ampliar as formas de acessar o passado, revelou-se um caráter histórico do jornal como vestígio desse passado, forçando-se uma discussão que ultrapassou as barreiras de novos objetos, alterando-se o modo de pesquisar esses textos, hoje, devidamente reconhecidos como uma fonte histórica tão legítima quanto as outras. Assim, enfatizamos que é de extrema importância destacar que nós pesquisadores dos jornais trabalhamos com o que se tornou notícia, ou seja, se faz necessário compreender as motivações por trás daquele texto, de sua escolha e da forma como foi abordado. Desse modo, nosso capítulo se preocupa em analisar o material de acordo com a problemática que foi escolhida – a invasão da Baía dos Porcos – entender o contexto no qual a matéria foi escrita – o Brasil durante a Guerra Fria – e como ela reflete nos dias de hoje – início do século XXI – e no tempo publicado – meados do século XX.

A invasão foi um fracasso – câmbio, desligo

No primeiro dia de 1959, o mundo tomou conhecimento da Revolução Cubana, um movimento anti-imperialista, nacionalista e de libertação nacional contra uma ditadura. Desde 1898, a ilha caribenha deixou de ser uma colônia da Espanha para virar um protetorado dos Estados Unidos da América. Através da Emenda Platt, que chegou a estar anexada à Constituição do país até 1933, os EUA tinham o direito de invadir a ilha caso seus interesses econômicos fossem ameaçados. Mesmo depois da revogação dessa emenda, setores importantes da economia de Cuba, como açúcar, tabaco e turismo, ainda estavam sob controle dos EUA. Em 1952, Fulgêncio Batista, que já havia ocupado a presidência do país nos anos 40, mediante um golpe de Estado, retornou ao poder. O ditador estabeleceu censura aos jornais e acabou com o direito à greve. A desigualdade social que já era enorme, aumentou ainda mais, assim como a corrupção, as torturas e as execuções públicas de inimigos do regime.

Inconformado com o rumo de seu país, Fidel Castro organizou e liderou, em 26 de julho de 1953, um ataque ao segundo maior quartel general de Cuba – o Quartel de Moncada. Esse ataque tinha como objetivo tomar posse e distribuir as armas lá guardadas para a população a fim de derrubar o governo de Fulgêncio Batista. Reunindo mais de 150 homens, treinados para possíveis guerras de guerrilha, a organização do assalto ocorreu sem desconfiança do governo; entretanto, mesmo com o elemento surpresa, diversos revolucionários foram capturados e executados. Apesar de ter sido um fracasso, o ataque ao Quartel de Moncada tornou Fidel conhecido por toda a ilha.

Ordens diretas de Fulgêncio Batista foram dadas para que a cada soldado do governo morto, 70 revolucionários fossem executados. Essas foram cumpridas à risca e o massacre só se deu por encerrado com a intervenção do arcebispo católico de Santiago. Todos esses fatores influenciaram na construção da imagem de Fidel Castro na ilha caribenha, bem como a evocação do líder José Martí, em seu ano de centenário de nascimento, como "mais importante referência para o sentimento nacional que impulsionava a luta pela independência cubana" (DOMINGOS, 2011, p. 2).

Após o fracasso do Quartel de Moncada, Fidel e seu irmão, Raúl Castro, foram capturados e presos. Em seu discurso de defesa, conhecido como *A História me Absolverá*, Castro rememorou a figura de Martí afirmando que este "vive, não morreu, seu povo é rebelde, seu povo é digno, seu povo é fiel a sua memória" (GOTT, 2004, p. 175). Em 1955, o próprio Batista concedeu anistia a Fidel e Raúl e eles seguiram rumo ao México para organizar uma força guerrilheira que retornaria a Cuba com o objetivo de derrubar o governo, devolvendo ao povo cubano sua história e autonomia e, também, influenciando o continente americano e marcando a história global da segunda metade do século XX, o tempo da Guerra Fria.

No México, Fidel conheceu o argentino Ernesto "Che" Guevara e, junto de outros exilados, fundaram um grupo revolucionário chamado Movimento 26 de julho fazendo alusão ao assalto ao Quartel de Moncada. Ernesto teve diversas influências sobre Fidel, dando-lhe "horizontes mais largos, uma lista mais ampla de leituras, uma percepção mais clara de outras experiências revolucionárias e um considerável conhecimento de primeira mão da América Latina" (GOTT, 2004, p. 171).

Após possuir um grupo consolidado e treinado, os guerrilheiros embarcaram no iate Granma rumo a Cuba, onde as forças revolucionárias na ilha os aguardavam. O plano era que o desembarque ocorresse em sintonia com um levante em Santiago e ataques a instalações do governo Batista. Entretanto, a viagem atrasou, atrapalhando os planos e fazendo com que o desembarque não passasse despercebido. Assim, dos 82 revolucionários, apenas 12 escaparam do ataque que os aguardava em terra, entre eles Fidel, Raúl e Guevara, que se refugiaram nas montanhas de Sierra Maestra.

Castro e seus simpatizantes tiveram de se acostumar com a guerra de guerrilha como rotina, atacando instalações militares nas cidades do interior, roubando armas, e incorporando novos colaboradores ao seu movimento. No início de dezembro de 1958, o Exército de Batista começou a se desfazer, e as colunas guerrilheiras intensificaram os ataques, rompendo sistematicamente as vias de comunicação e fechando ou danificando várias estradas. Os serviços de água, telefone e eletricidade controlados por companhias estadunidenses estavam sofrendo graves interrupções devido ao boicote praticado pelos revolucionários. A destruição de propriedades dos EUA tornou-se frequente, assim como a destruição de sacas de açúcar e incêndios nos canaviais. A administração Eisenhower, ao perceber o caráter fortemente anti-EUA da rebelião, decidiu impedir a ascensão de Castro ao poder. Devido a avaliações feitas pela *Central Intelligence Agency* (CIA) e pelo Departamento de Estado, refletindo, em larga medida, os interesses da comunidade empresarial estadunidense com negócios naquele país, decidiu-se que o afastamento de Batista era necessário, pois julgavam que o ditador tinha perdido controle da situação.

> Estes e muitos outros ataques às companhias norte-americanas que alimentaram naturalmente a hostilidade da administração de Eisenhower e da comunidade dos homens de negócio dos EUA aos guerrilheiros do M-26-7. Não se lhes importava se eles eram comunistas ou não. Eram iguais ou piores. O diretor da CIA, Allen Dulles, enfatizou junto ao Conselho de Segurança Nacional que os comunistas aparentemente haviam infiltrado o M-26-7 e que, se Castro tomasse o poder, com toda a probabilidade eles participariam do seu governo. (MONIZ BANDEIRA, 2009, p. 195).

Essa acusação não era verdadeira, apesar dos principais comandantes do Exército Rebelde se identificarem com a esquerda. Somente em 1958 o Partido Socialista Popular (PSP), antigo Partido Comunista de Cuba, começou a apoiar o exército revolucionário. Após dois anos resistindo nas montanhas, Fidel já havia derrotado seus rivais, tendo sua vitória quase como certa. A CIA tentou articular uma junta civil-militar, porém não teve êxito. Batista se retirou do poder na véspera do ano novo de 1959 e, de uma varanda em frente ao Parque Céspedes, em Santiago de Cuba, Fidel Castro fez o seu discurso à aurora da Revolução.

O governo revolucionário agiu rápido e suas primeiras medidas beneficiaram os setores mais pobres da população. A introdução da assistência médica universal e a campanha para acabar com o analfabetismo foram considerados os maiores triunfos da Revolução. Os bordéis, cassinos e a loteria nacional foram fechados e os salários dos ministros de Estados e juízes, reduzidos. Foi criado o salário-mínimo para os cortadores de cana-de-açúcar e os detalhes da tão esperada Reforma Agrária foram anunciados em maio. Ela acabava com as grandes propriedades rurais e os proprietários tinham permissão de manter apenas alguns hectares. Essa reforma causou preocupação nos EUA, pois afirmava que, no futuro, somente cubanos poderiam ter posse de terras. Era uma perda para os proprietários estrangeiros, cuja maioria era estadunidense. A divergência de ideias entre os governantes refletia a antipatia da antiga elite à Revolução, que estava sendo economicamente prejudicada "e uma potência como os Estados Unidos não se dispunha a tolerar um governo com ampla autonomia em um país situado a 90 milhas do seu litoral" (MONIZ BANDEIRA, 2009, p. 218).

O presidente dos Estados Unidos, Dwight Eisenhower, não viu com bons olhos a Revolução feita por Castro. Apesar do clima cordial inicial, o país sabia que qualquer governo radical ou nacionalista que chegasse ao poder em Cuba, seria motivo de preocupação, assim com o novo governo da ilha sabia que sua relação com os EUA não seria amigável. O ponto crítico dessa relação foi a Reforma Agrária, motivo pelo qual o governo estadunidense decidiu que Castro tinha que sair do poder. O plano era apoiar uma oposição ao governo revolucionário, que seria favorável aos Estados Unidos, mas que fizesse a queda de Castro parecer produto de seus próprios erros.

> Uma plataforma política de corte antioligárquico conduzira a uma postura francamente antiimperialista, tornando-se a Revolução Cubana a primeira experiência socialista na América. Isso não só traduzia uma derrota do imperialismo norte-americano em seu próprio território de influência, paralelamente a uma vitória do socialismo em território adversário, como criaria para a América Latina um paradigma novo: de um lado, um exemplo capaz de influenciar a transformação dos países latino-americanos em novos campos para a luta socialista; de outro, a necessidade de conter estas eventuais explosões revolucionárias (GUAZZELLI, 1993, p. 21).

Na União das Repúblicas Socialistas Soviéticas, tanto os membros do governo quanto a população da potência socialista, possuíam uma grande ignorância em relação à América Latina. A URSS já tinha rompido relações diplomáticas com a ilha depois do golpe de Batista em 1952 e não se mostraram interessados em Cuba. Em 1960, quando os russos já estavam mais interessados e conscientes sobre a situação da ilha, assinaram um acordo açucareiro com os cubanos, comprando 1 milhão de toneladas de açúcar por ano durante os próximos 5 anos. Eles pagariam 20% de valor em dólares e 80% em produtos como petróleo, trigo, papel para impressão e vários produtos químicos.

Enquanto isso, nos EUA, os planos de derrubar a Revolução já estavam concretizados em 1960. A CIA, ao comando de Allan Dulles, tinha como ideia uma sabotagem feita por exilados cubanos e, mais tarde, o corte total da compra de açúcar vindo de Cuba. As relações entre Cuba e EUA estavam ficando cada vez mais enfraquecidas. Dadas essas circunstâncias, os soviéticos prestaram ajuda comprando as toneladas de açúcar dispensado pelos EUA, salientando que Cuba revolucionária tinha o apoio da URSS.

Fidel Castro reagiu contra os EUA em agosto daquele ano, decretando a nacionalização de todas as propriedades norte-americanas na ilha. Nos meses seguintes, esse decreto se estendeu aos bancos, refinarias, ferrovias, hotéis e cinemas.

Os EUA, não satisfeitos com o rumo dos acontecimentos, decretaram a proibição da exportação de seus produtos a Cuba. Essas sanções econômicas visavam enfraquecer a estrutura econômica e social da ilha e construir, internamente, descontentamento, de modo que a população responsabilizasse Castro pela situação. Contudo, elas alimentaram ainda mais os ressentimentos contra os EUA, fortalecendo a autoridade política e moral de Castro e empurrando Cuba para a URSS. Em 3 de janeiro de 1961, os Estados Unidos romperam as relações diplomáticas com Cuba, fato ocorrido devido a um pedido de diminuição dos representantes dos EUA em Cuba, com o argumento de que os membros da embaixada estadunidense estavam desenvolvendo atividades de espionagem.

A *Operation Zapata* foi organizada como um plano para derrubada do governo Castro através de uma invasão à ilha. Essa seria realizada por exilados, treinados e armados pela CIA – a Força Expedicionária Cubana ou Brigada 2506 – com desembarque previsto para as proximidades da cidade de Trinidad. Entretanto, o presidente Kennedy relutou em apoiar a operação, tendo como preocupação o desencadeamento futuro, não querendo algo que ganhasse maiores repercussões. Assim, foi feita uma modificação do local de chegada dos exilados para a Baía dos Porcos, tendo ordens diretas para que nenhuma força estadunidense participasse da invasão.

Em 17 de abril de 1961, desembarcaram na Playa Girón, forças de exilados cubanos treinados pela CIA com o objetivo de derrubar a Revolução, caracterizando o movimento hoje intitulado Invasão da Baía dos Porcos. A Força Expedicionária Cubana deu início ao ataque ao amanhecer, quando paraquedistas se lançaram na península para capturar uma parte do território com o objetivo de que membros do governo anti Castro avançassem pelo país colhendo apoio da população. Pelo plano, os EUA reconheceriam o novo governo formado pelos invasores e apoiariam de forma direta, se necessário. O grosso desse grupo era formado por 1400 homens, divididos em 7 batalhões e 5 navios que foram se dividindo ao longo da Playa Girón e da Playa Larga, localizadas na entrada da Baía dos Porcos, enquanto oficiais da CIA monitoravam à distância.

Apesar do chefe das Operações Paramilitares da CIA, Coronel Jack Hawkins, ter afirmado que a Brigada 2506 estava plenamente organizada, armada e tão bem treinada a ponto de compará-la com o exército dos EUA, a operação foi completamente mal sucedida. Fatores como a falta do apoio direto do exército estadunidense, a falta de conhecimento do território e o apoio que a população local mostrou para com o governo revolucionário de Fidel são pilares para a derrota esmagadora.

> Os estrategistas da CIA e do Pentágono partiram do princípio de que a pequena força aérea de Fidel Castro seria destruída no solo, e jamais lhes ocorreu que quaisquer aviões que tivessem escapado aos ataques seriam usados contra os navios. Portanto, os navios não estavam equipados com armas antiaéreas. Quanto aos de treinamento, os norte-americanos jamais suspeitariam que Fidel Castro os tivesse equipado com duas metralhadoras calibre 50 cada uma. Com esse armamento e com a maneabilidade e a velocidade dos jatos, os T-33 eram muitas vezes superior aos pesados e lentos B-26 que começavam, às primeiras luzes do dia, a fazer exaustivas missões de ida e volta entre a Nicarágua e a baía dos Porcos (SZULC, 1986, p. 650).

Após 2 dias, os invasores se puseram em retirada. Os cubanos contaram 157 mortos e feridos entre suas tropas e fizeram 1197 prisioneiros da brigada de exilados. Essa derrota resultou em um grande constrangimento para o governo do presidente John Kennedy, que foi forçado a admitir publicamente ter organizado a operação, com a qual a CIA investiu mais de US $46 milhões. O presidente foi julgado como inapto, inexperiente e inseguro por autorizar a operação, visto que era difícil compreender o motivo pelo qual uma ilha de 7 milhões de habitantes pudesse ameaçar a tal ponto uma potência como os EUA, que esteve disposta a violar princípios defendidos pelo governo Kennedy não por perigos de segurança nacional, mas para proteger propriedades e investimentos.

Para Cuba, a invasão da Baía dos Porcos reforçou a crença de que não se podia confiar nos EUA e mesmo com a vitória, Fidel estava ciente da contínua ameaça estadunidense e estava prestes a embarcar no uso de uma inovação – concedida pela URSS – para garantir que a Revolução nunca mais fosse marcada com um ataque como o da Baía dos Porcos: o míssil nuclear.

As unidades soviéticas chegaram a Cuba em agosto de 1962, descarregando em sete diferentes postos da costa cubana. Em outubro, a existência de mísseis em Cuba foi descoberta por aviões americanos. O presidente Kennedy tomou a decisão de remover os mísseis e, assim, fazer um bloqueio naval na ilha que começou em 24 de outubro.

> Embora os dias seguintes tenham sido de muita ansiedade, a solução final da crise foi relativamente simples. Uma carta enviada por Kruschev a Kennedy na sexta-feira, 26 de outubro, dizia que o seu propósito ao enviar para Cuba o que chamava de mísseis "defensivos" era evitar a repetição da Baía dos Porcos. Retiraria-os de bom grado se os Estados Unidos concordassem em não invadir a ilha. Como, antes da crise, os Estados Unidos já não tinham intenção de apoiar outra invasão por exilados, Kennedy e seus conselheiros ficaram alegres em aceitar a oferta de Kruschev. (...) O acordo norte-americano-soviético também continha um entendimento tácito de que os mísseis dos Estados Unidos na Turquia, considerados obsoletos, seriam retirados (GOTT, 2006, p. 236).

Permanecendo à margem desses acontecimentos, a Crise dos Mísseis foi uma das poucas ocorrências importantes na história da Revolução Cubana que Fidel Castro não foi capaz de redirecionar a seu favor.

As últimas vindas diretamente de Cuba

O *Última Hora* foi fundado no Rio de Janeiro, capital do país na época do governo de Getúlio Vargas, por Samuel Wainer, com o objetivo de expressar os pontos positivos do presidente, sendo o único jornal de grande circulação da época a destacar tal apoio. O periódico foi inovador pelo uso de caricaturas e charges no conteúdo social e político.

No início do ano de 1961, dia 4 de janeiro, o jornal relatava que o presidente dos EUA, Dwight Eisenhower, anunciou o rompimento das relações diplomáticas com Cuba, usando o argumento de que, na madrugada do dia 03/01/1961, receberam uma nota dizendo que seriam reduzidos o pessoal americano da Embaixada e Consulado em Havana para apenas onze pessoas, tornando assim impossível a condução de relações diplomáticas normais com o governo cubano. O presidente, já eleito, John F. Kennedy não se pronunciou.

No dia 17 de abril, nos deparamos, na primeira página, com a manchete "CUBA INVADIDA! Desembarque dos rebeldes começou à zero hora de hoje" (ÚLTIMA HORA, 17/04/1961, capa). A notícia continuava na segunda página explicando sobre o desembarque de exilados cubanos na Playa Girón, a invasão da Baía dos Porcos:

> Forças revolucionárias anticastristas iniciaram, esta manhã, a invasão de Cuba por mar, tendo o Governo de Havana enviado milhares de soldados às praias, para enfrentar os atacantes, que lograram obter uma cabeça de praia a 135 quilômetros daquela capital. Os cubanos anticastristas executaram com êxito as primeiras fases da operação (ÚLTIMA HORA, 17/04/1961, p. 2).

Também nos deparamos com a manchete intitulada "Silêncio em Washington" (ÚLTIMA HORA, 17/04/1961, p. 2), na qual o porta-voz do Departamento de Estado informava que o governo estadunidense não tinha fatos suficientes sobre a invasão. Vemos o grande equívoco, pois é fato que desde o início de 1961 a CIA já planejava uma sabotagem com exilados, tanto que o presidente Kennedy, logo após sua eleição, em 1960, já havia sido informado dos planos: "Registros do Serviço Secreto citam treze encontros confidenciais de Bissell com Kennedy e outras autoridades no Salão Oval, durante os três primeiro meses de 1961, quando os planos de invasão de Cuba se intensificaram" (HERSH, 1998, p. 195).

Na edição seguinte, do dia 18 de abril, noticiou-se que o povo brasileiro mostrou-se disposto a apoiar Cuba e muitos deputados se manifestaram contra a invasão da Baía dos Porcos. Também, estava se encaminhando uma manifestação, por parte dos marinheiros, convidando o povo geral a participar desta nas escadarias da Assembleia Legislativa. Lê-se:

> A invasão do território cubano por tropas da Guatemala e das praias da Flórida causou a mais profunda indignação em todas as camadas da população brasileira que, de imediato, se mobilizou para prestar ao povo cubano a solidariedade de que necessita. De todos os setores da opinião pública partiram, ontem, tão logo emissoras de rádio e os jornais divulgaram os ataques às praias cubanas, manifestações de solidariedade ao governo que derrubou a sangrenta ditadura de Batista. (...) Acusando a invasão armada de "agressão americana", um grupo de portuários e marítimos fez entrega, em nossa redação, de um longo manifesto, contendo inúmeras assinaturas de líderes daquelas categorias de trabalhadores, convidando seus companheiros e o povo geral a comparecer à manifestação de logo mais às 17 horas nas escadarias da Assembléia Legislativa (ÚLTIMA HORA, 18/04/1961, p. 2).

Na mesma edição, o jornal noticiou um discurso de Fidel Castro, no qual afirmou que o "Exército e a Milícia Nacional Revolucionária já estão empenhados em combate com o inimigo (...) contra mercenários organizados pelo governo imperialista dos EUA" (ÚLTIMA HORA, 18/04/1961, p. 6). E, pela primeira vez, o jornal utiliza o termo Baía dos Porcos, comentando o desembarque dos exilados por três pontos da praia:

> Notícias sobre desembarque em três pontos da Baía de los Cochinos foram veiculados pelo orador de uma cadeia de rádios militares, que demonstrava, por sinal, grande nervosismo, ao fornecer pormenores sobre as unidades que se dirigiam para o campo de batalha. Antes de serem suspensas as transmissões, aludiu o mesmo operados à morte de cinco milicianos, acrescentando que três outros haviam ficado feridos em combate (ÚLTIMA HORA, 18/04/1961, p. 6).

Durante as edições analisadas, notamos notícias relatando a preocupação do presidente do Brasil, Jânio Quadros, de que os acontecimentos em Cuba tomassem proporções maiores. A posição do presidente Quadros era consoante à sua Política Externa Independente (PEI), que estava articulada a partir dos princípios da não-intervenção e da autodeterminação dos povos. Também, deparamo-nos com duas matérias que citavam o nome de Carlos Lacerda, na época escritor, empresário, fundador do jornal *Tribuna da Imprensa* e governador do estado da Guanabara. Essas foram as únicas situações que mostravam um posicionamento negativo em relação à Fidel e aos revolucionários e, diferente das outras matérias, nos deparamos com uma sutil agressão à opinião do governador: "(...) o Sr. Carlos Lacerda, na manhã de ontem, sem que ao menos fosse pedida a sua opinião a respeito do assunto, distribuiu nota oficial à imprensa, de caráter estritamente pessoal, saudando os invasores do território cubano" (ÚLTIMA HORA, 19/04/1961, p. 3). Na segunda matéria, localizada na coluna Dia a Dia, era presente a crítica ao governador, onde era acusado de não ter opinião própria ao mencionar a adesão de forças inexistentes, segundo a colunista, com as quais Castro pensava contar.

No dia 19 de abril, foi noticiado a troca de mensagens e notas entre o presidente Kennedy e o primeiro ministro Kruschev em relação à invasão de Cuba, como visto na bibliografia: "Kruschev enviou uma nota diplomática para Kennedy com uma mensagem clara de apoio a Castro: 'Nós daremos ao povo cubano e ao seu governo toda a assistência necessária para desbaratar o ataque armado contra Cuba'" (GOTT, 2006, p. 222). A próxima notícia, de um colunista não identificado, focava no povo brasileiro que demonstrava solidariedade com o governo cubano, porque "uma ameaça idêntica à que amanhã poderá desencadear-se contra o Brasil ou qualquer outra país americano cuja política não agrade ao State Department" (ÚLTIMA HORA, 19/04/1961, p. 6).

Na edição seguinte, dia 20 de abril, vemos a manchete "Delírio em Havana: Fidel esmagou tropas invasoras" (ÚLTIMA HORA, 20/04/1961, capa), informando que Fidel realizou um comunicado afirmando o extermínio completo das tropas anticastristas. Na edição do dia 21 de abril, temos a notícia "Kennedy adverte: EUA podem intervir em Cuba" (ÚLTIMA HORA, 21/04/1961, p. 6), na qual o presidente estadunidense fala pela primeira vez sobre o ataque a Cuba, afirmando que se houver algum outro momento em que os EUA achem necessária alguma intervenção, ela virá. Ainda, diz que se outras nações permitirem a entrada do comunismo em seus países, ele não relutaria em fazer o necessário para proteger sua própria nação. Esse discurso também é citado no livro "O lado negro de Camelot" de Seymour Hersh, mas diferentemente dos jornais, ele se detém no momento em que Kennedy admite a culpa pela invasão:

> Kennedy eliminou boa parte da controvérsia sobre quem ordenara o que no dia 21 de abril, quando disse em uma entrevista coletiva que "existe um velho ditado que diz que a vitória tem muitos pais, mas a derrota é órfã... Sou a autoridade responsável do governo, o que é óbvio" (HERSH, 1998, p. 218).

Aparentemente relutante, Kennedy, de acordo com Seymour Hersh, assume a responsabilidade pelos atos na Baía dos Porcos. O que lhe traz "enorme apoio da população que, assim como Kennedy, temia e odiava Fidel Castro" (HERSH, 1998, p. 218).

A última notícia se trata do comunicado de Fidel Castro sobre a vitória de Cuba, na qual o mesmo relata a eficiência do exército revolucionário, acontecimento bem relatado no livro "Cuba: Uma nova história" de Richard Gott: "Quando Castro sugeriu que o destino deles deveria ser posto em votação pelo povo cubano, a plateia gritou: '*Paredón*' – e ele foi obrigado a retroceder, dizendo que condená-los todos seria um 'descrédito para a nossa vitória'" (GOTT, 2006, p. 222-223).

> Forças do Exército Rebelde e das Milícias Nacionais Revolucionárias tomaram de assalto as últimas posições das forças mercenárias invasoras que haviam ocupado no território nacional. Praia Jiron, que foi o último ponto dos mercenários, caiu às 17.30 horas. A Revolução saiu vitoriosa, todavia perdemos vidas valiosas de combatentes revolucionários que enfrentaram os invasores incessantemente, sem um minuto de trégua, destruindo, assim, em menos de 72 horas, o exército que o imperialismo organizou durante durante muitos meses: o governo imperialista dos Estados Unidos. O inimigo sofreu uma esmagadora derrota. Uma parte dos mercenários tentou reembarcar para o estrangeiro em várias embarcações que foram afundadas pela Força Aérea Revolucionária. (...) Pátria ou Morte. Vencemos. (ÚLTIMA HORA, 21/04/1961, p. 6).

Na edição do dia 22 de abril, o periódico trazia ao conhecimento dos brasileiros a nota oficial do governo Quadros, na qual é possível ler que este expressa sua apreensão em relação aos acontecimentos cubanos, afirmando que a paz mundial está ameaçada. Anuncia também que, na Assembleia Geral da Organização das Nações Unidas (ONU), apoiou a proposta mexicana que proíbe qualquer auxílio aos contrarrevolucionários. Termina a nota solicitando a imediata cessação das hostilidades e investigação das naturezas das forças que desembarcaram na ilha. Na edição seguinte, 23/04/1961, na coluna "Jornais & Problemas", escrita por Octavio Malta – um dos fundadores do periódico – ele acusa os EUA de serem os responsáveis pela invasão e trazendo citações do jornal *Correio da Manhã*, ele argumenta que, se "(...) o egoísmo irreprimível dos dirigente norte-americanos aniquilar a revolução cubana, o fidelismo crescerá na imaginação das massas latino-americanas e múltiplos Fideis surgirão das Caraíbas a Patagônia", concluindo que o fracasso dos EUA fez com que Fidel ganhasse mais apoio. Segundo Moniz Bandeira, após a invasão:

> (...) Castro continuava a ser percebido, na maior parte do mundo, como, essencialmente, um nacionalista de esquerda, sem dúvida agressivo e emocional, mas devoto à autoafirmação nacional e propulsado para o comunismo unicamente graças à vista curta e às políticas imperialistas dos Estados Unidos (MONIZ BANDEIRA, 2009, p. 342).

Malta finaliza a coluna escrevendo que Kennedy escolheu uma posição terrível, ficando preso ao passado e que o povo estadunidense ficará ciente da injustiça e crueldade de seu governo.

Na mesma edição, dia 23 de abril, é relatado que Kennedy estava consultando outros países americanos sobre o que fazer em relação à questão cubana, destacando que ele negou-se a falar se haviam financiado os navios, armas e combustível para o ataque a Cuba. O Secretário de Justiça, Robert T. Kennedy, declara que acredita que nenhuma das leis estadunidenses sobre neutralidade à invasão de Cuba foi violada; porém o *Última Hora* se preocupa em explicar que a lei de neutralidade proíbe as nações estrangeiras que exércitos partículas ataquem nações que estão em paz com os EUA, algo claramente realizado pelo governo estadunidense. Na mesma página, há parágrafos que explicam que a URSS se mostra contente com a "esmagadora derrota dos imperialistas em Cuba" (ÚLTIMA HORA, 23/04/1961, p. 6).

Na edição do dia 26, temos um pronunciamento do ex-vice-presidente estadunidense, Richard M. Nixon, no qual afirma que se deve treinar homens capazes de lutar, planejar e entender a guerra de guerrilha, para assim, derrotar forças comunistas como em Cuba e no Laos. Candidato a eleição presidencial dos EUA e derrotado por Kennedy em 1960, Nixon nos mostra com esse discurso a pretensão de que o governo deve continuar desrespeitando a autodeterminação dos povos, envolvendo-se em assuntos externos de outros países, sem que sejam solicitados, política enraizada na cultura estadunidense como bem percebemos ao longo da história.

Na edição do dia 28 de abril, divulga-se que Kennedy solicitou ao Departamento de Defesa a elaboração de uma ação com participação direta das Forças Armadas dos Estados Unidos, para o 20 de abril de 1961, com o objetivo de punir Castro pela humilhação a qual os EUA passavam. Esse pedido, mais tarde foi cancelado, pois, conforme o livro "De Martí a Fidel: a Revolução Cubana e a América Latina", uma ação unilateral dos EUA poderia desencadear consequências graves no contexto internacional:

> Por que os Estados Unidos não podiam viver com Cuba, como a União Soviética vivia com a Turquia e a Finlândia? – esta pergunta feita por Arthur Schlesinger na Europa Ocidental indicava que, se ordenasse uma intervenção armada, unilateral, para derrubar o governo Castro, Kennedy não teria moral nem contaria com qualquer respaldo para se opor a uma represália da União Soviética na Europa Ocidental ou na Ásia (MONIZ BANDEIRA, 2009, p. 342).

No dia 29, temos uma notícia mostrando uma matéria da revista Time que afirma que a invasão da Baía dos Porcos foi arquitetada por duas repartições do governo estadunidense, o Pentágono e a CIA, sob chefia de Allan Dulles. A verdade era enfim notícia!

Os conflitos diários da crise cubana

O *Diário de Notícias* foi fundado por Orlando Vilar Ribeiro Dantas em 1930 e se empenhou em fazer campanha presidencial para Getúlio Vargas naquele ano. Apoiou a ditadura do Estado Novo (1937–1945); porém, logo depois, passou a repudiá-la. Depois do fim do período de autoritarismo, o periódico passou a ser considerado referência na área de cultura e educação. Foi fortemente contra a construção de Brasília e contava com várias mulheres próximas à redação. Foi à falência em 1976, durante a ditadura militar.

Alguns meses antes da invasão da Baía dos Porcos, no terceiro dia do ano de 1961, foi noticiado que os EUA cortaram relações diplomáticas com Cuba, por causa do pedido de diminuição do número de funcionários na embaixada estadunidense em Cuba. Fidel, de fato, exigiu a redução de dezenas de funcionários para apenas 11, número de funcionários da embaixada cubana em Washington, por achar que a embaixada norte-americana na ilha era um centro de espionagem. De acordo com Moniz Bandeira: "Essa medida realmente se justificava, dado que muitos dos funcionários na embaixada americana eram agentes da CIA" (MONIZ BANDEIRA, 2009, p. 288). Nos meses seguintes, não houve grandes notícias relacionadas a Cuba até abril. A Revolução Cubana, que antes não tinha espaço no periódico, começa a ganhar capas.

Com a manchete "Aviões bombardearam Cuba e fugiram" (DIÁRIO DE NOTÍCIAS, 17/04/1961, capa) no dia 17 de abril, o periódico reportou detalhadamente o bombardeio em instalações militares. Os bombardeiros B-26, que atacaram e metralharam na madrugada do dia 15 de abril, que tinham como objetivo minimizar as forças da revolução, fizeram com que Fidel ordenasse a mobilização de 300 mil cubanos, pois foi advertido de que haveria uma nova agressão. Esse ataque deixou vários civis mortos e feridos e Castro: "(...) usou a oração fúnebre das vítimas do bombardeio para anunciar, pela primeira vez, o caráter especificamente socialista da Revolução" (GOTT, 2004, p. 221). Segundo o periódico, no discurso que Castro fez anunciando o lado socialista da revolução, ele louvou a União Soviética que tinha acabado de levar o primeiro homem ao espaço – Yuri Gagárin – e comparou o ato com o dos EUA, que bombardearam um país que não tem força aérea.

Sem mais comentários sobre o anúncio de Castro, a próxima notícia relacionada a Cuba apareceu no dia seguinte, 18/04/1961. O *Diário de Notícias* mostrava a declaração oficial distribuída à imprensa pela embaixada de Cuba. Ela afirmava que os aviões que bombardearam a ilha partiram de bases na Flórida e na Guatemala. O encarregado de Negócios de Cuba, Hélio Armenteres, também informava que o governo cubano denunciaria os Estados Unidos na ONU e na Organização dos Estados Americanos (OEA) e agradeceu às mensagens de solidariedade de intelectuais e organizações sindicais de todo mundo que haviam recebido.

Trazendo ao conhecimento dos leitores a declaração da embaixada, o jornal já fazia alusão à opinião de muitos brasileiros. O periódico informava que, em todo o Brasil, pessoas manifestaram sua indignação por causa da invasão. Foram destacados três comícios realizados pelo líder comunista,

Luiz Carlos Prestes; pelo deputado Sérgio Magalhães, no RJ e uma passeata em São Paulo. Também mostrava que no Plenário da Câmara dos Deputados alguns parlamentares afirmaram apoio a Cuba, como José Sarney, da União Democrática Nacional (UDN) e Osvaldo Lima Filho do Partido Trabalhista Brasileiro (PTB).

Na capa da edição do dia 19 de abril, Kennedy, respondendo à acusação feita por Nikita Kruschev, discordou sobre os EUA serem responsáveis pelas operações militares em Cuba. O posicionamento de Kennedy era previsível, pois não queria comprometer a imagem dos EUA, estando relutante em admitir a culpa e apoio ao ataque visto desejar melhorar as relações com a URSS. De acordo com Moniz Bandeira, "ele não queria que se interpretasse a ação paramilitar contra o governo Castro, a ser empreendida pelos exilados cubanos, como um ataque direto dos EUA contra Cuba por temer que a URSS retaliasse na Alemanha" (MONIZ BANDEIRA, 2009, p. 295).

Em seu apelo, Kruschev, pediu ao presidente dos EUA que colocasse um fim nas operações militares desenvolvidas na ilha e acrescentou que a União Soviética daria a Fidel Castro "toda a ajuda necessária para rechaçar o ataque armado contra Cuba" (DIÁRIO DE NOTÍCIAS, 19/04/1961, capa). O presidente estadunidense rebateu dizendo que tomaria medidas imediatas para proteger esse hemisfério contra qualquer intervenção militar de uma potência não americana, ainda disse que apreciar a questão cubana era um grave erro.

Na coluna Momento Internacional é afirmado que mesmo se o leitor fosse contra ou a favor de Fidel Castro, teria de concordar que golpes e invasões teriam de parar e que os EUA não enganavam ninguém com a sua neutralidade em face da invasão. Alegava que a ajuda da URSS a Cuba não era justificada e que, apesar dos EUA terem um governo democrático e de serem avisados dos presentes acontecimentos, Kennedy cairia, antes mesmo de Castro. Kennedy também foi abertamente criticado, sendo chamado de culpado por problemas de ordem moral e questionado se tinha ideia de que as relações dos Estados Unidos com a América Latina estavam em jogo. Explicava que se os EUA perdessem a América Latina, isso significaria um ganho para o bloco soviético. A coluna é concluída dizendo que Kennedy era o último presidente dos EUA a falar sobre equilíbrio dos blocos, "porque o desequilíbrio já começou e a partir de uma pequena ilha, sem importância, mas que o destino histórico transformou no árbitro das relações da América Latina com os Estados Unidos" (DIÁRIO DE NOTÍCIAS, 19/04/1961, p. 4).

Após a invasão da Baía dos Porcos, os latino-americanos passaram a ver os EUA como um país não mais tão poderoso quanto um dia foi, que era finalmente possível lutar contra o seu imperialismo. "Os impactos no contexto doméstico e internacional foram vários, todos negativos. Internamente, o incidente fez com que Kennedy perecesse inapto, inexperiente e inseguro" (FARIAS, 2008, p. 120). Para os EUA, também ficaria claro que Cuba "(...) tinha uma capacidade extremamente alta para a defesa militar" (SZULC, 1986, p. 655).

No dia 20, o periódico publica a seguinte manchete: "Fidel com suas tropas esmaga a Contra-Revolução" (DIÁRIO DE NOTÍCIAS, 20/04/1961, capa). Lia-se:

> No momento em que esmaga a contra-revolução e vence os invasores de Cuba, Fidel Castro atinge o seu maior triunfo desde que chegou ao poder, há dois anos, três meses e dezenove dias – segundo palavras da própria agência telegráfica norte-americana, UPI (DIÁRIO DE NOTÍCIAS, 20/04/1961, capa).

Castro relembrou deste momento anos mais tarde em entrevista com um dos seus biógrafos:

> Contavam com um domínio aéreo total. Bombardearam de surpresa, dois dias antes, nossos aviões – e tínhamos muito poucos – em bases, usando insígnias cubanas. Escolheram um local isolado, Playa Girón, superado por um grande pântano do resto do território. Era muito difícil contra-atacar porque era preciso passar por duas únicas estradas em uma espécie de desfiladeiro das Termópilas. Mas, em menos de 72 horas, nós os derrotamos, depois de uma batalha encarniçada onde tivemos mais de 150 mortos. Uma batalha com 68 horas consecutivas de combate – não houve trégua nem um segundo -, diante da esquadra norte-americana, que foi como se deu o combate. Nós os derrotamos e fizemos uns 1200 prisioneiros (Fidel apud RAMONET, 2006, p. 247).

Com o título "O drama de Cuba" (DIÁRIO DE NOTÍCIAS, 20/04/1961, p.4), o editorial começava afirmando que o jogo dos comunistas merecia repulsa e que sua exploração nas terras cubanas estava bastante clara. Afirma que a aproximação dos comunistas desvirtuava os propósitos da

Revolução Cubana. Também, ressaltava que os cubanos não vivem a almejada libertação; muitos dos guerrilheiros de Sierra Maestra já não seguiam o antigo chefe que se transformou em instrumento dos interesses soviéticos na América e que o que vicejava na ilha era uma ditadura, pois naquele momento ninguém nunca teria imaginado a "(...) regularização da vida no país, em moldes institucionais democráticos, como eleições e outras formas de normalização do sistema representativo" (DIÁRIO DE NOTÍCIAS, 20/04/1961, p. 4). Ainda afirmava que assim como repelíamos a tentativa de invasão dos EUA em Cuba, devíamos rejeitar também a penetração soviética nas Américas.

Decidido a não fazer intervenção direta a Cuba depois do fracasso da Baía dos Porcos, Kennedy tinha duas opções:

> 1) Manter o status quo, permitindo que Cuba continuasse a disseminar o comunismo e a pôr em risco a estabilidade de vários governos no Caribe e mesmo na América do Sul, como na Bolívia; 2) ou promover uma ação conjunta do Hemisfério com o intuito de isolar o governo Castro e impedir a propagação do comunismo na América Latina (MONIZ BANDEIRA, 2009, p. 344).

Vemos que Kennedy inclinava-se para a segunda opção, pois com a manchete "Kennedy admite intervenção em Cuba" (DIÁRIO DE NOTÍCIAS, 21/04/1961, capa), no dia 21 de abril, percebemos que o presidente declarou que "Cuba não deve ser abandonada aos comunistas, e, além disso, não temos a intenção de abandoná-la" (DIÁRIO DE NOTÍCIAS, 21/04/61, capa). Ainda ressaltou que seu governo não hesitaria em cumprir com suas obrigações que são para com a segurança dos EUA.

O editorial do dia 23 afirmava que a preocupação mundial naquele momento era que não havia saída para o impasse da crise cubana, pois a última autêntica manifestação de vontade do povo que se teve notícia era a vitória dos revolucionários de Sierra Maestra. O atual regime cubano precisava ser de deliberação coletiva, afinal, era prezada a autodeterminação dos povos. Concluía afirmando que essas questões teriam que ser resolvidas em Cuba antes de mandar os detidos para o *paredón*. Segundo Claudia Furiati no livro "Fidel Uma Biografia Consentida", foram contabilizados 1197 prisioneiros capturados em Girón Castro interrogou-os pessoalmente e apurou os detalhes da operação. Requisitou uma indenização do governo estadunidense por perdas e danos em troca da liberdade dos prisioneiros e, em dezembro de 1962, cerca de US$ 54 milhões em alimentos e em remédios para crianças chegaram à ilha.

No dia 25 de abril foi registrado o pronunciamento de Adolf Berle Jr, assessor do presidente Kennedy em questões latino-americanas, que manifestou que a luta contra o primeiro-ministro Fidel Castro continuaria até que Cuba estivesse livre. Afirmava que esta luta fazia parte da Guerra Fria que se travava em toda a América Latina. Ele estabelecia um comparativo entre liberdade e comunismo. Alegava que a liberdade estava diretamente ligada ao rumo que cada nação iria escolher. Mais do que uma nação, ele apontava que cada cidadão devia enfrentar uma questão importante: se iria deixar-se influenciar pelo comunismo. Para ele, o crescimento e o florescimento da liberdade de um povo dependem das suas questões como Comunista. Um império comunista significava um voto para não liberdade, soberania e independência. Ainda ressaltava que a resposta a essa questão dependeria de cada um do público.

No dia 29, o jornal, em sua capa, apresentava ao leitor uma notícia sensacionalista e apelativa, anunciando que os EUA iriam invadir Cuba. Esse possível acontecimento foi do conhecimento do coletivo a partir das falas de Fidel Castro, que apenas alertou a situação perigosa que a República se encontrava. Não seria mais um conflito indireto, frio e dissimulado, seria uma questão inquietante e principalmente, alarmante, vindo de forma agressiva, armada e direta por parte dos EUA. Ainda destacava a ameaça que uma invasão na ilha caribenha significaria para a paz mundial. No dia anterior, Kennedy já havia declarado que uma nova guerra era iminente.

Castro, falando sobre a possível situação, deixou claro seu pensamento. Mostrava-se disposto para qualquer e quantas discussões fossem necessárias para que a solução fosse encontrada dando um fim ao conflito em ambas as partes. Esta seria dada de forma pacífica e amistosa, se assim os Estados Unidos concordassem.

No mesmo dia, na página 8, do *Diário de Notícias*, ficava claro que a prontidão de Fidel para as negociações de paz foi reafirmada num pronunciamento. Castro, porém, tinha exigências. Um acordo pacífico entre Cuba e Estados Unidos só seria colocado em prática se acolhesse a consideração de Fidel: levar em conta a autodeterminação do povo cubano. O primeiro-ministro da ilha também afirmou que Cuba não estava disposta a voltar atrás na questão de suas relações com o bloco soviético ou a cortar seu avanço com o Estado socialista. Nesse pronunciamento, o presidente de Cuba Osvaldo Dorticós ressaltou que Kennedy deve dar o primeiro passo para as negociações.

Constatamos que Fidel, neste ponto, já deixa claro suas convicções a respeito do parecer do bloco soviético e suas intenções sobre o partido que Cuba tomava. Antes, Fidel não se dizia abertamente um socialista. Agora, lutava pela conservação do socialismo no país.

Considerações finais

Desde 1959, quando a Revolução Cubana foi vitoriosa, os Estados Unidos da América lutaram e arquitetaram formas de acabar com o regime revolucionário, visto que representava uma perda de território de influência muito próximo durante a Guerra Fria e perdas econômicas, principalmente com a Reforma Agrária que Castro implementou na ilha. Nesse contexto, a invasão da Baía dos Porcos foi uma das mais importantes tentativas de invasão organizadas pela CIA, resultando em um grande fracasso – por ser mal preparada e planejada – manchando a imagem dos EUA como potência poderosa que se viu derrotada por um país economicamente limitado.

A escolha de jornais como objeto para a pesquisa pode ser justificada para entender a imprensa fundamentalmente como um instrumento de manipulação dos interesses e de uma intervenção na vida social. É necessário analisar o material de acordo com a problemática que foi escolhida, entender o contexto ao qual a matéria foi escrita e como ela reflete nos dias de hoje e no tempo publicado. Encontrando outras obras e comparando com o que foi descrito nos jornais, mostrar de que maneira foi abordado o conteúdo e o contexto do fato escolhido. Com os periódicos *Última Hora* e *Diário de Notícias* percebemos que eram relatados os acontecimentos da invasão da Baía dos Porcos. O contexto foi bem explorado e debatido, fazendo com que o leitor entendesse não só o acontecimento, mas o que o envolvia.

Entretanto, discursos diferentes são encontrados entre os jornais. O *Última Hora*, mais nacionalista, se preocupava em mostrar, em sua maioria, notícias sobre Cuba e sua situação, dando atenção às manifestações feitas pelo povo brasileiro e os pronunciamentos do governo e do presidente Jânio Quadros, não havendo detalhes sobre a situação estadunidense. Nas colunas – parte em que o periódico não era imparcial – os colunistas se mostravam a favor de Cuba. Os editoriais sempre tratavam de assuntos domésticos, nunca se posicionando sobre o caso cubano.

O *Diário de Notícias* mostra um discurso mais tradicional, sendo possível identificar apenas dois editoriais se manifestando sobre o caso cubano. Neles, e nas colunas, é sempre presente a repulsa a ação dos EUA – até antes de admitirem o envolvimento – e ao que chamam de "penetração soviética na América", entendida pela presença da URSS e ao socialismo instalado em Cuba após a invasão da Baía dos Porcos. Ambos os periódicos abordam a autodeterminação dos povos, ou seja, que todo povo tem o direito a realizar suas escolhas sem influências e/ou intervenções externas, além de determinar o próprio estatuto político; afirmando que não a reconheciam em Cuba liderada por Castro.

No âmbito de jornalismo informativo, o *Diário de Notícias* não se preocupava em relatar detalhadamente as notícias relacionadas a manifestações do povo brasileiro, diferente do *Última Hora* que dedicava páginas inteiras ao assunto. É muito perceptível que a sociedade brasileira apoiava em massa Cuba e, em suas manifestações, ressaltaram a aversão ao ato dos EUA. Também, encontram-se notícias envolvendo um conflito paralelo e indireto – a Guerra Fria – por meio de discursos, notas e apelos enviados de um país a outro. Nessas edições, Cuba é temporariamente deixada de lado, pois os verdadeiros protagonistas – Estados Unidos da América e União das Repúblicas Socialistas Soviéticas – tentavam deliberar quem estava certo e quem estava errado. Os EUA e a URSS influenciaram fortemente as relações entre países durante o século XX. Contudo, os primeiros o faziam de maneira ambígua, já que defendiam que seus próprios valores tinham aplicação universal, mas não admitiam intervenções de outros estados.

A invasão da Baía dos Porcos foi um dos muitos exemplos na História no qual o governo estadunidense não respeitou a autodeterminação dos povos, a independência de uma nação e a soberania de um país em nome dos negócios, dos investimentos privados e do acesso a fontes de matérias-primas.

Ao invés de defender a ordem democrática e as liberdades políticas em Cuba, o presidente John F. Kennedy foi o responsável pela invasão de um país com o qual não estava oficialmente em guerra; além de realizar atos de sabotagem e terrorismo, utilizando como argumento o combate ao comunismo nas Américas. Ainda, ameaçando outros países que – se abrissem suas portas ao comunismo – poderiam vir a sofrer intervenções estadunidenses. Tal como colocado por Moniz Bandeira, se os princípios jurídicos e morais efetivamente prevalecessem nos EUA, Kennedy, como presidente, seria passível de impeachment por haver violado as próprias leis estadunidenses, entre as quais o *Neutrality Act*, desrespeitando os tratados internacionais, como a carta da ONU, a carta da OEA e o Tratado do Rio de Janeiro, dos quais os EUA eram signatários.

A Revolução Cubana foi um evento de grande significância no século XX, impactando toda a América Latina e o mundo. A história de libertação do país que fica a menos de 200 km dos Estados Unidos da América influenciou ânsias de libertação e de renovação em todos os países do continente latino-americano que estavam vivendo sob ditaduras e, também, para todos os países que ainda permaneciam nos velhos tempos da Segunda Guerra Mundial. O velho mundo não fazia mais sentido, já estava saturado e arcaico. A Revolução aumentou diretamente esse sentimento, sendo a aurora para o mundo novo.

Referências

Fontes primárias

Diário de Notícias (RJ) – Disponível na Hemeroteca Digital da Biblioteca Nacional

Última Hora (RJ) – Disponível na Hemeroteca Digital da Biblioteca Nacional

Fontes secundárias

DOMINGOS, Charles Sidarta Machado. Fidel foi ao cinema: o socialista visto pelas lentes do liberal. In: *O Olho da História*, n. 17. Salvador: UFBA, 2011.

FARIAS, Déborah Barros Leal. Contextualizando a invasão à Baía dos Porcos. In: *Revista Brasileira de Política Internacional*. n. 51. Brasília: IBRI, 2008.

FURIATI, Claudia. *Fidel Castro*: uma biografia consentida. 4ª ed. Rio de Janeiro: Revan, 2003.

GOTT, Richard. *Cuba*: uma nova História. Rio de Janeiro: Jorge Zahar Editor, 2006.

GUAZZELLI, Cesar Augusto Barcellos. *História Contemporânea da América Latina (1960-1990)*. 2ª ed. Porto Alegre: Editora da UFRGS, 2004.

HERSH, Seymour. *O Lado Negro de Camelot:* sexo e corrupção da Era Kennedy. Porto Alegre: L&PM, 1998.

LUCA, Tania Regina de. História dos, nos e por meio dos periódicos. In: PINSKY, Carla Bassanezi. *Fontes Históricas.* 2ª ed. São Paulo: Contexto, 2006, p. 111-153.

MONIZ BANDEIRA, Luiz Alberto. *De Martí a Fidel*: A Revolução Cubana e a América Latina. 2ª ed. Rio de Janeiro: Civilização Brasileira, 2009.

RAMONET, Ignacio. *Fidel Castro*: biografia a duas vozes. São Paulo: Boitempo, 2006.

SZULC, Tad. *Fidel*: Um Retrato Crítico. Rio de Janeiro: Best Seller, 1986.

A BALA ASSASSINA:

o impacto causado pelo assassinato do presidente John F. Kennedy na imprensa brasileira

Gabrielly Hampe Salvador
Natália Ramazzini Lindner
Vitória Simon de Souza

Num momento delicado da história dos Estados Unidos da América (EUA), onde ele era um dos protagonistas na polaridade instituída no mundo, devido à Guerra Fria, onde teve o palco mundial dividido com a União das Repúblicas Socialistas Soviéticas (URSS), o mandatário mais jovem da história do país entrou em cena. John Fitzgerald Kennedy (JFK) foi eleito o presidente da nação líder do modelo capitalista. Tinha como característica uma presença forte e, ao mesmo tempo, ponderada. Criou várias desavenças em seu breve governo, pois suas propostas políticas — que foram formuladas para estabelecer direitos já exigidos pelo povo — eram contestadas por muitos.

JFK foi peça chave no período marcado como o mais intenso da Guerra Fria, com a invasão da Baía dos Porcos e as ogivas nucleares com alcance a nível internacional levadas a Cuba pela URSS e que passaram à história como Crise dos Mísseis. A derrota que sofreu contra Cuba, visando a derrubada do governo de Fidel Castro, foi um estopim para que sofresse retaliação da imprensa dos EUA, que questionava a gestão do presidente. Mesmo tentando rebater as críticas de forma diplomática, que era seu discurso característico, ainda assim pesou em seus ombros a culpa que as mídias jogavam sobre ele, de forma que o presidente se questionasse a respeito das decisões tomadas.

Mesclamos os livros usados para formatarmos um entendimento mais completo da vida de Kennedy, pois cada uma das obras que analisamos representa o presidente de uma forma diferente, assim como nos periódicos, já que cada notícia ou colunista abordará as histórias de maneiras diferentes se comparadas e, de acordo com suas convicções, escolherá seu próprio modo de expressão. Uns o viram como um homem correto, sendo a figura política mais importante da época, ressaltando que seu caráter era inabalável. Já outros trazem os escândalos em que John Kennedy se envolveu, que quase sempre eram acobertados, sendo divulgados apenas anos depois.

Nesse capítulo, por meio de pesquisas em diferentes periódicos nacionais, procuramos abordar como a imprensa brasileira representou o assassinato do presidente John Fitzgerald Kennedy. Ao mesmo tempo, realizamos uma análise sobre alguns livros importantes sobre a temática que foram escritos depois de muitos anos do assassinato do presidente do EUA, para assim estabelecermos algumas reflexões entre o calor das fontes primárias daquele momento crucial da Guerra Fria com análises um pouco menos quentes – ao menos, temporalmente, já que o governo Kennedy continua a suscitar paixões e divergências entre os historiadores.

UMA NOVA POLÍTICA, UMA *NOVA FRONTEIRA*

John. F. Kennedy, com um olhar esperançoso, assumiu a presidência dos Estados Unidos da América, no ano de 1961, com a missão de continuar os avanços americanos. Kennedy trouxe consigo um grande ar de esperança nos Estados Unidos com discursos voltados a combater a fome, a pobreza e as doenças. Os Estados Unidos, economicamente, encontravam-se com problemas. Kennedy, ao assumir a presidência, acaba encontrando os Estados Unidos com grandes recessões e impasses econômicos. De suas políticas econômicas, a partir de 1961, acabam emergindo avanços importantes, que elevam o crescimento econômico, derrubando a taxa de desemprego.

Anteriormente, no governo Dwight David Eisenhower, criou-se uma grande tensão contra Cuba, onde o país passou por uma grande mudança no seu tecido político-econômico, contando com a participação da União Soviética dentro da ilha cubana. De acordo com Leandro Karnal: "Castro aproximou-se cada vez mais da União Soviética, assinando, com o país líder do bloco comunista, vários acordos comerciais" (KARNAL, 2018, p. 239). Cuba, na segunda metade da década de 1950 estava vivendo um processo revolucionário, que acabou levando ao poder o guerrilheiro Fidel Alejandro Castro Ruz em 1 de janeiro de 1959:

> Cuba desafiou o imperialismo norte-americano ante a relutância dos Estados Unidos em reconhecer o governo e ajudar o país depois da revolução nacionalista de 1959, o líder cubano Fidel Castro radicalizou em 1960 e 1961, nacionalizando a economia que antes era controlada pelos interesses econômicos americanos (KARNAL, 2018, p. 239).

Kennedy toma medidas severas contra a ilha cubana, e incentiva grupos anti-Castro, financiados pela *Central Intelligence Agency* (CIA), para fortalecer a invasão na Baía dos Porcos, mas sem sucesso.

> A revolução popular liderada por Fidel Castro chegou ao poder em janeiro de 1959; e mesmo as reformas moderadas do novo governo receberam firme oposição dos EUA, que dominavam a maior parte da economia da ilha, e desencadearam fortes pressões econômicas e diplomáticas. Kennedy autorizou a operação montada pela CIA, mas o desembarque na Baía dos Porcos (17/04/1961) foi derrotado com certa facilidade, frustrando as expectativas americanas de encontrar apoio popular para derrubar Castro. Este proclamou então a adoção do socialismo no país em 1º de maio (VIZENTINI, 2003, p. 209).

A operação acabou tendo um fim terrível para o governo Kennedy. Como desfecho dos acontecimentos, a invasão acaba sendo um fracasso e Cuba, em 1º de maio, acaba adotando o socialismo.

Fidel Castro, após contra-atacar a investida estadunidense, teme por uma outra invasão. Logo após a invasão fracassada dos Estados Unidos acaba capturando inúmeros soldados, que, após vinte meses de negociação, Castro acaba trocando por mantimentos e medicamentos. Para JFK, o fracasso da invasão foi extremamente constrangedor à história dos Estados Unidos.

Nikita Kruschev, em contato direto com Fidel Castro, acaba assinando um acordo para a entrada de mísseis nucleares em Cuba, onde os mísseis enviados para a ilha eram extremamente perigosos. Após uma operação secreta realizada pelos Estados Unidos, com aviões sobrevoando ilegalmente a ilha, foi descoberto que Cuba contava com mísseis nucleares soviéticos apontados para os Estados Unidos. JFK ficou atônito com a real possibilidade do lançamento desses mísseis. De acordo com David Talbot: "Na Guerra Fria vivia-se com a ameaça constante de uma aniquilação instantânea, que confirmava o absurdo máximo do conflito. Kennedy chegou a considerar a guerra na área nuclear como algo impensável" (TALBOT, 2013, p. 63).

Ao olhar as fotografias disponibilizadas após a operação da CIA, o presidente diz, em uma reunião: "Quanto tempo falta... não podemos saber, podemos?, quanto tempo até que eles disparem?" (WEINER, 2008, p. 230). Kennedy se perguntava o porquê dos soviéticos terem tomado esta medida. Kruschev colocou os mísseis em Cuba porque sentia-se ameaçado pelos que os Estados Unidos tinham dispostos na Turquia e em outros países. Kennedy, após a reunião, orquestrava três planos de ataque contra a União Soviética.

> JFK ordenou a preparação de três planos de ataque: número um, destruir os locais de mísseis nucleares com jatos da força aérea ou da marinha; número dois, organizar um ataque aéreo bem maior; número três, invadir e conquistar Cuba. "Certamente vamos usar o número um", disse ele. "Vamos acabar com aqueles mísseis." A reunião terminou às 13 horas, depois de Bobby Kennedy defender uma invasão total (WEINER, 2008, p. 230).

Obcecado por Cuba, acaba ordenando que se fizesse uma fiscalização dos navios que chegassem de Cuba, sendo conhecido como quarentena. Os Estados Unidos da América, com essa atitude rude, acaba ordenando o bloqueio naval imediato dos navios. Com o desejo de humilhar Kruschev, Kennedy acaba criando um estado de tensão, flertando com uma possibilidade de guerra nuclear. Porém, Kruschev acaba aceitando retirar os mísseis de Cuba.

> O impasse gerou uma tensão internacional extrema, temendo-se o desencadeamento da Terceira Guerra Mundial, de caráter nuclear. Kruchev vacilou ante a determinação americana e, no dia 25, enviou uma mensagem aceitando a retirada dos mísseis, sob supervisão da ONU, em troca do compromisso dos EUA em não invadir Cuba novamente. Dois dias depois fez exigência suplementar, a retirada dos mísseis americanos da Turquia em troca do compromisso soviético de não invadir aquele país (VIZENTINI, 2003, p. 210).

Kennedy, após o acordo com Kruschev, desenvolveu uma nova forma para lidar com a União Soviética. Além disso, outros acontecimentos, como a Guerra do Vietnã, marcaram a história dos Estados Unidos naquele início dos anos 60, porém, o que ganha grande espaço nacionalmente e internacionalmente é sua trágica e comovente morte que impactou o rumo das democracias e da história estadunidense.

JFK demonstrava estar cansado e triste. Apresentava-se desanimado em sua penúltima entrevista coletiva no Departamento de Estado, o que é estranho, porque o presidente sempre se mostrou espontâneo e à vontade. Além disso, encontrava-se em constante desgaste com a imprensa, que noticiava que sua gestão teria sido um grande fracasso. Com isso, a imprensa dos EUA a todo custo tentava diminuir e desestimular o presidente.

A imprensa norte-americana questionava o presidente sobre a Baía dos Porcos que viera a ser um fracasso, onde colocavam-no contra a parede, o questionando sobre sua vontade de ser presidente após sua investida ser um grande revés. De fato, o presidente tem uma popularidade forte e marcante ao longo de sua trajetória na política, mas dados os fatos desastrosos em seu mandato, sua popularidade acaba se enfraquecendo. Segundo Bill O'Reilly, "As pesquisas de popularidade do presidente têm seu lado B: 70% da nação podem amar JFK, mas outros 30% o odeiam." (O'REILLY, 2013, p. 143).

Como presidente dos Estados Unidos, possuía grandes ambições, colocando em xeque o seu nome e o futuro da nação. Suas vontades colocaram em risco sua credibilidade e o expuseram quando fora divulgado a morte de líderes importantes, como, por exemplo: Patrice Lumumba, do Congo; Rafael Trujillo, da República Dominicana e Ngo Dinh Diem, do Vietnã do Sul.

> A responsabilidade pessoal do Kennedy na deposição e assassinato de Ngo Dihn Diem, presidente do Vietnã do Sul, em 2 de novembro de 1963, foi ocultada pelas mentiras dos homens que trabalhavam para ele e pelas mentiras do sempre leal irmão Bobby (HERSH, 1998, p. 426).

Kennedy, além disso, deu início a outros golpes militares, como, por exemplo: a conspiração para tirar João Goulart do governo do Brasil, onde agentes do exército passaram a comandar, por meio de uma ditadura militar, que veio a torturar e matar inúmeros inocentes, sob a falsa justificativa de que o comunismo viesse a ser adotado no Brasil.

Tudo isso produzia uma grande ansiedade em relação as novas eleições presidenciais que seriam realizadas em 1964.

> Apesar disso, Kennedy sabia que a campanha de 1964 seria disputadíssima. Tinha consciência de quão polarizado se tornará o país em consequência do seu esforço de pôr fim à Guerra Fria e à segregação racial. Devido a sua política de direitos civis, o sul estava em franca luta contra a coalizão democrática que dominava a região desde o New Deal (TALBOT, 2013, p. 347).

Assim como Kennedy, Lyndon Johnson, seu vice, tinha muita ambição. Ansiava pelo poder, e adoraria tê-lo em suas mãos. Johnson, nos últimos meses, estava sendo excluído das atividades da Casa Branca, por isso não se sentia com poder, como relata O'Reilly: "O presidente o exclui deliberadamente de reuniões importantes, faz piadas sobre ele pelas costas e o ignora em jantares na Casa Branca - se é que ao menos se dá o trabalho de convidá-lo." (O'REILLY, 2013, p. 149). Não só Kennedy o tratava mal, mas também Bobby e Jackie Kennedy, assim como funcionários da Casa Branca. Esquecem que Lyndon Johnson foi uma peça de relevância para vitória de Kennedy em 1960, pois sendo um texano adquiriu muitos votos do extremo sul para que fossem eleitos.

Chefe de piratas

Como no início os acontecimentos sobre o assassinato eram apenas noticiados pelos periódicos da época, as pessoas não tinham informações aprofundadas sobre os motivos e os meios que poderiam ter fomentado o ato, já que muitas manobras políticas, a vida social e privada de Kennedy ficava debaixo dos panos. A população não tinha acesso à fontes confiáveis que mostrassem tais fatos, senão o que liam ou escutavam nas rádios. É incontestável a importância que os jornais têm quando falamos sobre pesquisas aprofundadas de fatos históricos; a urgência em noticiar-se o que movimenta o mundo, no presente, leva o necessário para que o povo minimamente soubesse o que estava acontecendo, mesmo que influências externas pudessem fazer os colunistas não serem neutros, com políticas e opiniões pessoais. É de extrema importância para a compreensão da nossa história saber o impacto que o meio midiático têm, e o poder que os ideais da época exerciam em cima das pessoas; o que eles puderam fomentar – revoltas, movimentos e reflexões pertinentes. Um ponto vantajoso dos jornais é a fluidez, a capacidade de se comunicar com o povo de forma muito mais amistosa do que uma bibliografia maçante. Os três jornais brasileiros que analisamos tiveram posições e formas distintas de retratar o assassinato de JFK, com intensidades e modos diferentes.

O *Correio da Manhã* introduziu o mandatário como um homem que acatava a imagem de bom samaritano, sendo muito admirado pelo público popular, além de chefes do governo e intelectuais de áreas diversas. A invasão da Baía dos Porcos, em 1961, juntamente com a tensão instaurada logo em seguida, com a Crise dos Mísseis, em 1962, fizeram a gestão Kennedy ser duramente criticada pela imprensa estadunidense, desencadeando muita pressão em cima do presidente, que mesmo abalado, precisava se reerguer, já que as campanhas em prol das eleições de 1964 estariam aproximando-se do início e Kennedy precisava demonstrar a mesma determinação — ou ainda maior — com que era retratado, para manter-se no poder, garantindo a reeleição. Procurou ajuda externa, financiando países que queriam se manter afastados do regime comunista, e também, controlando os possíveis favoráveis ao socialismo.

> Miami Beach (AP-UPI-FP-CM) — Acentuando que os Estados Unidos cumpriram os compromissos assumidos na Aliança pelo Progresso, o presidente John Kennedy disse ontem à noite que aquele programa oferece "o único caminho ao progresso sem despotismo, à justiça social sem terror". Kennedy discursava perante a Sociedade Interamericana de Imprensa, e voltou ao tema para assegurar que seu governo auxiliará a toda Nação que solicite ajuda para evitar cair nas mãos dos comunistas (CORREIO DA MANHÃ, 19/11/1963, capa).

Os Estados Unidos estavam organizando uma confederação internacional, na intenção de negociar, junto a 22 nações, uma diminuição nos impostos cobrados em mercadorias que fossem importadas, com uma redução de 50% nas tarifas aduaneiras, e estas propostas de Kennedy seriam debatidas na reunião. O comércio ocidental seria reestruturado caso houvesse êxito nas negociações expostas em Paris. No mesmo período, havia notícias de um convite da Casa Branca a outros países a fim de criar uma rede de colaboração que estabelecesse uma rede comercial com comunicação via satélite.

Com o desejo de mostrar seus feitos, apoiando os clamores do povo, buscava uma possível reeleição. Seguindo conselhos, como de seu vice, Lyndon Baines Johnson, organizou uma comitiva em Dallas, no Texas, onde iria discursar e engrandecer a população da cidade, buscando estar mais perto do povo americano, de maneira geral. Fatidicamente, foi baleado no desfile em carro aberto, onde estava com sua esposa, Jacqueline Kennedy, e com seus apoiadores.

Levou um tiro na cabeça, segundo o jornal, às 16h (horário do Rio de Janeiro). Levado ao Hospital Parkland, ainda com vida, não resistiu mais de uma hora. O Dr. Perry, que foi chamado ao hospital assim que soube que o presidente havia sido baleado, relatou: "Dei-me conta de que estava em grave estado, como conseqüencia de um ferimento no pescoço e na cabeça" acrescentou o médico (CORREIO DA MANHÃ, 22/11/1963, capa). Faleceu aos 46 anos, e quem dera a triste notícia de seu óbito foram os dois sacerdotes católicos que efetuaram sua extrema-unção, já que Kennedy foi o primeiro presidente católico dos Estados Unidos.

O *Diário de Notícias*, por outro lado, enquanto via Kennedy vivo, exercendo seu cargo, o descrevia como um homem ambicioso que, por suas atitudes impulsivas, colocava em risco a vida de milhares de pessoas e, até mesmo, a imagem de seu país. Em janeiro de 1963, Fidel Castro proclama um discurso com críticas veementes voltadas a Kennedy, comemorando o triunfo que teve na invasão estadunidense frustrada à Baía dos Porcos, derrota que tirou os Estados Unidos de cena com uma imagem péssima. Após o fracasso da intentona norte-americana em Cuba, foram aprisionados no país 1.113 homens que lutaram em prol dos interesses estadunidenses, entre eles, até mesmo alguns guerrilheiros cubanos. Para que fossem libertados, Kennedy ofereceu mantimentos medicinais e outros artigos, mas não se livrou de pagar uma indenização pelo estrago feito em campo de batalha. A impressão que os Estados Unidos passaram ao mundo quando o resgate foi feito era de que a indenização havia sido paga pelos familiares dos exilados e que o secretário da Justiça — e também irmão do presidente — Robert Kennedy, apoiava a arrecadação de fundos para quitar a dívida.

Fidel advertiu os Estados Unidos para que não tentassem uma nova intervenção, pois seriam exterminados imediatamente. Cuba não podia acreditar em nenhuma promessa do imperialismo, e estariam preparados caso houvesse uma nova invasão, acrescentou. Em sua opinião, disse que o único motivo para Kennedy pagar a indenização fosse sua desprezível derrota, ressaltando que John havia manchado a imagem do cargo presidencial. Relatado no jornal: "Castro gritou que o presidente dos Estados Unidos agiu 'como vulgar chefe de piratas'. Disse que 'jamais um presidente degradou tanto a dignidade de seu cargo" (DIÁRIO DE NOTÍCIAS, 03/01/1963, p. 12).

Dias antes de sua morte, Kennedy tinha uma tensão instalada contra dois importantes países da América Latina, os quais tinham uma parceria econômica firmada com os Estados Unidos: Argentina e, posteriormente, o Brasil. Kennedy havia perdido sua confiança na Aliança para o Progresso, atacando a gestão argentina por renegar as empresas petrolíferas estrangeiras. O presidente sabia que não tinha direito de dizer como cada nação deveria governar, porém os argentinos não tinham o direito de estagnar a vontade de outros países em alavancarem suas economias.

A decisão do presidente argentino, Arturo Umberto Illia, impactou os Estados Unidos. Averell Harriman procurou o presidente brasileiro da época, João "Jango" Goulart, para discutirem os impactos que estas decisões causariam nos contratos petrolíferos norte-americanos, onde discutiriam três tópicos: regulamento da lei de remessa de lucros, monopólio estatal da importação de petróleo e a encampação das concessionárias. Estes tópicos feririam a imagem dominante dos Estados Unidos, e Harriman reivindicou que os reinvestimentos no Brasil, com os lucros dos capitais americanos, não seriam nacionalizados, e avisou que o monopólio da importação petrolífera prejudica o seu país. Goulart refutou suas três colocações, dando respostas negativas ao representante de Washington.

> Sob a pressão dos acontecimentos argentinos é que retornou para o encontro pessoal ontem com o presidente João Goulart. Já em S. Paulo, sentiu de maneira clara os sentimentos brasileiros, ou, talvez, melhor seria dizer, os ressentimentos do Brasil diante da incompreensão dos norte-americanos pelos nossos problemas (DIÁRIO DE NOTÍCIAS, 19/11/1963, p. 07).

Dentro de poucos dias, temos Kennedy indo para Dallas, no Texas, para promover seu discurso pacifista, já que no próximo ano estaria concorrendo para a seguinte eleição. Estava em um carro aberto, junto de sua esposa Jacqueline e do governador Conally, passeando pela rua principal, quando recebeu um disparo em seu pomo-de-Adão, saindo atrás de sua cabeça, caindo no mesmo momento, sem ao menos deixar um resquício de socorro, fazendo sua esposa ficar em prantos, tentando socorrer o marido.

Um crime feito de forma tão brutal, deixou a multidão de mais de 200 mil pessoas em pânico, e a polícia local corria para todas as direções à procura de quem teria cometido o assassinato de JFK. Até mesmo quem estava do lado oposto, divergindo dos ideais que Kennedy dizia que o desfecho do presidente era trágico, ainda mais por ter sido em um momento tão delicado para a história do mundo, que muito deve à aura juvenil do democrata e que, sempre que possível, apelou para a diplomacia, ao menos discursivamente. Foi isso que Kennedy deixou como legado.

> O fanatismo ou a intolerância, ou as duas juntas, abateram Kennedy, que não foi um acomodado, nem um conservador. Parte da multidão que os sustentavam os Estados Unidos assistiu ao sacrifício da sua vida, abatida da sanha das paixões crespas que, desgraçadamente, ainda armou braço de bandidos numa época que não mais deveria ter mácula tão negra (DIÁRIO DE NOTÍCIAS, 23/11/1963, capa).

Poucas horas depois do assassinato de JFK ser noticiado, os norte-americanos clamavam pelo retorno da paz e do amor entre as pessoas. Enquanto populares iam até a embaixada procurar notícias, dois soldados recolheram a bandeira, como meio de demonstrar luto e muita tristeza pela sua morte. Lyndon B. Johnson, vice-presidente, assumiu logo após o falecimento de "Jack" ser confirmado, contando que seu governo continuaria com a base política exterior que existia. Segundo o jornal: "A bordo de um avião, às 17h39 (hora de Brasília), o sr. Lyndon Johnson tomou posse como o 36º presidente dos Estados Unidos da América do Norte" (DIÁRIO DE NOTÍCIAS, 23/11/1963, capa).

O *Jornal do Brasil*, já na primeira capa em que se toca no assunto, no dia 23, tem como grande preocupação noticiar acerca dos desdobramentos para descobrir o autor do assassinato, deixando as notícias sobre o crime ou seu funeral com menos ênfase.

Nikita Kruschev e John Kennedy trocaram mensagens na virada para 1963, no ano novo. O soviético fez um apelo para os Estados Unidos e a URSS trabalharem juntos, com o fim de melhorar as relações mútuas e a situação internacional. A resposta de Kennedy ao premier soviético foi de que não deixaria passar a possibilidade de assegurar a paz, além do entendimento entre os povos. Os acontecimentos de 1962 haviam posto o mundo num momento delicado, e que, de todas as maneiras, a posição de conciliação viria de ambas as partes. As demais nações dependiam das negociações feitas entre os dois, que deviam soluções para os problemas mundiais mais imediatos, segurando as pontas para que tudo permanecesse estável, gerando uma vida pacífica ao redor do mundo.

Negociações estavam sendo feitas no Brasil como a resposta à alta na inflação, levando a tentativa do Plano Trienal no início de 1963, recém debatido pelo governo brasileiro, e poderia significar um importante passo, já que abriria novas portas para financiamentos nos Estados Unidos. A nova política de Kennedy, voltada para a América Latina, dizia que financiamentos só seriam concebidos se fosse em planos de longo prazo. O quadro econômico do Brasil era visto, pelos estadunidenses, como confuso e nebuloso, gerando indecisão em dar apoio completo ao Brasil.

> Confirmou o Embaixador que algumas críticas foram feitas pela imprensa norte-americana ao Plano Trienal, "críticas essas que não chegam a comprometer o trabalho", e informou que os últimos pronunciamentos do Governo relativos ao combate à inflação foram bem recebidos nos EUA (JORNAL DO BRASIL, 05/01/1963, capa).

Dois meses antes de ser assassinado, Kennedy se preparava para lançar o primeiro homem rumo à Lua, e tinha a missão de levá-lo e trazê-lo são e salvo. Simbolizaria uma grande conquista para o homem e para os EUA, visto que na corrida espacial os soviéticos já haviam enviado Yuri Gagárin para o espaço em 12 de abril de 1961. No mesmo ano de 1961, o projeto americano de levar o homem à Lua começou a ser elaborado, ano em que divulgou seu primeiro orçamento, além de pedir verbas ao Congresso para que conseguissem alcançar o feito antes da União Soviética. Em dezembro de 1962, num debate nacional, se perguntavam se valia a pena investir bilhões na proposta. Não havia potência suficiente para se concretizar ainda, sendo previsto apenas para 1964, o então projeto Gemini, caso não houvessem novos contratempos. No ano anterior, os três foguetes lançados para alcançar solo lunar fracassaram.

> Verifica Kennedy, em menos de três anos, que as estimativas são um elemento altamente duvidoso, em matéria espacial. Sucedem-se os fracassos, retardam-se os projetos e as verbas estão sempre estourando. Com orçamento previsto de 20 bilhões de dólares, o programa lunar dos Estados Unidos deverá consumir o dôbro, ou mais, dessa quantia, segundo a opinião de muitos cientistas (JORNAL DO BRASIL, 24/09/1963, p. 02).

Kennedy havia sido morto em 22 de novembro, em 1963, impedindo sua vontade de realizar, e ver, os projetos de pôr o homem na Lua. Porém, mesmo se estivesse vivo, não há garantia de que veria o homem chegar à Lua como presidente, pois tal fato só ocorreu em 1969. No mesmo dia em que foi assassinado, seu vice, Lyndon B. Johnson assumiu a presidência, enquanto voava no avião presidencial que levava o corpo de Kennedy para Washington. Os policiais apontaram suspeitos que teriam realizado o atentado e o principal era Lee Harvey Oswald, que acabou sendo assassinado.

Jack foi atingido por dois tiros de um fuzil calibre 30, um atingindo seu pescoço e o outro a sua testa. Foi baleado quando desfilava por Dallas, esbanjando um sorriso nos lábios, enquanto acenava para mais de 250 mil pessoas na rua. Morreu após 40 minutos, já estando no Hospital Parkland. Foi submetido a uma traqueotomia, além de precisar de transfusões de sangue.

O ASSASSINATO NA IMPRENSA BRASILEIRA

O *Correio da Manhã*, após o trágico ocorrido, abordou os acontecimentos seguintes com pesar. Duas horas após a morte de Kennedy, seu vice Lyndon Johnson assumiu a presidência dos Estados Unidos. Expressou suas condolências pela morte do companheiro, dizendo que havia se estabelecido um momento de luto mundial.

JFK era rodeado de intelectuais e sempre soube aproveitar a inteligência que tinha. Utilizou dela para tentar acabar com o caos da Guerra Fria. O Congresso norte-americano nunca facilitou para Kennedy, sendo inflexível perante algumas de suas propostas, dificultando reformas sociais, políticas e econômicas que o presidente defendia. Johnson fez comparações entre a morte de Kennedy e a de Abraham Lincoln, tanto por suas semelhanças políticas quanto pela forma como foram assassinados. Ambos simbolizavam a luta popular de suas respectivas épocas, como a luta pelos direitos civis.

> Outra vez é preciso comparar, com outros presidentes, para saber o que perdemos pela morte desse novo Lincoln: talvez um grande amigo, talvez uma grande esperança. Só perdendo se sabe o que se possuía. Pensamos nisso ao escrever, pela primeira vez neste artigo, o nome do desaparecido: John Kennedy (CORREIO DA MANHÃ, 22/11/1963, p. 6).

O acusado pelo assassinato foi detido logo depois da morte do presidente. Lee Harvey Oswald era líder do "Comitê Jogo Limpo com Cuba". Americano, nascido no estado de Louisiana, era casado com uma soviética. Compreendia a ideologia pró-castro, com influências de Marx. Após o atentado, foi detido em um teatro de Dallas pela polícia.

Por causa da morte de JFK, o governo brasileiro decretou luto oficial por três dias, suspendendo todas as atividades oficiais. O povo carioca sentiu um baque forte, tendo a notícia reportada pela única rádio funcionando no momento, a Rádio Ministério da Educação e Cultura, devido à greve dos radialistas instalada no país. O medo de se estourar uma III Grande Guerra Mundial era presente. Os brasileiros estavam curiosos para saber a procedência dos tiros e seus motivos.

O *Correio da Manhã* emitiu, no dia 23 de novembro de 1963, uma mensagem de conforto ao povo norte-americano em nome da empresa, assinada embaixo pelo povo brasileiro. Lá, o jornal expressou comoção pelo ocorrido, dizendo que era uma grande perda, nascida de um crime tão cruel. Os brasileiros reconheciam as consequências, que teriam impactos de cunho mundial, pois perdíamos um grande homem, símbolo de esperança entre seus aliados. Estariam ao lado dos Estados Unidos e de todos os homens de bem neste momento. Temiam que o fato brutal servisse de estopim para acontecimentos nocivos ao seu país.

João "Jango" Goulart, presidente do Brasil, à noite, se pronunciou pela segunda vez, dizendo que o planeta estava em dívida com Kennedy, que trouxe avanços extraordinários ao globo, como a redução do subdesenvolvimento em países de terceiro mundo, como seria o caso dos países latino-americanos.

Comoções entre militares, jornalistas e, até mesmo, militantes, eram vistas por todos os lados. A parada forçada nas políticas de Kennedy foi estúpida, pois elas trariam novos avanços, principalmente no ramo social, como o combate ao racismo. Seu sacrifício não seria em vão, mas sim, glorioso, ressaltando uma pauta ainda maior para temas populares serem debatidos e enfatizados. Kennedy morto era uma perda aos povos livres, pois simbolizava a queda de um líder.

Para muitos, Kennedy foi o presidente que melhor compreendeu os problemas continentais que persistiam, buscando a solução mais humana que pudesse haver.

O *Diário de Notícias*, poucas horas depois do assassinato de JFK ser noticiado, repercutiu os acontecimentos após a tragédia. Os norte-americanos clamavam pelo retorno da paz e do amor entre as pessoas. Lyndon B. Johnson, ao assumir o cargo, afirmava que seu governo continuaria com a base política exterior que existia.

Moscou se pronunciou, e os soviéticos alegaram que havia sido um ato da extrema direita. Foi noticiado, na URSS, por meio de emissoras de televisão e rádios, mas não era informado de onde vinham estas especulações alegadas, nem quem as fazia. Foi avisado ao povo soviético na meia-noite do dia 22 que Kennedy estava morto, ressaltando que o homem era liberal. Nikita Kruschev, o primeiro-ministro, ia às partes sulistas da União Soviética quando aconteceu o assassinato, e supõe-se que foi avisado imediatamente, e que teria sido pela ligação direta estabelecida entre o Kremlin e a Casa Branca. Ele mandou suas condolências à viúva de Kennedy, Jacqueline.

Ao ser informado do acontecimento, João Goulart, presidente brasileiro, suspendeu as atividades no país, decretando três dias de luto. O governador do estado de Guanabara, Carlos Lacerda, com exclusividade ao *Diário de Notícias*, diz que o mundo se privou de um grande jovem líder, na embaixada norte-americana, levando seus pêsames, em nome do Brasil, ao embaixador Lincoln Gordon.

O Congresso Nacional se abalou muito, e o presidente da Câmara dos Deputados deu início a uma sessão extraordinária. A notícia fomentou uma apreensão coletiva entre os parlamentares, que acabaram influenciando funcionários gerais e outros indivíduos que acompanhavam. Seria feita uma homenagem póstuma a Kennedy. O Senado Federal suspendeu de imediato a sessão, mas logo seria reaberta, para que os líderes apresentassem o requerimento, solicitando homenagens para JFK.

O povo brasileiro sentiu um baque muito forte, que consternou a todos. Muitos o admiravam, e sentiam que o diplomata passava uma imagem muito forte: o líder democrático do mundo ocidental. Kennedy não era amado somente pelo povo, ia além, caindo nas graças de quem era amante da liberdade e da democracia. O alcance de sua morte era internacional.

A notícia da morte do presidente chegou ao Brasil já trazendo discussões aos brasileiros. Cariocas que estavam reunidos no centro da cidade, começaram a fazer questionamentos, por falta de mais informações, já que as estações de rádio não funcionavam. Debatiam sobre a bala assassina, o assassino e quem era o homem que assumiria o lugar de Kennedy.

No outro dia, depois do assassinato de JFK, o capitão Will Fritz anunciou que o caso estava definido, declarando que o assassino era Lee Oswald Harvey, tendo os Estados Unidos e o resto do mundo como testemunha. Agora sabíamos, também, que Lee Oswald tinha antecedentes comunistas, já morou na União Soviética, com alguns discursos apoiando Fidel Castro.

Não foi encontrado nenhum vestígio de que nenhuma nação, incluindo Cuba e URSS, estariam envolvidas no atentado.

No dia 25, aconteceu o velório. O filho de JFK, John Fitzgerald Kennedy Jr., que no mesmo dia completava apenas três anos de idade, bateu continência ao ver o corpo velado do pai passar, saindo da igreja São Mateus. Jackie, agora viúva, emocionou-se com o gesto inocente do filho. Após a cerimônia gigantesca, regida pelo arcebispo de Boston, iniciou-se uma imensa passeata, como nunca se havia visto. Contava com mais de 800 mil pessoas, que seguiram até o cemitério dos heróis, de Arlington. Todas as honrarias possíveis foram feitas ao presidente, incluindo uma salva de fuzil.

Uma missa foi celebrada no Brasil também, em Brasília, feita pelo vigário-geral dom Geraldo Ávila, em homenagem a Kennedy. O presidente Jango compareceu à missa, tendo um semblante visivelmente abalado.

Vários colunistas do *Diário de Notícias*, como Joel Silveira e Gustavo Corção, dedicaram suas palavras para homenagear John Kennedy. Joel era bem favorável à persona de Kennedy, e sua morte simbolizava um enorme e irremediável desastre. Afirmava que Kennedy não deveria ter morrido neste momento, já que, com sua ausência, não haveria continuidade no diálogo entre as duas partes antagônicas do mundo político: Estados Unidos e União Soviética. Sustentava a hipótese de Kennedy caiu por ser vítima de sua própria política, à favor do negro americano. Sem a voz de John ativa, o mundo não sobreviveria.

> O futuro do mundo, como atestará a história, deve muito a John Kennedy, aquêle presidente de fisionomia, sorriso e alma juvenis, que, nesses instantes em que os povos clamam pelo retôrno urgente da paz e do amor sincero entre todos, era um arauto, talvez o principal, dêsse grito da humanidade livre (DIÁRIO DE NOTÍCIAS, 23/11/1963, capa).

Corção fez colocações parecidas, onde cita sua filha, de apenas oito anos, que estava indignada com a falta de escrúpulos do assassino. Ela diz, segundo ele: "— Se ao menos tivessem matado para roubar, matado para outra coisa... mas matar porque êle queria que os brancos e pretos fossem amigos, pai... e aí a minha boa menina pôs-se a chorar" (DIÁRIO DE NOTÍCIA, 26/11/1963, p. 02). Ele duvidava se Lyndon Johnson seguiria os passos de JFK, que tinha a gestão voltada para a justiça e a paz.

O *Jornal do Brasil*, abordou em suas colunas o homicídio de JFK. Dia 22 de novembro, seu vice, Lyndon B. Johnson assumiu a presidência, enquanto voava no avião presidencial, que levava o corpo de Kennedy para Washington. Os policiais apontaram suspeitos que teriam realizado o atentado, e o principal era Lee Harvey Oswald, que havia relutado quando foi abordado por um policial, matando-o.

Oswald era um homem de 24 anos, suposto presidente de uma organização particular de tendência castrista, conhecida como Comitê do Jogo Limpo com Cuba. Como era casado com uma russa, quis ganhar cidadania soviética, renunciando aos Estados Unidos. Declarou, ao ser preso, segundo o jornal: "Preso no interior de um cinema em Oak Cliff. Dallas, Lee Harvey Oswald declarou, após ser algemado: — Bem, agora terminou tudo." (JORNAL DO BRASIL, 23/11/1963, capa). Mas, depois, negou qualquer tipo de envolvimento no atentado contra o presidente. O chefe de polícia, Will Fritz, dizia que ainda não se podia afirmar que as digitais na arma coincidiam com as de Lee.

Em seu último discurso dado, Kennedy expressou que todos deveriam ser pregadores da liberdade, para que, plenamente, alcançássemos a sabedoria necessária para sermos dignos de tal. Discursava com muito fervor, ressaltando passagens feitas na Bíblia. O lado católico, de fato, era muito presente em sua vida.

O governo brasileiro estava preocupado que, com a morte de JFK, houvesse alguma alteração drástica na política de entendimento que, mesmo com algumas dificuldades, ainda era estimulada pelo presidente morto, entre os países aliados ao dólar. Os auxiliares de Jango temiam que Lyndon Johnson, por ter uma visão mais conservadora, mesmo sendo do Partido Democrata, como Kennedy, balançasse o equilíbrio estabelecido entre os povos norte-americanos e latino-americanos, sendo os povos latinos envolvidos em problemas de desenvolvimento.

Jango determinou ao Embaixador do Brasil, em Washington, Roberto Campos, a ir imediatamente para a capital norte-americana, para representar o Brasil nos funerais realizados para Kennedy. O Embaixador considerou sua morte como uma tragédia, de cunho universal.

Goulart destinou um telegrama a Jacqueline, onde expressou sensibilidade com a mulher, lembrando-se de sua própria esposa, e expôs que estaria, junto do Brasil, no mais profundo pesar. Todos os brasileiros partilhavam da dor. Ao presidente recém empossado, Lyndon B. Johnson, disse que demonstraria total apoio diante os acontecimentos.

O Brasil só havia tomado conhecimento do ocorrido quando despachos de agências telegráficas internacionais chegaram ao Itamaraty, que possuía teletipos, justamente para darem informações sobre os acontecimentos mundiais com maior antecedência. Foi o chanceler Araújo Castro que recebeu a notícia, repassando para Jango e, ao mesmo tempo, entrando em contato com a Embaixada de Washington, para demonstrar suas condolências, em nome do governo brasileiro, perante o embaixador Lincoln Gordon.

A lacuna da morte de Kennedy representou para o governo — e para o povo — brasileiro um impacto muito mais forte do que aparentava, mas que transpassava facilmente nas expressões do Presidente da República e dos Ministros de Estado. Goulart estava em Niterói, numa solenidade oficial, quando recebeu a notícia do fatídico acontecimento no Texas.

A apreensão não tomava conta só do Brasil, mas sim, do continente americano todo, para não dizer do mundo. Havia-se medo que a política externa dos Estados Unidos mudasse, mesmo que fosse subentendido que, um complexo sistema deste porte, não podia ser regrado por apenas um homem, mas Kennedy tinha uma concepção de democracia muito presente e, caso sofresse alguma alteração, poderia influenciar o Brasil e outros países latino-americanos. Lyndon não aparentava a mesma determinação para manter um equilíbrio entre estes pólos, como na discussão entre os problemas globais de desenvolvimento dos países do sul do continente americano.

Considerações finais

Como no início os acontecimentos sobre o assassinato eram apenas noticiados pelos periódicos da época, as pessoas não tinham informações aprofundadas sobre os motivos e meios que poderiam ter fomentado o ato, já que muitas manobras políticas e a vida social e privada de Kennedy ficavam debaixo dos panos. A população não tinha acesso a fontes confiáveis que mostrassem tais fatos, senão o que liam ou escutavam nas rádios. Os escândalos só viriam à tona com o passar dos anos, por meio de bibliografias que dissecassem partes ocultas da vida do presidente e que tornassem públicas diversas conturbações que rondavam a Casa Branca em seu mandato – e até mesmo antes dele. Com o passar das décadas, documentos confiscados pelo governo foram sendo liberados; dossiês que constavam com fatos muito interessantes para trilharmos, ou ao menos imaginarmos, o que fizera tudo terminar do jeito que foi. Buscas assíduas nestes arquivos, anos de pesquisa e entrevistas com figuras importantes na convivência do presidente nos proporcionaram trabalhos de pesquisa sucintos e bem construídos para a compreensão do mistério que ronda esse trágico fato. *O Lado Negro de Camelot*, de Seymour Hersh, nos propõe uma imersão rica – já que foi produzida durante anos – na narrativa dos acontecimentos, e os meios adotados para que fossem efetuados, diferente dos jornais, que nos remetem o frescor do impacto que o agora, a notícia de hoje pode causar.

É incontestável a importância que os jornais têm quando falamos sobre pesquisas aprofundadas de fatos históricos; a urgência em noticiar-se o que movimenta o mundo, no presente, levam a informação necessária para que o povo minimamente saiba o que está acontecendo, mesmo que influências externas possam fazer os colunistas não serem neutros, como políticas e opiniões pessoais. Neste ponto, podemos compará-los às bibliografias. Não há total imparcialidade na condução da narrativa; a verdade total é sempre inalcançável, mas os trabalhos de pesquisa que são sérios procuram sempre se aproximar o máximo possível da verdade histórica. É de extrema importância para a compreensão da nossa história saber o impacto que o meio midiático tem, e o poder que as ideias da época podem exercer em cima das pessoas; o que elas podem fomentar – revoltas, movimentos e reflexões pertinentes. Os três jornais tiveram posições e formas diferentes de retratar o assassinato de JFK, e fomos dando ênfase em diversos aspectos dos momentos finais de Kennedy até sua morte. Porém, em intensidades e de modos diferentes, sempre mostravam que o mandatário era o homem que acatava uma imagem de bom samaritano, sendo muito admirado pelo público popular, além de chefes do governo e intelectuais de áreas diversas, como colunistas dos periódicos.

O jornal *Correio da Manhã* tinha em pauta uma visão muito conservadora, representando o presidente John Kennedy como um homem íntegro, de boa índole, vindo de uma família honrada, e tendo um casamento admirável, com filhos afortunados. Sempre buscou seus anseios políticos em prol de sua nação, colocando em prioridade a sua vontade em tornar o mundo em um lugar mais harmônico. O jornal se referia ao atentado contra a vida do líder do partido democrata como um ato bárbaro, irremediável na história dos Estados Unidos.

O *Diário de Notícias*, por outro lado, enquanto Kennedy estava vivo, exercendo seu cargo, o descrevia como um homem ambicioso que, por suas atitudes impulsivas, colocava em risco a vida de milhares de pessoas e, até mesmo, a imagem de seu país. Após sua morte, o jornal passou a retratá-lo de forma mais ponderada, não criticando-o muito. Abordando como ele era um presidente afetuoso, e preocupado com as necessidades de seu povo. Exaltava a sua personalidade democrática e pública, em defesa das liberdades.

O *Jornal do Brasil* deu menos ênfase a morte do presidente. Já na primeira capa em que se toca no assunto, no dia 23, temos mais foco em se descobrir o autor do assassinato do que na morte do próprio Jack, ou seu funeral sendo comentado.

Quando olhamos para a obra de Hersh, é notável que sua escrita nos apresenta diferentes facetas de JFK, como um homem frio nos negócios, não medindo esforços para que atingisse o que queria, ou protegesse o nome de sua família. Marido ausente, de poucas satisfações à sua esposa. A cabeça por trás de assassinatos de outros líderes políticos, que atrasassem seus planos. Àquele que escondia sua insegurança durante anos, por ser refém das dores da sua Doença de Addison. Atrás do raro carisma magnético que tinha, ele enfeitiça a todos por ser um homem intrigante e de extremo poder manipulativo; sua persuasão dominava. Pouco importava o quão nobre ou podre uma ordem sua fosse, seus aliados o obedeciam para cair na graça de seus olhos. Seria este o mesmo homem de "coração honesto e bondoso" que vimos em *Irmãos*, de David Talbot? As visões acerca de Kennedy que cada um tinha fez com que os dois tivessem análises com um fluxo totalmente diferente, mesmo sendo uma história só. Nas capas de seus respectivos livros, analisamos isto. Enquanto Talbot seleciona uma foto de Bobby e Jack pensativos, centralizados e num tom intelectual, Hersh claramente não se preocupou tanto com a aparência do presidente, pegando um click espontâneo enquadrado em seu rosto, de semblante perdido. Mesmo com escolhas sutis, é nítido o lado de JFK que cada um quis retratar.

Quando pomos o livro ao lado do que fora publicado pela imprensa da época, fica mais interessante a comparação na divergência de opiniões, instigadas pela inclinação política que cada jornal tinha. Muitos viam Kennedy como uma ameaça comunista de alto potencial para as Américas, como o

Brasil, que estava à beira de uma intervenção militar, e diversos portais flertavam abertamente com esta ideia. Ele nada mais era do que alguém que conspirava junto de Kruschev para uma doutrinação vermelha que poderia vir à ser feita no Ocidente, e pouco se empenharam em cobrir o assassinato de forma mais abrangente e detalhada, fechando-se para um dos maiores marcos do século XX. Outros expunham Kennedy como uma esperança para a diplomacia mundial, o único capaz de conter a guerra, e teria sido um choque de realidade ver esta esperança esvair-se.

Por estar a frente de um dos países protagonistas da Guerra Fria, suas ações estariam sujeitas a julgamentos, e até mesmo difamações para com o presidente. De fato, enquanto líamos alguns dos livros selecionados para a pesquisa, é notório que Kennedy nunca foi, ou pelo menos, não totalmente, o bom homem com que era retratado com frequência. Há muita bajulação dentro dos jornais em relação ao político que era, e endeusavam muito a fachada de bom moço que ele sustentava.

Poucos foram os colunistas que se arriscaram a expor suas opiniões que divergiam destes princípios, sendo mais presente, por exemplo, no *Jornal do Brasil*. O golpe militar no Brasil já estava batendo à porta, então, talvez, os jornais falassem tão bem de Kennedy e seus meios de governo para assegurarem uma aliança futura, para que os militares consumassem o golpe, apagando de vez a sombra comunista que rondava o país.

Hersh escreveu de forma que mostrasse estes dois lados que coexistiam no presidente. Nitidamente, ele poderia ter sido cassado – se os tempos fossem quando a notícia ainda era quente – em expor os podres que realmente são registrados, e não somente especulações sobre o comunismo e a falsa sensação de que ele era perfeito. A quebra de estigmas nos proporciona uma experiência de imersão, onde poderemos tirar nossas próprias conclusões sobre um homem rodeado de acertos e erros durante sua vida pública e política.

Sua figura foi retratada com diversas facetas nos jornais, onde cada um tinha um modo diferente de mostrar, comentando sobre as atitudes que Kennedy teve diante de assuntos tratados em seu governo. Os comentários, em sua maioria, foram positivos, e o presidente era visto como um homem exemplar, principalmente no *Correio da Manhã*. Mas, de fato, Kennedy, por bem ou por mal, representou a luta pela igualdade em seu país, e o seu discurso pela paz tornou- se um forte símbolo atribuído a si. Gerou muitas opiniões diferentes, que se chocavam ao seu redor. Muitos o amavam, admiravam-no — até mesmo alguns opositores, como Kruschev — e, outros, odiavam a sua forma de gestão. Talvez, seja por isso que, até hoje, existem conspirações de onde exatamente, e de que lado, teria vindo a bala que o matou.

Referências

Fontes primárias

Correio da Manhã - Disponível na Hemeroteca Digital da Biblioteca Nacional

Diário de Notícias - Disponível na Hemeroteca Digital da Biblioteca Nacional

Jornal do Brasil - Disponível na Hemeroteca Digital da Biblioteca Nacional

Fontes secundárias

HERSH, Seymour. *O lado negro de Camelot*: sexo e corrupção na Era Kennedy. Porto Alegre: L&PM, 1998.

KARNAL, Leandro et al. *História dos Estados Unidos*: das origens ao século XXI. São Paulo: Contexto, 2018.

LUCA, Tania Regina de. A História dos, nos e por meio dos periódicos. In: PINSKY, Carla (org.). *Fontes Históricas*. 2ª ed. São Paulo: Contexto, 2006, p. 111-153.

O'REILLY, Bill. *Os últimos dias de John F. Kennedy*. Porto Alegre: L&PM, 2013.

TALBOT, David. *Irmãos*: A história por trás do assassinato dos Kennedy. São Paulo: Benvirá, 2013.

VIZENTINI, Paulo G. Fagundes. A Guerra Fria. In: REIS FILHO, Daniel Aarão; FERREIRA, Jorge; ZENHA, Celeste (Org.). *O Século XX*: O tempo das crises – Revoluções, fascismos e guerras. 2ª ed. Rio de Janeiro: Civilização Brasileira, 2003, p. 195-225.

WEINER, Tim. *Legado de Cinzas:* uma história da CIA. Rio de Janeiro: Record, 2008.

“Mataram um Estudante. Podia ser seu filho!”:

reflexos da Guerra Fria no Brasil

Cássia Luísa de Menezes Ferreira

Introdução

Durante a segunda metade do século XX o mundo vivia sob o clima de Guerra Fria, no qual as duas superpotências – Estados Unidos da América (EUA) e União das Repúblicas Socialistas Soviéticas (URSS) – travavam uma disputa constante para influenciar os demais países do mundo. Utilizavam como elementos de propaganda suas conquistas econômicas, culturais, políticas, tecnológicas e sociais para demonstrarem sua superioridade para as demais nações. E procuravam manter as suas zonas de influência a todo custo – inclusive utilizando-se da violência.

O Brasil não passou alheio a esse período. A Guerra Fria esteve presente em nosso país desde o início com o governo Dutra, proibindo o Partido Comunista e cortando as relações diplomáticas com a União Soviética. E no começo dos anos 1960, o Brasil sofreu um golpe militar orquestrado pelo exército e alguns membros da elite brasileira, com o apoio dos EUA, que levou a uma ditadura civil-militar que perdurou por obscuros 21 anos.

O presidente João Goulart, conhecido como Jango, passou a ser alvo de ataques na grande mídia, desgastando sua imagem diante da população, associando sua proposta de Reformas de Base ao comunismo – assim como sua política externa, que procurava estabelecer algum nível de autonomia para o Brasil no mundo da Guerra Fria. Relatos indicam que o comando militar brasileiro possuía ligações diretas com os Estados Unidos da América (EUA), o qual objetivava acabar com aquele projeto de política externa do Brasil, que estabelecia relações diplomáticas e comerciais com os países socialistas, o que, no seu entendimento, constituía uma afronta ao seu domínio de influência na América Latina e poderia ser um exemplo perigoso para os outros países da região.

Após várias manifestações contra Jango, o governo optou por realizar uma série de comícios, visando melhorar sua imagem diante da população e reafirmar as intenções de implementar as Reformas de Base para obter estabilidade econômica. O primeiro deles – e que acabou sendo o único – foi o Comício da Central do Brasil, que aconteceu no dia 13 de março de 1964, onde Jango e Leonel Brizola defenderam as Reformas de Base e o presidente anunciou a nacionalização das refinarias de petróleo e o início de um projeto de reforma agrária. No mesmo comício, houve muitas críticas ao anticomunismo que vinha sendo praticado pelos grupos oposicionistas e à apelação religiosa se valendo de Deus e da família, alegando o quão perigoso seria para o Brasil ter um líder nacional com relações próximas a lideranças comunistas. Logo depois vários militares se reuniram para definir uma data para o começo das mobilizações armadas que levaram ao golpe, sendo como data estabelecida o dia quatro de abril. No entanto, no dia trinta e um de março, o general Olímpio Mourão Filho apressadamente partiu para o Rio de Janeiro com suas tropas saindo de Minas Gerais, e no dia primeiro de abril, o golpe se tornou realidade.

A partir de então, o general Castelo Branco assumiu como o primeiro presidente do período da ditadura civil-militar e uma das primeiras atitudes que ele tomou foi romper as relações com Cuba e China, deixando ainda mais evidente a ligação direta que os militares mantiveram com grande Tio Sam em função da Guerra Fria. Já em seu início as novas atitudes deixavam claras quais eram as atuais posições do novo Governo Militar. Na área educacional do país, por exemplo, houve sérias mudanças. Rapidamente, foi enviada ao Congresso Nacional uma mensagem extinguindo as entidades estudantis, sejam elas de grau superior ou médio, substituindo-as por uma estrutura que pudesse ser controlada pelo governo, o modelo de diretórios acadêmicos.

Surgiu então o primeiro momento de tensão e divergência entre o governo militar e o movimento estudantil. Os estudantes, mediante a situação de ver todas suas entidades representativas fechadas e trocadas por um modelo facilmente controlável, buscaram uma tentativa de diálogo com Castelo Branco; no entanto, nada adiantou. Com isso a União Nacional dos Estudantes (UNE) e as Uniões Estaduais dos Estudantes (UEEs), passaram a funcionar na clandestinidade. A sede da União Nacional dos Estudantes (UNE) que funcionava junto ao Restaurante Calabouço foi incendiada logo nos primeiros dias que se seguiram ao golpe, tornando-se o marco que define o começo da repressão contra os estudantes. Mesmo estando na clandestinidade e com sua sede queimada a UNE não desistiu de se manifestar, e em 1965 organizou o seu 27° Congresso, que elegeu para presidência da entidade Antônio Xavier, onde também foi organizada uma greve na Universidade de São Paulo (USP), que paralisou mais de sete mil estudantes.

O ano de 1966 iniciou-se trazendo a visão que os militares não hesitam em agredir sua oposição. Em Belo Horizonte em meio a uma "brincadeira" com um sentido crítico onde os estudantes veteranos desafiaram os bixos a andarem com faixas de críticas ao atual regime, a repressão não demorou a promover atos de violência contra os estudantes. Em setembro do mesmo ano, os estudantes da Faculdade Nacional de Medicina da Universidade do Brasil (atual UFRJ), que participavam do protesto contra as medidas tomadas pelo regime em relação a autonomia da faculdade, são cruelmente atacados pela Polícia Militar, onde mais de 600 estudantes foram agredidos e a faculdade depredada pelos policiais. O ano de 1967 não foi menos turbulento, pois logo no começo foi rejeitada a emenda que previa o restabelecimento de eleições diretas para presidência e vice-presidência da República, entrando em vigor uma nova Constituição, uma vez que a antiga não condizia com a atual fase brasileira.

A atenção dirige-se a 1968, ano marcado pela contestação ao mundo da Guerra Fria, onde/quando efervescências culturais, sociais e políticas são desencadeadas por todo o planeta. No Brasil há uma forte influência do Maio francês, que tornou-se ícone da renovação de valores sociais e sinônimo de luta contra as autoridades constituídas. Mas aqui tinha um agravante a mais: a Guerra Fria tinha produzido uma ditadura.

"Os velhos no poder, os jovens mortos"

No ano de 1968 o Brasil vivia o quarto ano da ditadura inaugurada com o golpe civil-militar de 1964. Nesse ano de 1968, a maioria dos jovens que saíram às ruas tinha acompanhado o fim da democracia brasileira ainda adolescente. Esses jovens estudantes resolveram tomar a frente da situação e ir à busca de seus direitos políticos, brigar por seu país e sair do famoso conformismo, como descreve a historiadora Sandra Pesavento:

> 1968 foi um ano de juventude, onde os atores em foco eram os jovens que viveram o golpe como adolescente ou já entravam na idade adulta. Eram, sobretudo, jovens que viveram a mudança do País, fora ou dentro das universidades, num mundo que também se alterava em valores e hábitos e que, no caso nacional, enfrentava o doloroso e progressivo fechamento político (PESAVENTO, 2003, p. 29).

Tudo começou com o movimento dos excedentes, vestibulandos que haviam conseguido alcançar a média nas provas de seleção para os cursos universitários, mas que não conseguiam entrar na faculdade, pois o número de vagas ofertadas era inferior ao de aprovados. Isto gerou uma revolta grande entre os estudantes, os quais aderiram ao protesto em frente ao ministério e das secretarias de Educação para reivindicar os seus direitos de acesso ao ensino superior.

No dia 28 de março de 1968, um grupo de estudantes estava organizando uma passeata relâmpago que deveria acontecer no final da tarde do mesmo dia para protestar contra a alta do preço da comida no restaurante universitário Calabouço. Em torno das 18 horas os estudantes que estavam em frente ao complexo foram dispersados do local, com disparos de agentes da Polícia Militar.

A grande imprensa carioca tornou-se peça central para compreendermos o desenrolar dos acontecimentos durante a década de 60. Em meados de 1950 a imprensa brasileira passa por uma forte modernização a qual melhorou a qualidade dos impressos. Nesse contexto, o *Jornal do Brasil* e o *Correio da Manhã* se destacavam. Sobre os jornais em questão, Graziane Righi afirma que:

> O Jornal do Brasil foi criado em 1891, por Rodolfo Sousa Santos e Joaquim Nabuco. Após passar por alguns proprietários, foi comprado pelo empresário Ernesto Pereira, que reformulou o jornal buscando um novo público, incorporando como novidades colunas literárias e artísticas. [...] O jornal Correio da Manhã (CM) surgiu em 1901. Fundado por Edmundo Bittencourt, era diário e matutino, caracterizando-se por seu posicionamento de oposição, combativo e crítico aos poderes estabelecidos da República (RIGHI, 2015, p.44).

Como visto, tanto o *Correio da Manhã* como o *Jornal do Brasil* eram jornais tradicionais do início da República, que se modernizaram a partir da década de 1950. Ambos os jornais contavam com grande prestígio entre as camadas médias urbanas – de onde provinham as maiores parcelas dos jovens estudantes universitários naquele tempo. A forma como cada um dos jornais realizou a cobertura do assassinato do jovem estudante secundarista Edson Luís de Lima Souto e seus desdobramentos não deixava de representar um pouco a forma como a sociedade estava vivendo aquele período.

> **Polícia Militar mata estudante**
>
> A Polícia Militar da Guanabara transformou ontem, à noite, as imediações do novo restaurante do calabouço em verdadeira praça de guerra,

> matando um estudante, ferindo outro e mais um servidor do INPS, após vários choques da corporação invadirem o local, onde grupos de estudantes discutiam a realização, hoje, de uma passeata, de protesto contra as condições de higiene do local. Depois de espancar moças e rapazes, os policiais os puseram em fuga, fazendo vários disparos, um dos quais atingiu mortalmente Edson Luís de Lima Souto, de 18 anos, cujo o corpo foi levado por seus colegas para Assembléia Legislativa, de onde sairá, hoje, às 17h30min, o seu enterro.[...] A ação policial no Calabouço foi desencadeada de surpresa e ocorreu quando numerosos alunos faziam refeições. As paredes do restaurante ficaram crivadas de balas de grosso calibre (CORREIO DA MANHÃ, 29/03/68, capa).

O periódico se mostra sensibilizado com ato, trazendo detalhadamente o que havia acontecido naquele início de noite no restaurante universitário Calabouço, com uma foto do corpo de Edson Luís centralizado ao meio da página e mais duas colunas laterais com as informações sobre o ocorrido: a coluna da direita conta como foi o encontro, enquanto a segunda fala da reação de Negrão de Lima, o então governador do Rio de Janeiro, e as providências que o estado tomaria. Nela é notório que o governador tentou se desvincular de qualquer responsabilidade sobre o ato de violência que possa ser atrelada à sua imagem, deixando claro ainda o pouco interesse em punir os culpados, pois apenas afastava o superintendente da polícia, sem maiores punições.

> **Negrão Afasta Gen. Niemeyer**
>
> O Palácio da Guanabara distribui duas notas à imprensa relacionadas com a morte do estudante Edson Luís de Lima Souto. Na primeira, o governador Negrão de Lima comunicava estar recolhendo informações que lhe possibilitassem agir. Na segunda, afasta do cargo de Superintendente da Polícia Executiva o General Osvaldo Niemeyer Lisboa.
>
> As notas são as seguintes, na íntegra:
>
> "Estou profundamente chocado com as mortes ocorridas na cidade. Encontrava-me em Palácio, quando me foi comunicado pelo Secretário de Segurança o infausto acontecimento. Imediatamente, determinei que a patrulha da polícia fosse recolhida ao quartel. E ordenei a libertação dos estudantes presos."

"No momento, estou recolhendo informações iniciais essenciais à caracterização preliminar das responsabilidades fazendo-me do espírito comovido da surpresa, pois sempre dei severas instruções para que se mantivesse a ordem, sem recursos a processos que pudessem ocasionar atos como o de hoje à noite" (CORREIO DA MANHÃ, 29/03/68, capa).

Já o *Jornal do Brasil* toma como partida outra visão, voltada para questão educacional, onde tenta tirar de evidência os culpados, apresentando inclusive duas possíveis versões sobre como se procedeu o ato no restaurante. Uma foto do corpo de Edson Luís estampava a capa do jornal e logo abaixo três colunas de informações.

Assassinato Leva Estudantes á Greve Nacional

A morte do estudante Edson Luís de Lima Souto, de 16 anos baleado no peito, às 18h30min de ontem, durante um conflito da PM com estudantes no restaurante Calabouço provocou greve geral de várias faculdades no Rio e o movimento deverá estender se pelo País [...]. Há, por enquanto, duas versões para o atrito de ontem à noite no restaurante dos estudantes: 1) estes jantavam pacificamente, enquanto outros assistiam uma aula, quando um choque da PM, chefiado por um tenente de nome Alcindo ou Costa, invadiu o restaurante e iniciou o espancamento, ao qual os estudantes reagiram com pedras, que por sua vez, provocaram tiros. 2) os estudantes teriam sido colhidos pela PM, em plena manifestação contra o atraso na conclusão das obras do restaurante " (JORNAL DO BRASIL, 29/03/68, capa).

Os estudantes carregaram o corpo em passeata até a Assembléia Legislativa do Rio de Janeiro, porque temiam que a Polícia Militar (PM) sumisse com o corpo, caso fosse levado para o Instituto Médico Legal (IML). Na Assembléia Legislativa foi feita a necropsia pelos médicos Nilo Ramos de Assis e Ivan Nogueira Bastos e lá mesmo o corpo do estudante foi velado. Durante toda noite e madrugada do dia 30 de março, a Assembléia do Rio de Janeiro serviu como palco aos estudantes, que se compadeciam com a morte do jovem. Muitos artistas e intelectuais compareceram ao velório, demonstrando solidariedade. Naquela noite um sentimento de revolta e compaixão tomou conta de todos. As organizações estudantis, mesmo estando na clandestinidade, se organizaram no envio de grupos às ruas no centro da cidade do Rio de Janeiro, a fim de conseguir dinheiro para pagar as despesas fúnebres. Então pela ala boemia da cidade maravilhosa os estudantes gritavam e noticiavam: "*mataram um estudante. Podia ser seu filho!*", desta forma não só conseguiram o dinheiro para as despesas, como também para trazer do Pará a mãe de Edson Luís, o qual deveria se despedir pela última vez do filho.

O cortejo e o enterro de Edson Luís foram a maior mobilização social após o golpe de 1964. Chegaram a passar mais de 50 mil pessoas em apoio e solidariedade. Conforme o cortejo seguia, mais pessoas iam aderindo. As ordens que vinham do governo federal eram regidas com propósito de manter a calma e a ordem, independente do preço. A noite começava a cair e o corpo de Edson Luís ainda estava longe de sua última parada, quando as luzes do trajeto até o cemitério começaram a se apagar, uma estratégia dos militares com intuito de impedir que inúmeras faixas as quais o povo trazia consigo fossem lidas. No entanto, de nada adiantou. Bastante organizados, os jovens estudantes rapidamente acenderam velas para iluminar o cortejo. O jornalista Zuenir Ventura retrata em seu livro "*1968, o ano que não terminou*", a emoção sentida por aqueles que acompanham o funeral:

> Duas horas antes do enterro, a Cinelândia já estava totalmente ocupada. As faixas, cartazes e slogans eram exibidos ou gritados: "Bala mata a fome?", "Os velhos no poder, os jovens no caixão". Uma palavra de ordem se destacava pelo irresistível apelo: "Mataram um estudante. E se fosse um filho seu?". Ás 16h15min,o caixão descia as escadarias da assembléia carregado pelos estudantes e pelos deputados estaduais Ciro Kurtz, Alberto Rajão e Fabiano Villanova. Durante mais de duas horas o cortejo percorreu seis quilômetros que levam do centro da cidade ao cemitério São João Batista, em Botafogo. Lenços brancos eram acenados e flores jogadas dos edifícios.[...] Edson Luís foi sepultado a luz de velas e de archotes improvisados – e ao som do Hino Nacional cantado pela multidão" (VENTURA, 1988, p. 102).

Edson Luís foi a primeira vítima às claras da ditadura militar naquele ano de 1968, onde os jovens passavam a contestar a realidade política que estavam vivendo. Um jovem inocente, longe de todo e qualquer adjetivo dos quais os estudantes eram rotulados, contrariando assim todas as justificativas da PM, com uma vida toda pela frente, a qual foi estraçalhada pela crueldade e brutalidade de oficiais do exército. Nota-se então que a oposição à ditadura ganhou a carta na manga que precisava para obter o apoio das demais camadas da população brasileira. Ao despertar daqueles que não viam o golpe de 1964 e a ditadura que se seguiu como algo cruel e criminoso a nós brasileiros. Iniciou-se o processo de mobilizações populares em várias capitais do país. Maria Ribeiro Do Valle em um de seus artigos descreve tal situação de Edson Luís com clareza:

> Estudante secundarista, "pobre", "trabalhador", recém chegado ao Rio de Janeiro, Edson Luís parece distante dos adjetivos "líder subversivo", "comunista", "agitador", tão caros ao discurso militar. Morre "indefeso" enquanto faz sua refeição no "calabouço". A violência policial explode contra um "inocente", levando, assim, setores da população de vários estados à indignação, inclusive das classes médias "que podem ter seus filhos mortos". A morte de Edson Luís é, assim, o primeiro incidente a sensibilizar fortemente a opinião pública para a luta estudantil." (VALLE, 1998, p.72).

Toda a mobilização do cortejo deixou a PM pouco satisfeita e em estado de alerta redobrado, principalmente por não terem contido os atos de resistência do movimento estudantil – pois mesmo contra as ordens do governo, o velório e o cortejo seguiram conforme a vontade do movimento. O caso do assassinato tornou-se um divisor de águas, desencadeando uma cadeia de atitudes repressivas, as quais agora passaram a ser noticiadas pelos jornais:

> Crise Estudantil Alastra-se Ás Principais Cidades Do País
>
> A crise estudantil estendeu-se, ontem, a todas as grandes capitais do País com a realização de passeatas e comícios, alguns reprimidos com violência pela polícia, enquanto no Rio centenas de milhares de pessoas levavam ao túmulo o corpo do estudante Edson Luís Lima Souto, num cortejo de 3h, que só se encontra procedente no do presidente Getúlio Vargas, em agosto de 1954. Após o sepultamento, iluminado por tochas, e ao som do Hino Nacional, a Valsa do Adeus e a Marselhesa, cantado e assobiados em murmúrio, os estudantes voltaram, à noite, às escadarias da Assembléia Legislativa, de onde saiu o caixão, mas foram retirados por soldados da PM, armados com os fuzis em baioneta calada. Os manifestantes entraram em choque com a polícia saindo vários feridos. Houve uma série de prisões.
>
> A organização do cortejo que levou o corpo de Édson ao cemitério São João Batista foi feita pelos próprios estudantes, que dispensaram o auxílio

do Departamento de Trânsito e do Corpo de Bombeiros. Ao baixar o caixão, mais de 50 mil pessoas ouviram o juramento prestados por milhares de jovens: "Nesse luto, a luta começou". Durante o trajeto levantaram-se centenas de faixas, todas em violentos protestos de "Fora Assassinos", "Abaixo a Ditadura Fascista" e "Brasil, seus filhos morrem por você" (CORREIO DA MANHÃ, 30/03/68, capa)."

Uma nova imagem do Movimento Estudantil passa a ser exibida no país, onde os estudantes foram os protagonistas de 1968, tendo também fomentado outros movimentos sociais que aderiram a causa e participaram ativamente das manifestações, caracterizando assim aquele ano.

> **Estudantes organizam manifestações de rua que o governo manda reprimir em todo o País**
>
> Passeatas estudantis estão programadas para hoje em Salvador, Belo Horizonte, Curitiba e Porto Alegre, em sinal de reação contra a morte de Edson Luís de Lima Souto – sepultado às 19h30min de ontem, no cemitério São João Batista, à luz de velas. Segundo informação do presidente da Câmara dos Deputados, Sr. José Bonifácio, o governo, através do general Jaime Portela, chefe do gabinete Militar da presidência da república, mandou reprimir toda e qualquer manifestação pública de estudantes em todo o país" (JORNAL DO BRASIL, 30/03/1968, capa).

O *Jornal do Brasil* procura trazer um cunho apenas "informativo", trazendo detalhes dos protestos em outros estados, abordando as declarações dos oficiais do exército, mostrando também que ninguém assume a responsabilidade do ato, sendo assim não há como punir um responsável ou cobrar providências, evitando tomar um posicionamento, seja ele a favor dos atos da PM/Governo ou a favor dos estudantes, se mantendo em uma zona de conforto onde dificilmente sairia prejudicado

Os crimes às claras e a separação de velhos aliados

No dia 2 de abril as manchetes dos jornais traziam informações sobre os atos do exército durante o 1 de abril, que era o aniversário de quatro anos do golpe de 1964. Protestos foram interrompidos e reprimidos por ordens superiores com violência, causando grande repercussão no estado do Rio de Janeiro.

> **Morte, 60 feridos, 200 prisões na GB: Exército ocupa a cidade**
> Por cinco horas e meia - das 17 às 22h30min - mais de cinco mil elementos da PM agrediram, com violência nunca vista, estudantes do movimento de protesto na Guanabara que, as primeiras horas de hoje, já havia resultado na morte de um trabalhador, atendimento de 60 pessoas nos hospitais, 200 prisões e ocupações da cidade por tropas do Exército e da Marinha. A Polícia Militar colocará nas ruas quase todo seu efetivo, 7 mil homens. Alguns deles chegaram à insubordinação, agredindo o próprio comandante, coronel Cólico Costa, e ameaçando atirar bombas e matar os deputados que estavam na Assembléia Legislativa (CORREIO DA MANHÃ, 02/04/1968, capa).

Poucos dias após, ocorreriam as missas do sétimo dia de falecimento do jovem estudante Edson Luís. Marcadas por momentos de forte tensão, o governo tentava evitar novas manifestações. Pairava sobre o país a ameaça da decretação do estado de sítio:

> **Estado de sítio será decretado se houver manifestações hoje**
> O ministro da justiça, Sr. Gama e Silva, reuniu-se, novamente, ontem à tarde, por mais de duas horas, com os três ministros militares, para discutir a situação nacional e mostrar-lhes o texto do decreto do Estado de Sítio, que será expedido nas próximas horas, caso ocorram manifestações de rua hoje. O governo espera essas manifestações após à missa de sétimo dia, programada para as 18 horas na Igreja da Candelária, que será celebrada pela alma do estudante Edson Luís de Lima Souto, assassinado quinta-feira passada pela Polícia da Guanabara
>
> Os ministros militares e o ministro da Justiça decidiram à execução "de um esquema desencorajador", que consiste na distribuição de 30 mil homens das Forças Armadas nos pontos estratégicos da cidade, para reprimir energeticamente, eventuais manifestações da classe estudantil. Ocorrendo a hipótese de agitações, a repressão militar será acompanhada da expedição do decreto de Estado Sítio (CORREIO DA MANHÃ, 04/04/68, capa).

A primeira missa foi celebrada pela manhã do dia 4 de abril, e um verdadeiro massacre ocorreu: a cavalaria da polícia militar promoveu um espancamento em massa, como já era de se prever após os anúncios de toda a "organização" que o governo estava preparando com seus mais de 30 mil homens.

> Foi logo depois da comunhão, quando a missa estava no final, que começaram a chegar ao altar-mor os inquietantes ruídos de cascos de cavalos pisoteando o asfalto. Eles vinham misturados ao ranger de freios de viaturas policiais, ao ronco de um avião que sobrevoava o local e a ordens militares gritadas. [...] Ninguém sai - disse do púlpito o padre Guy Rouffier, que comentava a missa, a perceber os primeiros sinais de inquietação. Ele procurava acalmar a assistência, que no início da cerimônia animará, incentivando os que não estavam "familiarizados com os gritos católicos" a cantar em coro: "Vamos ver, quero ouvir a voz de todos." (VENTURA, 1988, p.115).

A missa da noite fora proibida pelo governo do estado; mas os organizadores e o vigário-geral do Rio de Janeiro, D. Castro Pinto insistiram em realizá-la - mesmo temendo que o mesmo massacre da manhã se repetisse. Do lado de fora da igreja havia três fileiras de soldados a cavalo com os sabres embainhados, mais atrás estava o Corpo de Fuzileiros Navais e vários agentes do Departamento de Ordem Política e Social (DOPS). A igreja estava lotada, mais de 600 pessoas acompanharam a missa naquela noite. A fumaça dos gases lacrimogêneos começou a adentrar no templo e o pânico entre os presentes aumentava a cada instante. Num ato de coragem, os padres saíram na frente de mãos dadas, fazendo um "corredor" da porta da igreja até a Avenida Rio Branco para que todos os que estavam na igreja pudessem sair com segurança. Apesar desse ato, a cavalaria aguardou que todos saíssem e os encurralaram nas ruas da Candelária:

> – Ninguém sai - voltou a insistir o padre Guy. - Deixem que os padre saiam na frente. Vamos todos sair em ordem: primeiro, os padres; em seguida, os que estão de pé; depois, os que estiverem sentados. Ao chegarem á porta os sacerdotes se deram as mãos e formaram duas correntes, no meio das quais iam os estudantes. Ainda paramentados com suas alvas, sobre quais desciam as estolas roxas, porque era Quaresma, os 5 padres

seguiam o vigário-geral, que por sua vezes tanto odiaram, nesse cortejo que caminhava lentamente em direção a um muro de cavalos indóceis e cavalarianos irascíveis. Nos seus quase 200 anos, a Igreja de Nossa Senhora da Candelária assistira, desde que inaugurada por D. João VI, a memoráveis cerimônias, como lembra Castro Pinto. Mas nenhuma tão tensa e dramática quanto aquela procissão. – Não gritem, não falem nada – de vez em quando diz um padre. –Devagar, ninguém corre. O silêncio do cortejo permitia que se ouvisse a impaciência do inimigo que os esperava a alguns metros: era aquele mesmo ruído de cascos de cavalos que antes chegava ao altar e agora estava cada vez mais próximo. Na esquina das avenidas Presidente Vargas e Rio Branco, as duas colunas finalmente se encontraram, tendo á frente uma delas os jovens padres Guy, Dario Nunes, Luciano Castello e João Batista, que ainda se impressiona ao relembrar a cena: "Nós ali embaixo, junto ás patas, e os cavalos sapateando, agitados, como se estivessem drogados. Era aterrador". A ordem do major Neyson Auler Rebouças, que comandava o piquete de cavalarianos, foi o sinal de que se estava entrando em zona do imprevisível. –Desembainhar!"(VENTURA, 1988, p. 121).

Os acontecimentos daquele dia ficaram marcados na história, principalmente por envolverem a Igreja Católica, que tinha sido uma das principais entidades apoiadoras do golpe em 1964 e que, até o momento, havia se mantido ao lado do governo em todas as situações. Todavia, após tais atos, um rompimento passa a ser evidenciado, onde a Igreja acaba por tomar um lado na briga entre Movimento Estudantil e repressão.

Cavalaria Ataca Povo Com Espada Após Missa

Eram aproximadamente 12 horas. A missa terminara e o povo começava a deixar a Igreja. Na praça fronteira, estratégicamente desimpedida desde a manhã, umas duas mil pessoas formavam grupos esparsos. Como um farol, aglomeravam-se e distendiam-se em diferentes pontos, reunindo-se mais adiante em novos grupos. Apupos e aplausos se sucediam. Lembrava até certo ponto o descontraído ambiente de um dia de comício. Não fossem a motivação trágica daquela reunião e o aspecto carregado que se via de toda a frente da Candelária, fortemente guarnecida de choques da PM no cruzamento da Rua Primeiro de Março com Presidente Vargas. Desde as primeiras horas da manhã, quando começaram a se reunir os populares, aviões e helicópteros da FAB, alguns a jato e munidos de metralhadora,

> sobrevoaram provocadoramente o local. Viaturas da Secretaria de Segurança cruzavam as adjacências ao som de sirenas. Do alto dos edifícios da redondeza, turmas do DOPS equipadas com rádio, binóculos e máquinas fotográficas acompanhavam todos os movimentos.[...] Duzentos milicianos brandindo sabres e aos gritos de guerra cercaram a frente da Igreja e encurralaram centenas de populares, distribuindo golpes por todos os lados.[...] Teve início então um verdadeiro massacre. Sem nenhuma reação do povo, os policiais investiam indistintamente, atropelando a todos os que atravessassem o caminho, pegando a esmo o primeiro que passasse e sob cacetadas conduzindo-os para o interior dos tintureiros.[...] Enquanto isso, os cavalarianos completavam o quadro de terror, pisoteando populares, desferindo golpes de sabre, quebrando máquinas de fotógrafos e queimando filmes. (CORREIO DA MANHÃ, 05/04/1968, p. 3).

Mais um ato de repressão exposto pela grande imprensa. O terror não se repetiu à noite apenas pela coragem dos padres, os quais fizeram o possível para evitar mais cenas de agressão como as daquela manhã. Com a célebre atitude do cordão humano mostraram que muitos não temiam a PM.

> **Canhões e Tanques Protegem Agressão Policial Contra Povo**
>
> Os atos religiosos oficiados nas principais capitais do País, pela morte do estudante Edson Luís de Lima Souto, provocaram nova onda de violências policial-militar, com inúmeras prisões, espancamentos de estudantes, populares e jornalistas, sob proteção direta de tropas federais. Na Guanabara, em dois atos religiosos sucessivos na Candelária, trabalhadores e estudantes era atacados por soldados da PM e pelo DOPS, com bombas de gás lacrimogêneo, golpes de sabre e cassetete. Desde a manhã de ontem, forte aparato bélico encontrava-se instalado no centro e Zona Sul, com tanques, bazucas, fuzis e metralhadoras (CORREIO DA MANHÃ, 05/04/1968, capa)

Em alguns momentos que sucederam as missas a Igreja Católica intercedeu em prol dos jovens estudantes, fazendo apelos ao governo para que aqueles que foram presos nos atos fossem liberados, inclusive por meio de algumas cartas públicas abertas para imprensa.

> Bispo Apela Por Estudante Livre
>
> D, José Castro Pinto, Bispo auxiliar do Rio de Janeiro, dirigiu ontem carta-aberta ao presidente da República, apelando para que sejam postos em liberdade os jovens envolvidos nos últimos acontecimentos, a fim de que seja restabelecida "a verdadeira fisionomia da família carioca". (CORREIO DA MANHÃ, 07/04/1968, p. 3).

As perseguições aos estudantes ocorrem desde o golpe e não se restringiam somente a esses jovens. Muitas vezes suas famílias e amigos próximos também eram vigiados e perseguidos, usados como meios para atingi-los. A partir desses acontecimentos o DOPS e a PM intensificam suas atividades na "vigilância" nas ações dos jovens, de todo modo agora suas medidas não estavam mais sendo escondidas, pelo contrário a mídia passa a noticiar cada ato de investigação/ invasão com relação aos estudantes.

> Prisões No Rio e Minas Continuam
>
> O DOPS, no Rio, e agentes federais, em Belo Horizonte, prosseguiram, ontem, na prisão de estudantes, sendo que na capital mineira as detenções são feitas à força, nas próprias casas dos alunos. Os estudantes de Arquitetura reuniram-se na Ilha do Fundão e decidiram marcar para terça-feira, às 18h, no pátio do MEC, a concentração programada pela UME (CORREIO DA MANHÃ, 20/04/1968, capa).

A Passeata dos 100 Mil

Aos poucos os crimes cometidos pela ditadura passaram a ser noticiados com frequência. À medida que a população se deparava com novos relatos de violência o número de pessoas com opiniões contrárias ao governo aumentava. Consequentemente, a repressão também era instruída a tomar posições mais "firmes". O ditador Costa e Silva declarava em rede nacional que o Brasil não seria uma nova França, devido aos acontecimentos no Maio Francês. Contudo, é notória a influência que os acontecimentos de Paris tiveram sobre o círculo de resistência: a ideia de poder vencer um governo tirano por meio de manifestações e ocupações estudantis acendeu ainda mais a chama do Movimento Estudantil brasileiro.

Devido ao maior apoio da população civil, o Movimento Estudantil marcou mais um ato no centro do Rio de Janeiro, dessa vez para o dia 21 de junho. Logo pela manhã, um clima de guerra caiu sobre as ruas da Cinelândia, como se realmente um campo de enfrentamento estivesse colocado. Foi um levante popular como não se havia visto desde o golpe. Um momento de confronto aberto, onde não houve nenhum recuo por parte do movimento estudantil. Relatos de que aconteceram ataques com paus, pedras e o que pudesse mais ser usado como arma. Do alto dos prédios, objetos eram jogados sobre a PM e a cavalaria. O povo se rebelou contra seu opressor.

> **Luta Domina Rio e estudantes vão continuar**
>
> Uma batalha a bala, cassetetes e pedras, entre estudantes e a Polícia, com a participação também de milhares de pessoas das janelas dos edifícios, paralisou o Centro da cidade ao meio-dia de ontem e só terminou seis horas depois, com um policial morto e, presumivelmente, dois civis, cerca de 80 feridos e mais mil prisões.[...] A luta começou depois de os estudantes haverem se concentrado diante do MEC e passado diante da Embaixada dos Estados Unidos, onde um cabo e um soldado da PM atiraram contra eles, ferindo três moças. A partir daí, a reação dos estudantes foi violenta, enfrentando de todas as maneiras a PM, que, desorientada, passou a atacar indiscriminadamente e com ajuda do DOPS, que fazia disparos a esmo. Com a Avenida Rio Branco interditada ao tráfego, um mundo de coisa era lançado dos edifícios contra policiais, obrigados a proteger-se sob as marquises, enquanto os estudantes armavam barricadas no centro da rua e os enfrentavam a curta distância. Ao anoitecer, os manifestantes incendiaram uma viatura oficial e destruíram outras quatro na Praça 15 (JORNAL DO BRASIL, 22/06/1968, CAPA).

O periódico retrata bem o clima de tensão que se passou durante todo o dia. Os pequenos confrontos iniciaram dia 17 de junho e arrastaram até o seu ápice, no dia 21, o qual ficou conhecido como *Sexta-Feira Sangrenta* – tornando-se um marco da resistência. No final do dia os líderes estudantis ganharam mandados de prisão, sendo acusados de "incitar" os arremessos de pedras que, consequentemente, mataram um PM.

O fato da PM e do DOPS terem partido para o enfrentamento direto com os estudantes evidencia o tamanho do descontrole que o governo Costa e Silva se encontrava – se desprendendo por fim da pouca pele de cordeiro que ainda os restava, um cenário propício para grande imprensa atacar sem temer a censura.

> A GUERRA CONTRA OS ESTUDANTES
> Uma operação de guerra, à qual não faltou sequer campo de concentração, foi desfechada ontem à noite pela Polícia contra os estudantes da Guanabara que se reuniram desde as 10h:30min da manhã na Reitoria da Universidade Federal. No momento em que deixavam o prédio da Reitoria, pela Avenida Wenceslau Brás, à frente o reitor em exercício, Prof. Fraga Filho, inteiramente desarmados e depois de receberem garantias oficiais de que poderiam retirar-se os estudantes foram atacados pela Polícia Militar e pelo DOPS, a cacetas, bombas de gás e de efeito moral, e tiros de pistola 45. Encurralada pelos Policiais a maior parte dos estudantes tentou refugiar-se no campo do Botafogo FR. Ali cercados pela Policia os estudantes foram novamente espancados e submetidos a tratamento de campo de concentração. Deitados no chão, mãos na cabeça, em fila indiana ou contra a parede, os estudantes, entre eles garotas de 14 ou 15 anos, foram novamente espancados em "corredor polonês", metidos nas viaturas e encaminhados à Polícia, novo "corredor polonês" os esperava. As cenas de terror e violência provocaram a indignação de quantos a assistiram inclusive o presidente do Botafogo, que chegou a telefonar para seu irmão, comandante da Vila Militar, para protestar, e do general-deputado Salvador Mandim (CORREIO DA MANHÃ, 21/06/1968, capa).

O palco estava montado. A instabilidade do governo diante dos últimos acontecimentos deixou tudo pronto para a mais uma manifestação popular, esta com o objetivo de lembrar os três meses do assassinato de Edson Luís e cobrar justiça aos culpados, uma vez que ninguém fora realmente punido. Todavia não é fácil conseguir realizar uma passeata diante de tudo que ocorreu na *Sexta-Feira Sangrenta.* O temor de um novo confronto deixava a PM em total contrariedade a um novo ato.

> Foi preciso muita articulação política para que a "Sexta- Feira Sangrenta" não se repetisse na quarta-feira seguinte, o dia da Passeata dos 100 Mil. Uma assembléia se tornou decisiva no fim de semana que separou as duas datas. Chocados pelos últimos acontecimentos, intelectuais, artistas e jornalistas começaram a se movimentar para "fazer alguma coisa". Entre eles estavam Ferreira Gullar, Luís Carlos Barretos, Hélio Pellegrino,

> Joaquim Pedro de Andrade, Cacá Diegues, Jânio de Freitas, Washington Novais, Ziraldo. Alguns episódios haviam traumatizado particularmente a classe, como a prisão dos irmãos Rogério e Ronaldo Duarte no dia das Missas do Édson Luís (VENTURA, 1988, p. 143).

Após horas de debates e discussões a portas fechadas, o governo deu a liberação para a passeata ocorrer, com a exigência que fosse de forma pacífica. O movimento estudantil não esperava tamanha repercussão, nem sequer aqueles jovens imaginavam que seriam protagonistas de um ato ainda lembrado 50 anos depois como exemplo – e que marcou uma geração inteira como símbolo de união e resistência.

A passeata teve o seu início nas ruas da Cinelândia no centro do Rio de Janeiro, prosseguindo por horas. As lideranças esperavam vinte mil pessoas, no máximo, em um sonho utópico, cinquenta mil, uma vez que haveria repressão para dispersar todos. Mas para grande surpresa, cem mil pessoas compareceram às ruas. E à medida que seguiam pelas ruas em direção a Assembléia Legislativa mais pessoas se juntavam à multidão. Os poucos carros da PM que entravam nas ruas eram recebidos com coral de vaias tão grande que logo sumiram. Um esquema também foi montado para trazer os líderes estudantis que estavam escondidos da PM para frente da Assembléia para discursar. O próprio Vladimir Palmeira, presidente da UNE, veio acompanhado de seguranças e com trajes formais para não ser reconhecido. Realizou um memorável discurso, cobrando o fim da repressão e lembrando a morte do jovem Edson Luís, o qual fora o estopim para chegar neste momento.

> Houve uma ovação. O dono da festa chegava. Aberta a passagem, ele subiu as escadas e interrompeu as palmas com um sinal com as mãos e um pedido de silêncio. Em seguida, mandou que todos sentassem- e todos fizeram silêncio e todos sentaram. A cena iria se repetir outras vezes, inclusive quando o número de participantes já era o dobro. O centro da cidade, palco tradicional de memoráveis episódios históricos, estava acostumado a momentos de consagração desde que o Rio fora a Corte. Por ali tinham passado os maiores oradores do país; ali o povo carioca tinha vibrado muitas vezes de alegria ou de ódio, mas quase nunca se tinha se sentado no chão pela vontade um garoto de 23 anos (VENTURA, 1988, p. 156).

A grande imprensa prestou um significativo serviço ao país neste momento: pois com todas estas evidências que ela trazia ao público se tornava impraticável rotular os estudantes como subversivos e baderneiros. O novo olhar com o qual eles passaram a ser descritos nos editoriais de vários jornais agregava ainda mais força e resistência contra a ditadura.

> **MARCHA DO POVO REÚNE CEM MIL**
>
> Por seis horas, mais de 100 mil cariocas protestaram contra o Governo, apoiando o movimento dos estudantes que, conforme o previsto, foi sem incidentes, com dezenas de discursos de universitários, operários, professores e padres, que "o compromisso histórico da Igreja com o provo". Com perfeito dispositivo de segurança, os estudantes garantiram a realização da passeata, sem depredações, chegando a prender e soltar um policial que incitava a que fosse apedrejado o prédio do conselho de Segurança Nacional. A concentração começou às 10 horas, com os primeiros grupos de padres e estudantes, sem qualquer policiamento ostensivo. Entre os primeiros oradores estava o representante da igreja, ressaltando que "calar os moços é violentar nossas consciências". Presentes cerca de 150 padres, inclusive o Bispo-auxiliar do Rio de Janeiro, Dom Castro Pinto, que acompanhou a passeata, durante os 32 minutos de travessia da Av. Rio Branco. Na Candelária, falou Wladimir Palmeira, lembrando o assassinato do secundarista Édson Luís, "que um dia será vingado"(CORREIO DA MANHÃ, 26/06/1968, capa).

Além do papel desempenhado pela grande imprensa, o apoio vindo da Igreja Católica foi de grande ajuda ao movimento estudantil, uma vez que os atos de violências acontecidos nas missas de sétimo dia do assassinato do estudante Edson Luis mudaram a opinião de muitos grupos da sociedade em relação ao governo, em tempos de marchas pela família e a outros padres apoiarem a causa da resistência configuraram novos ares no horizonte da ditadura.

> **Clero foi à rua para dar tranqüilidade, diz D. José**
>
> O Bispo-auxiliar do Rio de Janeiro, Dom José de Castro Pinto, que acompanhou a passeata de ontem da Cinelândia até a Candelária, disse que o objetivo da participação foi garantir tranquilidade e ordem e de nossa parte não havia atitude política. Dom José de Castro Pinto destacou como aspecto positivo da passeata de ontem "a conscientização do povo,

> no sentido de levar muitas pessoas a ouvir com mais atenção o apelo para que se interessem pela política nacional. Sobre as conseqüências da manifestação disse que "o movimento de rua serve para provocar impacto e adesão popular, como um movimento preliminar, mas as soluções para os problemas estudantis têm de ser encontradas com estudos e planejamentos." (JORNAL DO BRASIL, 27/06/1968, capa).

Depois da Passeata dos Cem Mil, o governo da ditadura imediatamente realizou uma série de reuniões. Novas diretrizes passaram a vigorar: os militares passaram a proibir toda e qualquer manifestação estudantil, uma vez que a adesão popular havia crescido demais para ser reprimida por meio de violência, sem que houvesse revolta entre a população civil. As manifestações que fossem realizadas encontrariam em linhas gerais ainda mais repressão e violação dos direitos. No dia 3 de agosto, Vladimir Palmeira foi preso. Também em agosto a Universidade de Brasília (UnB) foi brutalmente invadida pela polícia militar. Com isso o movimento estudantil começou a entrar em colapso. Dois meses depois, no dia 15 de outubro, foi realizado um novo congresso da União Nacional dos Estudantes em Ibiúna, no interior de São Paulo, onde foram presos mais de setecentos estudantes – e assim começou a chegar ao fim o ápice dos movimentos estudantis, devido às ordens do governo para com os estudantes.

Pode-se concluir que o ano de 1968 acabou antes do dia 31 de dezembro, mais precisamente no dia 13, quando o Ato Institucional de Número Cinco (AI5) foi decretado, que institucionalizou restrições severas aos direitos civis da população. De fato, o AI5 fora chamado de "O golpe dentro do golpe", pois terminou de oficializar a violação dos direitos humanos pelos militares. Os anos que sucederam 1968 podem ser vistos como um dos períodos mais tenebrosos da história do Brasil, no qual milhares de vidas foram tiradas em razão da "ordem e dos bons costumes".

Considerações finais

Os anseios de mudança da juventude que havia presenciado seu país submergir em uma ditadura repressiva e autoritária chegou ao seu ápice no ano de 1968. Esse ano representou a retomada das insurreições populares de contestação pelo mundo, onde toda uma geração chegou no seu limite e entregou-se a uma luta por ideais, consciência e liberdade contestando aquele mundo da Guerra Fria. Uma geração que até hoje é lembrada como referência por sua determinação e coragem. No Brasil o assassinato do primeiro estudante às claras pelo regime militar deve ser posto com o epicentro dos abalos de uma sociedade conservadora e retrógrada, a qual passava por um processo de expansão desde os protestos contra João Goulart que culminaram no golpe de 1964, um dos reflexos mais claros da Guerra Fria no Brasil.

O assassinato do jovem estudante Edson Luís trouxe consigo novos caminhos ao movimento estudantil brasileiro. Foi o primeiro caso a sensibilizar a opinião popular, principalmente da classe média brasileira que em geral podia ter seus filhos na mesma situação que o jovem Edson. E isso levou a uma notória e expressiva ruptura entre os apoiadores da ditadura, pois em linhas gerais este mesmo grupo social havia apoiado a tomada do poder por parte dos militares. Parcelas significativas dessa mesma classe média foram às ruas pedir a saída do presidente João Goulart, movidos pelo discurso do "inimigo oculto". O medo do comunismo os assolava, sendo fomentado por outras entidades/grupos e também por setores da imprensa, dentro da lógica discursiva e ideológica da Guerra Fria.

Mas dessa vez, havia componentes diferentes. O caso sensibilizou por trazer uma vítima muito jovem, que fugia totalmente dos padrões daqueles que eram perseguidos pela teia da opressão:

> Estudante secundarista, "pobre", "trabalhador", recém chegado ao Rio de Janeiro, Edson Luís parece distante dos adjetivos "líder subversivo", "comunista", "agitador", tão caros ao discurso militar. Morre "indefeso" enquanto faz sua refeição no "Calabouço". A violência policial explode contra um "inocente", levando, assim, setores da população de vários estados à indignação, inclusive das classes médias "que podem ter seus filhos mortos" (VALLE, 1998, p. 72).

Diante deste cenário de indignação e revolta há uma retomada das manifestações populares: o cortejo do estudante chegou a ter mais de 50 mil pessoas o acompanhando, um número que, após o golpe de 1964, nunca havia sido visto, já indicando que uma onda maior estaria por vir. E de fato as manifestações vieram a ser a principal característica daquele ano de 1968 no Brasil – estando na mesma sintonia de muitos outros países mas com a diferença de que aqui se vivia uma ditadura.

Outro ponto essencial para compreendermos o desenvolvimento das manifestações foi a divergência entre a Igreja Católica carioca e o governo. Nunca é demais lembrar que a Igreja havia também apoiado o golpe, realizando inúmeras marchas, a mais famosa delas é "Da Família Com Deus Pela Liberdade". Contudo, com a proibição das missas de sétimo dia de Edson Luís há o primeiro embate, pois o arcebispo ordenou que as missas fossem realizadas e um verdadeiro massacre acabou ocorrendo – pessoas espancadas pela tropa montada da PM, mais de 300 presos e muito feridos. E imediatamente os padres passaram a visitar os presos e pedir pelas suas solturas, criticando tais atos do governo e da polícia.

Após as missas o governo passou e tomar uma postura ainda mais dura para com os protestos e manifestações, apoiados por muitos periódicos como o próprio *Jornal do Brasil*, por exemplo. Tratando de moldar a opinião de parte da população contra os estudantes, neste ponto é notório o papel do *Jornal do Brasil*, pois o mesmo evitou falar das prisões arbitrárias da ditadura para expor a idéia de que os estudantes não passavam de jovens subversivos que não sabiam viver em uma sociedade "civilizada". Enquanto o *Correio da Manhã* assumia um papel de oposição aberta à violação dos direitos e liberdades individuais que vinha ocorrendo, sempre trazendo editoriais completos narrando os atos e suas consequências e focando na causa estudantil.

O principal efeito de toda movimentação que ocorreu em meados de março e abril de 1968 no Brasil foi uma das mais expressivas e simbólicas manifestações da história do país. A Passeata dos Cem Mil caracterizou a força do Movimento Estudantil, e não apenas isto, mas também serviu para contrapor todas as acusações que vinham do governo contra o grupo. A Passeata dos Cem Mil representou a insatisfação de setores amplos da sociedade que, de forma pacífica, seguiu por horas com inúmeros discursos que pregavam a paz e o fim do autoritarismo da ditadura.

Para a repressão, não era suficiente a destruição do sonho revolucionário dos estudantes, havia necessidade de aniquilar todo e qualquer sentimento de luta que restava. Aquela geração, infelizmente, sucumbiu diante dos generais que estavam no poder e seus apoiadores, a violência, aos horrores de serem perseguidos e torturados que deixaram cicatrizes profundas em muitos desses jovens que apenas sonhavam com utopia. No final do ano, com o AI-5, o país se fechou para novos protestos, afogando em um mar de sangue morno daqueles que morreram em busca da democracia.

Diante disso, nos cabe hoje lembrar destas barbáries, ter a consciência de que cada direito nosso fora conquistado com muita luta. Luta esta que custou a vida de inocentes como Edson Luís. Termos memórias, falarmos e discutirmos sobre ditadura civil-militar brasileira é uma forma conhecer a nossa história, sabermos que jamais devemos nos calar diante de defensores deste período, pois quem cala consente e consentir com isto é um crime contra nós mesmos e contra todos aqueles que um dia lutaram por um futuro digno com liberdade, humanidade e igualdade.

Referências

Fontes primárias

Correio da Manhã - Disponível na Hemeroteca Digital da Biblioteca Nacional

Jornal do Brasil - Disponível na Hemeroteca Digital da Biblioteca Nacional

Fontes secundárias

PESAVENTO, Sandra Jatahy. Brasil: a cultura da resistência. In: HOLZMANN, Lorena; PADRÓS, Enrique Serra (Orgs.). *1968*: contestação e utopia. Porto Alegre: Editora da UFRGS, 2003, p. 27-33.

RIGHI, Graziane Ortiz. *Leonel Brizola*: o deputado federal da Guanabara e o golpe civil-militar (1962-1964). 184 f. Porto Alegre: UFRGS, 2015. Dissertação (Mestrado em História) – Programa de Pós-Graduação em História, Instituto de Filosofia e Ciências Humanas, Universidade Federal do Rio Grande do Sul, Porto Alegre, 2015.

VALLE, Maria Ribeiro do. A morte de Edson Luís e a questão da violência. In: MARTINS FILHO, João Roberto (Org.). *1968 faz 30 anos*. São Carlos: Editora da Universidade de São Carlos, 1998, p. 49-76.

VENTURA, Zuenir. *1968*: o ano que não terminou. Rio de Janeiro: Nova Fronteira, 1988.

UMA NUVEM PERIGOSA PAIRA SOBRE O SOCIALISMO:

o desastre de Chernobyl representado na imprensa brasileira

Andrielly Saraiva de Araujo
Bárbara Lopes Nobre de Souza
Manuela da Rosa Azeredo

Com a chegada dos anos 80, a chamada "Nova Guerra Fria" se desdobrou em diversos acontecimentos que afetaram profundamente aquele tempo que nasceu após a Segunda Guerra Mundial. Seu começo trouxe novas e perigosas ameaças - devido à invasão soviética no Afeganistão em 1979 - deixando o mundo aterrorizado, apenas podendo relaxar um pouco sua tensão em 1985, quando a União Soviética iniciou as políticas de *Perestroika* e *Glasnost*. Entretanto, este breve "descanso" estava com seus dias contados, pois logo na primeira metade do ano seguinte a situação se tornaria preocupante novamente.

Em uma pequena cidade da Ucrânia, durante a madrugada do dia 26 de abril de 1986, o reator de número quatro da usina nuclear de Chernobyl passaria por manutenção. Os funcionários do local resolveram fazer um teste com o objetivo de saber se os reatores continuariam funcionando normalmente sem energia até que os geradores reservas começassem a funcionar, mas para isso acontecer o reator deveria estar funcionando na capacidade de 25% e os sistemas de segurança estariam desligados até o final do teste que, depois de executado, voltaria a funcionar normalmente. No entanto, durante o procedimento a execução caiu para menos de 1%, levando os trabalhadores a elevar a capacidade, que acabou superaquecendo o reator que – sem os sistemas de segurança que o resfriava – chegou a 2000°C e explodiu.

Por contar com elementos químicos extremamente radioativos em seu núcleo, a partir do momento em que essas substâncias começaram a se espalhar pelo ar, a vida de todos os seres que viviam na região se comprometeu. O governo da União das Repúblicas Socialistas Soviéticas (URSS) tomou medidas extremas para tentar controlar o alcance da radiação, como imediatamente evacuar a área – prometendo a população que a volta aconteceria em poucos dias – e incumbiu uma equipe para executar animais que poderiam possivelmente disseminá-la. Mesmo não surtindo muito efeito, as medidas foram essenciais para que não acontecessem ainda mais mortes.

O desastre na usina nuclear de Chernobyl consiste no maior já noticiado; Pripyat – cidade encontrada na Ucrânia próxima a fronteira com a Bielorússia, na época do incidente, nações pertencentes a URSS –, que até então era apenas uma cidade cujo único objetivo era o de abrigar os trabalhadores que na usina exerciam suas funções, tornou-se um lugar inabitável por conta da grande radiação que contaminou o local a partir da grande explosão no reator nuclear.

Por conta do governo extremamente fechado, era de se esperar que as notícias sobre a verdadeira gravidade da situação demorassem algum tempo para serem difundidas, porém, não foi exatamente assim. Na época, o governo soviético estava passando por um momento de *glasnost* (palavra russa para transparência), então logo depois de serem detectadas ondas de radiação em uma usina na Suécia, o governo logo esclareceu a situação (mesmo que não tenham sido totalmente honestos) e pediu ajuda internacional – ajuda que foi concedida inclusive pelo seu principal rival na Guerra Fria, os Estados Unidos da América.

O desastre teve impacto em grandes acontecimentos, tais como o impulso consistente para a perda da Guerra Fria – devido à crise monetária que atingiu a URSS - e, principalmente, serviu como um alerta para todas as outras nações sobre segurança nuclear, podendo-se ressaltar o descaso que muitas vezes ainda é feito sobre a radiação, já que após lançada, pode ser apontada como causa de problemas de saúde, e até mesmo como culpada pela inviabilização de terras por milhares de anos.

Outro fato interessante que podemos expressar é a constante representação do desastre na cultura pop. Recentemente, uma série televisiva da emissora HBO de mesmo nome fez grande sucesso, além de diversos vídeos na plataforma YouTube, que contam com detalhes o acontecimento e mostram imagens atuais do local de maneira didática e atrativa para novas gerações (o que acaba provando que o incidente ainda atrai muita curiosidade e interesse, já que mesmo depois de trinta e seis anos de acontecimento, continua com muitos mistérios não resolvidos).

Durante a ocorrência do teste que resultou na explosão, foram registradas inúmeras falhas mecânicas e humanas. Como uma das falhas mecânicas se destacam as hastes de segurança dos reatores que não estavam apropriadas para a realização de qualquer teste; já as falhas humanas, se deram pelo fato de que a maioria dos trabalhadores de Chernobyl nunca havia trabalhado anteriormente em usinas nucleares, tendo assim nenhuma experiência com radiação. Os trabalhadores desligaram vários sistemas de segurança que eram essenciais e também ignoraram vários procedimentos obrigatórios, que combinados com as falhas mecânicas, resultaram no maior desastre nuclear de todos os tempos.

É muito difícil, em um primeiro momento, perceber como, durante grande parte do século XX, a imprensa foi desvalorizada enquanto fonte primária pelos historiadores. Sim! Algo que atualmente valorizamos tanto por conter preciosas ideias, informações e opiniões que caracterizam suas épocas. Por ser como uma cápsula do tempo onde as mais diversas provas e artefatos se escondem, nem sempre teve a sua devida valorização como um objeto de pesquisas, porém, fora subjugado e mal visto por aqueles que possuíam real certeza das informações e objetividades do mesmo.

Há de se concluir – a partir da leitura do texto "História dos, nos e por meio dos periódicos", de Tania Regina de Luca – que os periódicos, no período antecessor ao de 1970, nada mais eram do que fontes informativas, utilizadas com a finalidade de assertividade, confirmadoras e selecionadas a desempenhar o papel crucial de irradiar diversão e prazer próprio àquele que o manuseasse. Tais pessoas encarregadas da área (jornalistas, escritores...) seriam tidas com um único objetivo de depreciar a bondade daquele que lhe empregasse com a mais genérica hostilidade ao praticar o manuseio daquele papel.

> Nos dois casos, já não se questionava o uso dos jornais por sua falta de objetividade – atributo que, de fato, nenhum vestígio do passado pode ostentar –, antes se pretendia alertar para o uso instrumental e ingênuo que tomava os periódicos como meros receptáculos de informações a serem selecionadas, extraídas e utilizadas ao bel prazer do pesquisador. Daí o amplo rol de prescrições que convidavam à prudência e faziam com que alguns só se dispusessem a correr tantos riscos quando premidos pela falta absoluta de fontes. Outros, por seu turno, encaravam as recomendações com grande ceticismo, uma vez que tomavam a imprensa como instância subordinada às classes dominantes, mera caixa de ressonância de valores, interesses e discursos ideológicos. Assim, ainda que por motivos muito diferentes, tais leituras contribuíam para alimentar o desprezo que os profissionais da área seguiam conferindo à imprensa (LUCA, 2005, p. 116-117).

Após a década de 70 do século XX, os jornais passariam a ser vistos com diferentes visões sociais e diferentes objetivos. O que tinha começado com apenas uma exceção, brevemente se tornaria a "normalidade" (se assim podemos dizer). Jornais agora seriam fontes primárias, objetos de pesquisas – porém, não é de se interferir no fato do cuidado com sua utilização. A crítica às fontes periódicas, como a qualquer outro tipo de fontes para a escrita da História, foi sendo cada vez mais criteriosa, sistemática e metodologicamente pensada desde seus tardios empregos:

> A História do movimento operário, que desfrutou de grande prestígio nos círculos acadêmicos brasileiros especialmente entre 1970 e 1990, encontrou na imprensa uma de suas fontes privilegiadas. Agora não se tratava mais de lidar com jornais de cunho empresarial, capazes de influenciar a vida política, mas de manejar folhas sem periodicidade ou número de páginas definidas, feitas não por profissionais, mas por militantes abnegados, por vezes redigidas em língua estrangeira, sobretudo italiano e espanhol, impressas em pequenas oficinas, no formato permitido pelo papel e máquinas disponíveis, sem receita publicitária e que, no mais das vezes, contava com subscrição dos próprios leitores para sobreviver, características que foram estudadas por Maria Nazareth Ferreira (LUCA, 2005, p. 119).

Podemos dizer que a utilização dos jornais como meio de pesquisa se averigua no por quê. O porquê disso? O porquê daquilo? Ter um amplo acervo de fontes e requisições para se extrair análises e curiosidades torna assim a praticidade do trabalho menos momentânea e mais expansiva.

E não são apenas os jornais informativos que nos trarão a vasta amplitude de conhecimento necessária para a realização deste capítulo. Como vimos, a partir do último quartel do século XX, a ampliação de conteúdo apresentado em um periódico tem se tornado cada vez mais vasta, abrangendo diferentes meios literários com a finalidade de tratar desde as mais típicas às mais absurdas atividades do cotidiano (caricaturas, comédias, romances, poesias, quadrinhos...); porém, o que difere na hora de suas escolhas seria a relevância de tais aspectos sociais e históricos para a funcionalidade da sua utilização.

> Em síntese, os discursos adquirem significados de muitas formas, inclusive pelos procedimentos tipográficos e de ilustração que os cercam. A ênfase em certos temas, a linguagem e a natureza do conteúdo tampouco se dissociam do público que o jornal ou revista pretendem atingir (LUCA, 2005, p. 140).

A variedade de impressos a se reportar às ambiguidades da vida não é pequena, e isso nos impõe a tarefa de distinguir, por conta de meios e técnicas, qual usar e qual não. Tanto quanto ir a hemerotecas virtuais e outros locais de fins de pesquisas, se entender e estudar; quanto observar os arquivos e a precedência de informações – tal como onde e por quem foram escrito – são importantes fatores a se analisar para a utilização de uma boa fonte; não recorrer às fontes de proximidade e à sua precedência pode dar a incerteza de uma falsa ou modificada notícia, talvez, até mesmo da utilização de plágios.

Nossas fontes primárias para a elaboração desse capítulo foram os jornais *Correio Braziliense* (fundado por Assis Chateaubriand em abril de 1960) e o *Jornal do Brasil* (fundado por Rodolfo Epifânio de Souza Dantas, em abril de 1891). Ambos jornais fazem parte da grande imprensa brasileira e são de cidades nas quais a repercussão de suas notícias tem grande capacidade de influência sobre o país naquela segunda metade da década de 1980: Brasília, onde a movimentação política se tornava cada vez maior agitação política com o fim da ditadura militar e a cidade do Rio de Janeiro, outrora capital do Brasil e centro de grande difusão midiática para o restante da sociedade brasileira.

Buscando sempre o rigor científico em nossa pesquisa, nunca deixamos de lado as orientações indispensáveis a sua execução: ora as de caráter metodológico, como o artigo de Tania Regina de Luca, ora os trabalhos que nos permitem uma visão mais apurada do contexto histórico partindo de uma análise mais estrutural até alcançarmos os elementos mais conjunturais da década de 1980, através dos textos de Paulo Gilberto Fagundes Vizentini, Daniel Aarão Reis Filho, Michael Dobbs e Svetlana Aleksiévitch.

No texto "A Guerra Fria" de Paulo G. Fagundes Vizentini, presente no livro "Século XX: O tempo das crises – Revoluções, fascismos e guerras", exploramos sobre como o conflito, considerado um fenômeno de imensa importância para a economia e tecnologias atuais, além de uma gigantesca explosão cultural de confronto ideológico, se estabilizou e influenciou o mundo. Em uma breve introdução, ficamos a par dos acontecimentos que influenciaram na rivalidade entre União Soviética e Estados Unidos.

Ao terminar da Primeira Guerra Mundial, os Estados Unidos começaram a ser apontados como uma grande potência, enquanto a União Soviética era a principal pivô, se não a única, representante do socialismo na época. Devido ao iminente contraste, era quase impossível imaginar os dois países, tão diferentes em práticas e ideias lutando lado a lado, porém esse foi o estranho, ocorrido a partir dos últimos anos da Segunda Guerra Mundial.

Mesmo contra as expectativas, os dois países antagônicos permaneceram como aliados enquanto havia um inimigo em comum. Entretanto, após o fim da guerra, ambos saíram como duas grandes potências, disputando por influência e poder mundial, classificando o período como tenso e bipolar – dando ênfase ao medo que corroía aqueles que apenas observavam. De acordo com Paulo G. Fagundes Vizentini, "as origens imediatas da Guerra Fria encontravam-se, em grande parte, nas divergências entre os aliados ocidentais e os soviéticos acerca da ordem pós-guerra." (VIZENTINI, 2003, p. 198).

O grande peso nos nomes fazia com que a obsessão, a ideia de retaguarda fosse apenas uma ilusão, sem o pensamento de aceitar uma possível recaída. A economia também veio com esse peso de nomenclaturas, porém, há de ter sido seriamente perdida em meados da Guerra Fria – no caso da URSS, ela foi perdida junto com a desmoralização por conta da recaída em sua base. Podemos dividir a Guerra Fria em duas partes, marcadas pela reestruturação das potências que, de pouco a pouco, entre ganhos e conquistas, ia falindo.

A Guerra Fria não foi apenas um conflito entre os EUA e a URSS. Fora algo global e marcado pelo envolvimento de diversas outras potências que, mesmo que menores, contribuíram para o seu término com um vitorioso, com a escolha de uma regulagem e padronização para a economia mundial:

> A Guerra Fria, neste sentido, não pode ser reduzida à sua aparência de conflito entre EUA e URSS. Esta imagem é apenas parte do processo e diz respeito ao imediato pós-guerra, quando o capitalismo foi reestruturado sob hegemonia americana, o que anulou momentaneamente as rivalidades intercapitalistas e permitiu a atuação conjunta do sistema contra a URSS (VIZENTINI, 2003, p. 224).

De acordo com o livro "As Revoluções Russas e o Socialismo Soviético" escrito por Daniel Aarão Reis Filho, a URSS vinha passando por um momento de reformas após a morte de Stálin para conseguir aplicar o socialismo de modo eficaz.

> Várias medidas, no entanto, apontavam para novas direções: supressão dos tribunais sumários; dissolução do secretariado pessoal de Stalin, que se tornara uma verdadeira central da arbitrariedades; rebaixamento de nível da instituição central da segurança, de ministério (MGB), para comitê (KGB), colocando a polícia política, em todos os níveis, numa posição subordinada em relação aos comitês do Partido Comunista; reabilitação de dirigentes expurgados e desaparecidos nos processos realizados em 1948-1950, entre os quais N. Voznessenski e A. Kuznetsov (REIS FILHO, 2003, p.120).

Essas grandes mudanças vieram acompanhadas de um discurso diferenciado – considerado até liberal, se comparado com o discurso dos tempos de Stálin – que prezava “as virtudes da direção coletiva e da legalidade socialista.” (REIS FILHO, 2003, p. 120). Porém o que prometia ser uma nova luz para a União Soviética, foi frustrado quando aconteceram as denúncias dos crimes de Stálin.

> O informe apresentado por Kruchov numa sessão extraordinária, secreta, do XX Congresso do Partido Comunista da União Soviética, em fevereiro de 1956, teve um impacto de um terremoto. O semideus virava um demônio. Todos os êxitos, tudo o que fizera, conseguira e alcançara a União Soviética, acontecera apesar de Stalin e não graças a sua liderança (REIS FILHO, 2003, p. 122).

Após os informes dos crimes do antigo ditador, a população sofreu um grande baque, o que resultou na ocorrência de diversas revoltas que forçaram a URSS a se “democratizar” e adotar algumas medidas mais apropriadas para a época.

Durante os anos seguintes, a União Soviética deu um grande salto. Era uma “superpotência mundial respeitada em todo o mundo, garantido a seus cidadãos sempre melhores condições de vida e de trabalho” (REIS FILHO, 2003, p. 128).

Todo esse grande avanço se deu pelo fato de que a indústria soviética estava a todo o vapor, com diversas áreas desenvolvidas, principalmente na área de usinas nucleares, pois toda esta indústria precisava de grandes quantidades de energia.

O subcapítulo "Chernobyl" do livro *A Queda do Império Soviético* escrito por Michael Dobbs, nos apresenta a história do nosso tema escolhido – o Desastre de Chernobyl – e da construção e modelagem da cidade e estruturas: "Entalhada na floresta primeva, Chernobyl era conhecida como um bom lugar para criar uma família. As instalações recreativas eram excelentes" (DOBBS, 1998. p.191).

Com o auge da URSS na Guerra Fria e os grandes investimentos em serviços e bases vindos da União Soviética, foi-se investida estruturas para a abertura de oportunidades de trabalho àqueles que não o possuíam. A URSS criou assim a imensa Usina de Chernobyl, situada aos arredores da cidade de Pripyat, localizada na Ucrânia. Era estupefato, maravilhoso ter o consentimento de migração para a tão fantástica cidade, e por mais que viesse a insegurança do medo e do perigo, o governo ainda assegurava o quão seguro era o lugar para criar suas famílias.

De acordo com Dobbs, era mesmo segura a habitação da área. Porém, o mesmo se contradiz em meados da ideia do desastre ocorrido. O autor nos apresenta Anatoly Dyatlov, a figura em que a culpa seria atribuída. Como subchefe da usina, era sua a obrigação de revisão dos tanques; mas com a responsabilidade, haveria de vir certo problema resultante do cansaço por parte do trabalho. O que começou com uma explosão seguida de tremores e abalos, teve como sucessor a rachadura de um tampo, mandando-o com tanta força pelos ares que fez com que desabasse o telhado da sala do reator.

Outra importante figura que Dobbs destaca em seu livro foi Valery Perevozchenko, o responsável pela supervisão do reator, que logo após os abalos haveria de ter lutado contra o tempo para avisar aos outros sobre o ocorrido, porém fora contrariado com a simples mentira e crença unânime de que o lugar seria totalmente seguro.

A radiação resultante do tamanho perigo eclodido começaria a afetar aqueles que em seu entorno se encontravam, causando sensações de queimação e cansaço recorrente. Dyatlov havia chegado à sala de administração após a impressão de dados, e vira seu chefe Viktor Bryukhanov insistir que o incidente estaria controlado. Após isso, Dyatlov saíra da sala e passara mal a noite inteira; porém, lembremos que fora anunciado que pessoas onde, nas redondezas viviam, também passariam a sofrer com sintomas resultantes à explosão nuclear.

Bryukhanov, para manter sua reputação, informou que o reator estava normal e que os níveis de radiação estavam todos normais. Ele negou-se a acreditar na catástrofe por conta da excelência dos equipamentos apresentados, e quando lhe foi provado o contrário, já era tarde demais. Além de 10 anos de prisão, Bryukhanov e Dyatlov foram completamente responsabilizados, e todos os funcionários que lá estavam pegaram entre 2 a 10 anos de prisão.

O importante livro de Michael Dobbs, após essas contradições, indica que a culpa fora, na verdade, do sistema soviético, pois a importância dada por eles à natureza e à humanidade pouco se percebia no contexto em que se encontravam. Apenas 36 horas depois, o alerta de evacuação fora lançado, e em pouquíssimo tempo, a cidade tornara-se fantasma.

> A evacuação de Pripyat iniciou-se, finalmente, à 1:30 da tarde de 27 de abril, 36 horas depois do desastre. Acreditando que lhes seria permitido voltar para casa dentro de poucos dias, depois que terminasse a emergência, os moradores deixaram para trás a maioria de seus pertences. Em poucas horas, uma cidade de 48.000 habitantes convertera-se numa cidade-fantasma (DOBBS, 1998, p. 199).

O mundo só teve conhecimento sobre o desastre a partir do momento em que a radiação atingira a Suécia, no dia 28 de abril, 60 horas após o acidente. Porém o estrago já estava feio e após uma semana do ocorrido, mais de 85.000 pessoas foram consideradas mortas.

Mesmo com o governo "transparente", conforme citamos anteriormente, a URSS "em 1988, assinara um decreto secreto proibindo os médicos de citar a radiação como causa de morte ou doença" (DOBBS, 1998, p. 201), comprovando assim que sua ideologia de transparência era uma farsa, contrariando o apontado por Daniel Aarão Reis Filho.

> Uma exposição de feridas, um trauma. Ao contrário da tradição de tentar tudo esconder, e manter em segredo, sobretudo os problemas, o governo, depois de uma certa hesitação e de denúncias provindas da Suécia, deu ampla publicidade ao assunto, notificando as agências e a opinião pública internacionais. Nada a esconder, ao contrário, dar a público, reforçando-se a orientação favorável à glasnost. Chernobyl, denunciava Gorbatchov, procurando extrair vantagens políticas do episódio, era a própria síntese da modernidade problemática e inacabada da União Soviética (REIS FILHO, 2003, p. 138).

Por meio da leitura da obra "Vozes de Tchernóbil" de Svetlana Aleksiévitch, somos contextualizadas em como os residentes da região foram afetados pelo incidente. A partir das entrevistas e reflexões feitas pela autora, extraímos conclusões sobre a vida de todos os afetados pela radiação que contaminou o local.

Independente de estar em um momento de *Glasnost* ou não, a União Soviética certamente não repassava a verdadeira situação aos seus cidadãos. Nem mesmo os trabalhadores envolvidos, que arriscavam suas vidas ficando próximos ao reator sabiam a gravidade do incidente. Apenas com o passar das horas, seus familiares começaram a notar que algo estava errado. "Quatro horas... Cinco horas... Seis... Nós tínhamos combinado de ir às seis horas à casa dos pais dele, para plantar batatas" (ALEKSIÉVITCH, 2016, p. 17).

A escolha de não informar os moradores do local foi crucial e resultou em uma quantidade exorbitante de vítimas que poderiam ter sido evitadas se houvessem sido avisadas mais rapidamente. Muitas destas vítimas, inclusive, foram crianças que tiveram seu nascimento após a contaminação da radiação na área.

> A minha menina... Ela não é como todo mundo. E quando crescer, me perguntará: "Por que eu não sou como os outros?" Quando ela nasceu, não era uma criança, era um saquinho vivo, costurado por todos os lados, não tinha nem uma fenda sequer, só os olhos abertos. No prontuário médico há uma anotação: "Menina nascida com patologia complexa múltipla: aplasia do ânus, aplasia da vulva, aplasia do rim esquerdo" (ALEKSIÉVITCH, 2016, p. 125).

O desastre de Chernobyl causou danos imensuráveis. Deixou milhares de vítimas e inviabilizou toda uma região por pelo menos 200 mil anos. Mesmo após tantos anos o impacto do incidente ainda é sentido por todos que lá viveram.

A comparação intertextual a ser feita há de ter sua importância. É como se todos os textos se complementassem e tivessem sucesso em relação a exprimir sua essência e relação de fatos. É algo a se ficar espantado.

Em concordância com o que inicialmente imaginávamos sobre um jornal brasileiro dos anos 1980, a primeira notícia sobre o desastre encontrada no *Correio Braziliense* está datada em 29 de abril de 1986, ou seja, após três dias do ocorrido em Chernobyl. O atraso em noticiar o acidente veio principalmente pelos esforços do governo soviético em abafá-lo, já que – conforme apontamos anteriormente – o mundo ocidental só tomou conhecimento sobre o assunto quando reatores da Suécia detectaram radiação.

Embora noticiando tardiamente, o jornal apresentou os fatos conhecidos no momento de forma clara e objetiva, contando inclusive com o relato de um especialista sobre o assunto e também um diplomata ocidental sob anonimato:

> "É um grande reator", afirmou um diplomata em Moscou, pedindo para não ser identificado. "Existem quatro reatores nucleares de cerca de 1 mil megawatts cada um. Hoje talvez já existam cinco. Não há uma maneira de medir os níveis de radioatividade, mas parece que é nociva para as pessoas em Kiev, obviamente deve ser nociva" acrescentou (CORREIO BRAZILIENSE, 29/04/1986, p. 8).

Após informar alguns detalhes sobre o acidente, a primeira notícia do jornal sobre o acontecido também conta com a citação de diversos desastres nucleares ocorridos anteriormente nos Estados Unidos, pois a *Tass* – agência de notícias soviética – fez questão de ressaltá- los em seu pronunciamento oficial sobre o acidente, sempre apresentando este como o primeiro em toda União Soviética. Os Estados Unidos, porém, afirmaram que isto estaria incorreto, pois já haviam ocorrido dois acidentes nucleares no país.

> Segundo os serviços secretos norte-americanos, dois acidentes nucleares já ocorreram na União Soviética. O primeiro, 21 de maio de 1968, provocou "milhares de mortos e transformou em deserto uma superfície de 15 mil hectares". O segundo aparentemente ocorreu em 1960 e 1961, com "uma terrível explosão nuclear" (CORREIO BRAZILIENSE, 29/04/1986, p. 8).

O fato de as declarações de ambos os governos estarem presentes nesta notícia em questão (inclusive, acusando um ao outro) apenas colaborou para nosso entendimento sobre o mundo bipolar da Guerra Fria e seus diversos campos de atuação.

Ao longo da segunda notícia encontrada no *Correio Braziliense*, são noticiadas novas descobertas sobre o incidente. O jornal, logo na primeira página da edição do dia 30 de abril, informa aos leitores de forma detalhada sobre a enorme discordância que havia entre testemunhas do local e o governo quando o assunto era o número de mortes causadas pelo desastre.

> Comunicado do Conselho de Ministros da União Soviética reconheceu ontem a existência de dois mortos no acidente nuclear da usina de Chernobyl, na Ucrânia. Já a agência norte-americana UPI citando moradores anônimos de Kiev (a 130km do local do desastre), disse que poderiam ter acontecido até 2 mil mortes. Cidadãos ocidentais, telefonando a embaixadas em Moscou, falaram em 3 mil mortes fatais, mas os próprios porta-vozes destas embaixadas não acreditaram em tais informações (CORREIO BRAZILIENSE, 30/04/1986, capa).

Tamanha diferença nos números informados pode ser facilmente explicada quando recordamos que a URSS, mesmo passando por um momento de *glasnost*, ainda era um regime extremamente fechado – especialmente em relação às informações que prejudicariam sua imagem.

Toda política de "transparência" adotada pelo governo para noticiar Chernobyl, pode ser vista como uma grande propaganda – ao fim, mal sucedida – para o governo "democratizado" de Gorbachev, já que o mesmo governo continuava noticiando, na maioria das vezes, apenas o que lhe favorecia. Tal política falha foi muito bem apontada por Daniel Aarão Reis Filho em "As Revoluções Russas e o Socialismo Soviético". De acordo com o autor, "Chernobyl, denunciava Gorbatchov, procurando extrair vantagens políticas do episódio, era a própria síntese da modernidade problemática e inacabada da União Soviética" (REIS FILHO, 2003, p. 138).

Em continuação a esta notícia, o periódico noticia como o desastre afetou outros países, estes sendo seus vizinhos ou não. Apenas um dia após o descobrimento do desastre pelo mundo ocidental, diversos países já anunciavam seu posicionamento sobre Chernobyl, ou até, sobre o uso de energia nuclear em geral. Entre estes países, o jornal cita os Estados Unidos em maior destaque, noticiando até o possível descaso da URSS em receber ajuda de seu rival, contribuindo novamente para o clima de Guerra Fria sempre presente.

> Os Estados Unidos ofereceram sua assistência à União Soviética, depois do grave acidente ocorrido na central nuclear de Chernobyl, nas proximidades de Kiev, mas Moscou não fez nenhum pedido, nem informou sobre o acidente, declarou ontem o chefe de gabinete da Casa Branca, Donald Regan. "Podemos ser uteis e queremos sê-lo" – disse Reagan à imprensa – "temos muita experiência nesse setor, tanto do ponto de vista médico, como científico" (CORREIO BRAZILIENSE, 30/04/1986, p. 8).

As notícias sobre o desastre estavam circulando o mundo rapidamente, deixando todos em alerta; e já que a maioria dos países estava ficando ciente da gravidade da situação, começou-se a tomar algumas medidas. Apenas um dia após a descoberta do desastre pelo mundo ocidental, o jornal noticiou que diversos estrangeiros residentes de Kiev estavam sendo aconselhados por suas embaixadas – como, por exemplo, a britânica – a voltar ao país de origem devido ao perigo iminente da radiação, porém, o governo afirmou que eles não foram afetados e novamente assegurou que a radiação estava controlada. Logo, como esperado, houve discrepâncias.

Ao mesmo tempo em que o governo não se manifestava em relação à proposta de ajuda vinda dos EUA e garantia à embaixada que tudo estava controlado, também pedia ajuda para lidar com a radiação, acabando por não deixar clara a verdadeira situação – ainda que esta já fosse especulada por especialistas – e aparentando novamente estar apenas informando "meias verdades".

Em outra discordância entre autoridades e civis da URSS, a notícia em questão conta também com uma fonte que dizia que os afetados pela radiação decorrida do desastre estavam sendo tratados aos montes nos hospitais; e os que acabavam morrendo não eram enterrados, mas sim, descartados juntamente com o lixo nuclear. Novamente, houve diferentes relatos.

> A fonte da UPI declarou estar em contato permanente com os hospitais e as equipes de resgate. Garantiu que oito pessoas morreram imediatamente e pelo menos duas mil estavam sendo levadas para os hospitais. "Todo o Hospital Outubro, em Kiev, está entulhado de pessoas contaminadas com a radioatividade", afirmou. Consultado por telefone, o hospital

negou que lá estejam sendo tratadas vítimas do acidente (CORREIO BRAZILIENSE, 30/04/1986, p. 8).

Além de abordar os diversos relatos contados, tanto por governos, quanto por moradores da região, por meio desta edição do dia 30 de abril do jornal também foi noticiado que o desastre de Chernobyl desencadeou diversos debates sobre a segurança nas usinas nucleares ao redor do mundo. Ainda que ainda haja perigo nas usinas, o ocorrido em Chernobyl atraiu atenção a conversa e garantiu uma parcela maior de segurança.

> Os meios empresariais e o público estão céticos deste acidente em Chernobyl confirma o temor destes setores, afirmou o presidente de uma subcomissão da Câmara dos Deputados encarregada da energia. Edward Markey, que há muito tempo critica a energia nuclear. Já a Atomic Industrial Forum, que representa a indústria nuclear, considera que não há motivos para preocupação. "O programa nuclear soviético é muito diferente do nosso", declarou ontem um dos dirigentes da organização, Eugene Gantzhorn (CORREIO BRAZILIENSE, 30/04/1986, p. 8).

A nosso ver, a notícia é escrita de maneira clara, às vezes soando até detalhista, abrangendo cada um dos tópicos conhecidos até então sobre o desastre; sempre procurando manter um tom de neutralidade e não esboçando opinião pessoal a qualquer assunto que estaria sendo abordado no momento.

Mesmo após esta declaração que poderia gerar certo pânico, a União Soviética se manteve em sua mesma afirmação de que o incêndio havia sido controlado e a radiação contida. Afirmou também que o número de atingidos pela radiação era bem menor do que os que as especulações internacionais apontavam. Assim, o clima de Guerra Fria se torna explícito novamente, contribuindo para nossa hipótese de que o desastre foi um dos grandes responsáveis pelo seu desfecho favorável aos Estados Unidos.

O *Correio Braziliense* noticiou os principais ocorridos do desastre de Chernobyl, com detalhes e fontes exteriores que nos surpreenderam inicialmente. Ao longo das notícias lidas para a realização deste artigo, em nenhum momento o periódico aparentou estar expondo explicitamente sua posição sobre o desastre, soando, na maioria das vezes, deveras imparcial.

Assim como o *Correio Braziliense*, o *Jornal do Brasil* não fora tão pontual em ideia e comparação da data do acidente com a publicação de sua matéria, fato que, como já dito anteriormente, se dá pelo abafamento nas imagens e pela ocultação de notícias à imprensa interna e externa – que só ficaram sabendo do ocorrido por conta do rastreamento radioativo prestado pela usina da Suécia.

O *Jornal do Brasil*, assim como o *Correio Braziliense*, apresentara a notícia ao público também de forma clara e objetiva, porém, com o seu diferencial de pouca abrangência, dando muita ênfase para a objetividade, ocultando suas opiniões e de seus jornalistas.

A primeira matéria separa-se em duas seções e ambas podem ser vistas como as mais detalhistas sobre o ocorrido reportado no jornal, com palavras que, ao certo, não demonstrariam a gravidade do acidente, mas trariam à tona os aspectos de matérias exteriores e pronunciamentos da imprensa e da própria URSS (porém, como já dito, sem um pronunciamento e opinião vindos do *Jornal do Brasil*).

São perceptíveis as incertezas representadas nas matérias – dada a linguagem utilizada e o abafamento da notícia por parte dos soviéticos. A primeira seção da reportagem fora intitulada como "Acidente nuclear na URSS leva radiação à Escandinávia", e fora publicada na terça-feira do dia 29 de abril de 1986, apenas três dias após o acidente – o que, em percepção temporária, é visto como em um prazo de normal ocorrência, dado o atraso do conhecimento mundial ao grave ocorrido.

> Moscou e Estocolmo – Pela primeira vez a União Soviética anunciou quase imediatamente a ocorrência de um acidente nuclear em seu território, em breve nota do Conselho de Ministros divulgada pela agência Tass durante o noticiário da televisão à noite. A nota afirma que foi avariado um dos reatores da central nuclear de Chernobyl, 130 quilômetros ao norte de Kiev (3 milhões 500 mil habitantes), capital da Ucrânia (JORNAL DO BRASIL, 29/04/1986, p. 12).

O jornal retrata como inédito o pronunciamento da União Soviética (que logo, é visto como bastante incerto, crítico e contestatório.) A incerteza gerada em torno da potência acerca do ocultamento de outro acidente (ao que informam especialistas em um de seus pronunciamentos sobre o ocorrido) gera grande anseio ao exterior e má interpretação à política dominante de Gorbachev, essa acabando por sofrer grande repreensão e ataques pela mídia – porém, Gorbachev faz questão de deixar claras as medidas a serem tomadas com a saúde e segurança dos moradores da região.

O *Jornal do Brasil* não se detém em explicações e pronunciamentos; hipóteses também são levantadas ao motivo certeiro que fizera a URSS fazer o inesperado comunicado. As ideias já são vistas no próprio título, com a causa principal sendo o aumento moderado em níveis radioativos na Escandinávia. "O acidente elevou (sem gravidade) os níveis de radioatividade em toda a Escandinávia, o que deve ter determinado o pronto e inédito comunicado soviético" (JORNAL DO BRASIL, 29/04/1986, p. 12). Medidas retratadas também vieram a ser noticiadas conforme as massas radioativas atingiam países próximos como a Noruega e a Suécia, país que detectou a radiação por meio de suas usinas e denunciou Chernobyl ao mundo.

O número de vítimas fora incerto e ocultado da opinião pública; a única informação a ser transmitida foi o nível elevado de atingidos pelo acidente sem uma soma ao certo, porém, com comprovação de moradores das devidas medidas que seriam tomadas pelo governo de Gorbachev; uma paralisia a atingir uma delimitada área.

A matéria apontava hipóteses e comparava alegações com uma probabilidade de descrença e mentiras. É visto que a Suécia suspeitava, inicialmente, de um acidente nuclear que acertara suas usinas e a Escandinávia, suspeitava da União Soviética como sendo a "vítima" de um desastre de tamanha magnitude, porém, contornando a situação a cada contestação.

Como esperado, a Suécia também fora a primeira a mostrar inconformidades com um comunicado imediato não ocorrido. A embaixadora, Brigitta Dehl, ressaltou a importância das usinas nucleares para a economia e a vida do país, mas ainda levando em consideração os perigos oferecidos pelas mesmas, destacando o decreto de fechamento de usinas nucleares até o ano de 2010.

Também vemos que os remorsos passados atingem cidades como Hiroshima e Nagasaki, que se pronunciam contra novos testes em usinas nucleares, defendendo o fato das mesmas serem consideradas perigos humanitários, ainda voltando para a historiografia das bombas atômicas destruidoras e causadoras da calamidade reportada no final da Segunda Guerra Mundial.

> Os prefeitos de Hiroshima e Nagasaki, arrasadas por bombas atômicas no fim da II Guerra Mundial, enviaram à embaixada francesa em Tóquio telegramas de protesto pelo novo teste nuclear francês, realizado no atol de Mururoa, no Pacífico, no domingo (JORNAL DO BRASIL, 29/04/1986, p. 12).

A segunda seção da primeira matéria intitula-se como "Usina opera quatro reatores", e a mesma dá ênfase para um breve parágrafo explicativo sobre a história dos reatores criados e ainda levantando mais hipóteses acerca do funcionamento da usina e do motivo do ocorrido.

> A usina nuclear soviética de Chernobyl, construída na localidade de Pripyat (segundo o especialista americano Eugene Ganthorn), a 130 quilômetros de Kiev e 700 de Moscou, começou a operar seu primeiro reator em 1977, e os demais, respectivamente, em 1978, 1981 e 1983, segundo artigo publicado na **Pravda** em janeiro, e que acrescentava estarem os quatros funcionando em regime pleno (total de 4 mil megawatts) (JORNAL DO BRASIL, 29/04/1986, p. 12).

A segunda matéria encontrada no jornal e intitulada "Soviéticos apelam ao Ocidente para conter desastre nuclear", é datada no Rio de Janeiro, na quarta-feira do dia 30 de abril de 1986 e, mais uma vez, nos dá um sopro de realidade e noção da gravidade do acontecido, mostrando logo em seu primeiro parágrafo um apelo vindo da URSS.

> O acidente nuclear na usina soviética de Chernobyl é o pior já verificado no mundo inteiro. Incapazes de controlar um incêndio que libera quantidades letais de radioatividade, as autoridades soviéticas foram obrigadas a pedir, pela primeira vez, ajuda técnica a países ocidentais – Alemanha e Suécia. Admitiram duas mortes, mas fontes ocidentais acreditam em duas mil (JORNAL DO BRASIL, 30/04/1986, p. 1).

A notícia retratada é logo vista como gritante e inesperada – tanto pela rixa e tensão circundantes entre Alemanha capitalista e URSS no passado, quanto pela "audácia" dos soviéticos em seu apelo após dois dias encobrindo o desastre em Pripyat.

O jornal ainda preocupou-se em retratar a destruição e os resultados causados pela grande quantidade de radiação liberada. Relatou, principalmente, as consequências sofridas pela Polônia e mostrou certo nível de preocupação com as rotas da "nuvem radioativa" e seus afetados.

> A nuvem radioativa invisível liberada com a destruição do reator afetou sobretudo a Polônia, que restringiu a venda de leite de vaca e deu instruções à população sobre como se comportar. Especialistas prevêem que a nuvem deverá atingir os Estados Unidos dentro de uma semana. Nos próximos dez anos, os moradores da área atingida, próxima a Kiev, poderão sofrer de câncer de pulmão (JORNAL DO BRASIL, 30/04/1986, p. 1).

A questão ainda traz à tona o dilema do que teria, ao certo, causado o grande incidente e como a URSS poderia tê-lo prevenido. A segunda notícia trazia um enfoque altíssimo para as diversas hipóteses e ideias de uma possível resolução e prevenção que poderia – e deveria – ter sido tomada pelos soviéticos.

> A ausência de um vaso de contenção de aço ou concreto ao redor do coração do reator está sendo apontada por cientistas ocidentais como a principal responsável pelos danos do acidente. No reator soviético, a reação em cadeia é moderada por grafite, que se incendiou ao entrar, sob alta temperatura, em contato com o oxigênio. Os especialistas ainda discutem se o incêndio levou ao derretimento dos elementos combustíveis de urânio, mas ninguém sabe como apagá-lo (JORNAL DO BRASIL, 30/04/1986, p. 1).

As preocupações com o acidente foram retratadas mediante a apelação da URSS, e ela viera tanto dos mesmos, quanto da Alemanha Ocidental, escolhida inicialmente como uma opção apelativa que apoiara fortemente os soviéticos. Vemos que os alemães, também inconformados e, de certa forma, confusos com o ocorrido, ficaram ao lado da União Soviética, protestando contra a falta de informações tidas sobre a radiação e seus perigos para a saúde humana além, é claro, dos perigos das usinas radioativas, que tanto começaram a sofrer grande apreensão. "O Partido Verde alemão pediu o fechamento de todas as usinas nucleares do mundo e a Europa – onde a apreensão é grande – protesta junto aos soviéticos pela escassez de informações sobre o acidente." (JORNAL DO BRASIL, 30/04/1986, p. 1).

A terceira matéria associa-se muito com o final da segunda, ainda optando pela objetividade com textos explicativos e curtos. As preocupações alastram-se no ocidente causando inconformidades e repercussões - isso mesmo com as garantias vindas da URSS e com a estimada rota da "nuvem radioativa".

De acordo com o jornal, o governo americano mostrou-se incrédulo às explicações dos soviéticos, alegando que a usina ainda estaria em chamas e o fogo teria se alastrado para outra usina próxima, o que é enfaticamente negado pela URSS. As situações contrárias e de calamidades piores às já tidas foram fortemente discutidas, mantendo, assim, o interesse dos Estados Unidos.

> Satélites americanos mostraram que o incêndio na usina nuclear soviética de Chernobyl está fora de controle e se alastrou a um segundo reator. O Kremlin nega, mostrando imagens que seriam da usina acidentada sem sinais de incêndio e insistindo que só houve duas mortes e não 2 mil. Os EUA pediram à URSS um relatório completo, que respeite as "obrigações internacionais" do Kremlin (JORNAL DO BRASIL, 01/05/1986, p. 1).

É de se visar que o *Jornal do Brasil* dera muita ênfase e espaço para o que possivelmente seriam as causas do acidente, já que o mesmo estende o assunto até a terceira matéria pesquisada, demonstrando, de maneira mais explicativa, a visão externa do desastre e da insegurança das usinas nucleares para as pessoas, para a natureza e para a própria nação. Tanto as grandes quanto pequenas potências mundiais passaram a tratar a radiação não como um brinquedo, mas sim, como uma forte arma que infelizmente agira.

As buscas mais profundas passaram a ser prioridades e com elas, a ideia, vontade e obrigação de se entender o que causara um acidente de tamanha magnitude e que ocorrera de forma tão inesperada. Segundo o jornal, protestos e investigações passam a ser mais abertos e consequentes, com todos se mobilizando sobre o desastre nuclear de Chernobyl.

> O presidente Reagan enviou mensagem de pesar, ofereceu ajuda e nomeou uma comissão para investigar o acidente. Vários países garantiram a segurança de suas usinas nucleares, enquanto oposições e o movimento pacifista voltavam à carga com força total: a Organização Greenpeace

> convocou um grande protesto para hoje em Londres (JORNAL DO BRASIL, 01/05/1986, p. 1).

As doenças viraram um grande dilema. Em uma das matérias, o Jornal do Brasil explica como as mesmas agiam, como a radiação agia no sistema imunológico e o que se esperar de mudanças. A Polônia fora apresentada na matéria como precavida, alertando a população e utilizando pílulas para prevenir doenças extremamente fortes.

> A Polônia distribuiu pílulas de iodo para todos os menores de 16 anos, enquanto a nuvem radioativa se desloca para o sul da Europa. Especialistas explicaram que este tipo de radiação não provoca queimaduras mas ataca os sistemas nervoso e imunológico, causando leucemia e outros tipos de câncer (JORNAL DO BRASIL, 01/05/1986, p. 1).

O *Jornal do Brasil* representou o desastre de Chernobyl da maneira mais clara possível, sem prender-se em detalhes e na abrangência de assuntos mais externos, porém, ainda assim interligados com o desastre. Vemos o jornal buscando uma certa imparcialidade, sabendo balancear as grandezas das informações e não utilizar opiniões próprias ou de posições políticas. O enfoque do jornal deu-se nas descobertas já feitas e ainda a serem feitas, priorizando também a segurança e a historiografia apresentada em suas três primeiras matérias.

Conclusão

Como argumento final, concluímos que ambos os jornais noticiaram o desastre durante o mesmo período de tempo, de maneira imparcial, demonstrando sempre seriedade no assunto. Os dois jornais possuíam diversas fontes que muitas vezes eram praticamente as mesmas – em razão de virem de agências de notícias – porém sua maneira de noticiá-las foi diferente.

O *Correio Braziliense* aparentou dar mais destaque ao assunto, constantemente noticiando-o na primeira página e sempre abordando diversos tópicos envolvidos, colocando diversos detalhes em suas notícias. Já o *Jornal do Brasil*, embora também tenha destacado o assunto, não dedicou tanto espaço aos detalhes e noticiou o ocorrido de maneira eficiente, porém de maneira branda quando comparado, por exemplo, com o *Correio Braziliense*.

A explosão, ainda que não tenha impactado diretamente o Brasil em grande escala, com certeza serviu como um importante fator na imagem já prejudicada da URSS em nosso país – assim como internacionalmente naquele momento histórico. Esta imagem negativa veio principalmente da demonstração de uma possível incompetência da União Soviética como potência: o modo como o governo lidou com o desastre levantou uma ainda maior desconfiança sobre o que estaria sendo escondido por estes, colocando a *Glasnost* sob suspeita já em seus inícios.

Além de servir como uma mancha na imagem da potência soviética, o desastre de Chernobyl também pode ser citado como um dos últimos pregos em seu caixão, pois após o acontecimento foram necessários gastos exorbitantes para conter radiação, tratar pacientes e diversas outras despesas que, além de prejudicar a moral da URSS, a deixou em extrema desvantagem contra seu rival na Guerra Fria, os Estados Unidos, que acabaria levando a melhor nesta disputa.

Referências

Fontes primárias

Jornal do Brasil – Disponível na Hemeroteca Digital da Biblioteca Nacional

Correio Braziliense – Disponível na Hemeroteca Digital da Biblioteca Nacional

Fontes secundárias

ALEKSIÉVITCH, Svetlana. *Vozes de Tchernóbil.* São Paulo: Companhia das Letras, 2016.

DOBBS, Michael. *A Queda do Império Soviético.* Rio de Janeiro: Campus, 1998.

LUCA, Tania Regina de. História dos, nos e por meio dos periódicos. In: PINSKY, Carla (org.). *Fontes Históricas.* 2ª ed. São Paulo: Contexto, 2006, p. 111-153.

REIS FILHO, Daniel Aarão. *As Revoluções Russas e o Socialismo Soviético.* São Paulo: Unesp, 2003.

VIZENTINI, Paulo G. Fagundes. A Guerra Fria. In: REIS FILHO, Daniel Aarão; FERREIRA, Jorge; ZENHA, Celeste (org.). *O Século XX*: O tempo das crises – Revoluções, fascismos e guerras. 2ª ed. Rio de Janeiro: Civilização Brasileira, 2003, p. 195-225.

Da construção à queda:

a História do Muro de Berlim na imprensa brasileira

Laura Martins de Lima
Rafaela Gulgelmin Collovini

"Kruschóv está perdendo a Alemanha Oriental. Ele não pode permitir isso. Se perder a Alemanha Oriental, vai perder também a Polônia e toda a Europa Oriental. Ele vai fazer alguma coisa para acabar com o fluxo de refugiados. Talvez um muro. E não podemos impedi-lo. Posso manter a Aliança coesa para defender Berlim Ocidental, mas não posso fazer nada para manter Berlim Oriental aberta."

John F. Kennedy

Introdução

No verão de 1961, a previsão do tempo para a Guerra Fria deixava de tangenciar a calidez. O povo alemão adentrava em seus dias mais quentes. A Europa, velha senhora continental, e Berlim, sua filha mais raquítica, amanheceram divididas com a Cortina de Ferro imposta sobre si. O arame farpado, que podia ser visto por qualquer berlinense que tentasse cruzar a fronteira entre a República Democrática Alemã (RDA) e a República Federal da Alemanha (RFA), passou a separar não só relações políticas e diplomáticas, mas também sociais. A cidade se encontrara dividida, assim como o restante do mundo. A divisão física recém nascida fora batizada, formal e mundialmente, como Muro de Berlim. Porém, entre o povo ocidental - e seu altíssimo potencial de disseminação midiático - nenhum outro nome soava tão bem como "Muro da Vergonha". Enquanto o cabo de guerra, que disputava o prêmio de nome mais adequado, era tensionado pela a mídia, as duas grandes potências lutavam por sua hegemonia perante o restante do mundo.

A construção do Muro foi, acima de tudo, uma representação simbólica da ideia de conflito ideológico, visto que essa, diferentemente de tudo que já se havia vivenciado em tempos de guerra, se mostrava ausente nos conflitos bélicos entre os protagonistas autointitulados de primeiro mundo. A afirmativa mais presente na explicação socialista é de que a construção não passou de uma alternativa viável para a obstrução na migração descontrolada que partia da Berlim Oriental para a Berlim Ocidental - regida pela economia capitalista subsidiada pelo seu sócio maior. Essa abrupta ação representou não somente o temor da perda, mas também a ciência do fato consumado que a presença Ocidental Americana trazia consigo: a instigação na ambição de um povo que, exausto da miséria de sua própria cultura vivenciada no pós Segunda Guerra, desejava viver em uma realidade alternativa e convidativa. O desejo, ao fundir-se com a instigação, liquidaria os costumes que um dia predominaram na Europa e alimentariam aquilo que hoje temos como globalização.

Construído nos tempos de apogeu e triunfo da União Soviética - num contexto em que os estadunidenses se desfaziam de seu predomínio hegemônico existente desde o início do confronto - o Muro de Berlim fez parte do cenário mundial e da Guerra Fria por quase três décadas separando dois setores totalmente antagônicos. Contudo, foram as insatisfações sociais do oriente, juntamente das manifestações, protestos e das diversas tentativas de fuga que os berlinenses socialistas fomentaram o impulso pelo fim da barreira. Havia, ainda, com a crise econômica interna de uma RDA que, com seus dias contados, acompanhava a prosperidade econômica e o padrão de vida crescente de sua vizinha. O produto desses fatores culminou na queda da estratégia soviética, mostrando o início do evidente colapso que chegava rápido pelas estradas de ferro até a porta dos camaradas orientais.

O montante de diversos fatores acarretou no fim da URSS e, também, no fim da Guerra Fria. Dentro de um vasto campo a ser analisado, investigar de forma isolada os momentos de maior tensão daquele conflito tornam-se pertinentes. Todavia, além de compreender que não somente análises nacionais do conflito carecem, cabe também pautar o vertiginoso estudo do comportamento midiático brasileiro frente a acontecimentos que marcaram a história do século XX. A partir disso, foi tomado como objetivo compreender como a imprensa brasileira retratou as tensões relativas ao Muro de Berlim, analisando as principais mudanças ocorridas mediante ao contexto da Guerra Fria e a forma com que a atenção nacional se ateve a elas. Foi buscado, neste capítulo, observar os mecanismos ocorridos nas mudanças político-econômicas, tensões e manifestos consequentes da construção, bem como a forma com que a queda do Muro influenciou no enfraquecimento do socialismo e, por consequência direta, na desagregação da União das Repúblicas Socialistas Soviéticas e no fim da Guerra Fria.

O Muro da Vergonha e o poder da metonímia

Neste capítulo, além de referências bibliográficas, foram utilizados o *Jornal do Brasil* e a *Folha de São Paulo* como fontes primárias de pesquisa. O uso dos jornais reforça o intuito de analisar as formas com que a imprensa brasileira se dispôs diante de uma série de divergências político-econômicas protagonizadas por duas grandes superpotências que, influenciadas pelas bases de seus antagônicos sistemas econômicos, disputavam a hegemonia global. Essa disputa, ainda que sustentada sob um contexto predominantemente marcado pela ausência de confrontos bélicos diretos, expôs muitas feridas ligeiramente não cicatrizadas após as duas Grandes Guerras – sendo Berlim a que ainda sangrava.

A cidade alemã fora palco do maior conflito ideológico já registrado pela História Contemporânea e o Muro de Berlim é tido como o personagem principal desta trama. Em um contexto onde os valores dominavam o curso do enredo, o Muro passou a representar muito mais do que apenas parte do cenário. Os jornais, por sua vez, ditavam o roteiro a ser seguido não somente pela população alemã, mas também pelo restante da população global. Assim, com tudo no script, restava a concorrência para assumir o posto de diretor.

Embora muito populares, os jornais e periódicos, durante um longo período, pouco eram utilizados como fonte de pesquisas acadêmicas e diversos eram os fatores que justificavam tal desuso. O principal deles era a descrença nas informações, uma vez que, além de serem submetidas à censura e à repressão advindas do regime socialista, eram também recebidas pela forte influência da ditadura militar brasileira sobre os mais diversos meios de comunicação. Por muitos anos, uma grande parcela da sociedade deixara de enaltecer uma débil e tendenciosa indústria midiática que era refém do alienador regime militar. Em contrapartida, à medida que a sombra da repressão foi dando lugar à luz da democracia, elucidou-se a importância de investigações baseadas nos periódicos da época, como aponta Maria Helena Rolim Capelato:

> Não há como deixar de lado o espectro da censura. Em vários momentos, a imprensa foi silenciada, ainda que por vezes, sua própria voz tenha colaborado para criar as condições que levaram ao amordaçamento. O papel desempenhado por jornais e revistas em regimes autoritários, como o Estado Novo e a ditadura militar, seja na condição de difusor de propaganda política favorável ao regime ou espaço que abrigou formas sutis de contestação, resistência e mesmo projetos alternativos, tem encontrado eco nas preocupações contemporâneas, inspiradas na renovação da abordagem do político (Capelatto apud LUCA, 2005, p. 129).

Do ponto de vista analítico textual, o gênero jornalístico possui duas vertentes: informativa e opinativa. Os periódicos, pertencentes ao nicho editorial, consequentemente sendo opinativos, são fontes carregadas de intenções persuasivas-explicativas. Explicitando esse fator, torna-se mais fácil justificar a afirmativa de que os jornais, em contextos que fogem apenas do feitio explicativo, não devem ser tomados como fontes pioneiras de fundamentação no processo de absorção genuína de conhecimento. Em síntese, é preciso ter consciência de que outras fontes além dos jornais são imprescindíveis para o melhor encaminhamento das conclusões numa pesquisa, mesmo naquelas em que o jornal é o próprio objeto de pesquisa (ELMIR, 1995). Contudo, a análise das manifestações de posicionamento – e suas influências sob uma população segmentada ideologicamente – são uma importante ferramenta de estudo no que se refere ao poder exercido pela mídia e suas possíveis consequências para construção estrutural de valores em uma sociedade.

Há, ainda, outro ponto que evidencia a insegurança social em relação ao que era noticiado na época: no geral, as pessoas tomavam a imprensa como instância subordinada às classes dominantes, mera caixa de ressonância de valores, interesses e discursos ideológicos (LUCA, 2005). Em outras palavras, a imprensa não só era subordinada ao governo brasileiro, mas também às camadas sociais com maior poder aquisitivo.

Em um salto, já na década de 1990, após a segunda redemocratização do Brasil, a publicidade e a propaganda finalmente atingiram seu apogeu, dando início a um período que ficou conhecido como "tempos eufóricos" na imprensa brasileira (LUCA, 2005, p. 121). Neste contexto, a indústria cultural ganhou forte destaque, onde as revistas - que apresentavam um conteúdo amplo e diversificado – bem como os jornais e o rádio se destacaram como principais fontes de informação. Foi então que os periódicos adquiriram espaço tanto no cotidiano de uma população que busca, desde então, informações instantâneas, quanto para finalidades acadêmicas a posteriori.

Diante de um estudo realizado por meio de periódicos, é plausível questionarmos as razões para que uma notícia se torne notícia. Intuitivamente, é levantada a hipótese de que os fatos retratados pela mídia são, de alguma forma, significativos para a população ou para uma parcela influente dela. Sob esse aspecto, é, de fato, indispensável considerar que uma divisão física imposta sobre o território berlinense seria cativante aos olhares da imprensa. Ressalta-se que outra questão metodológica fundamental é ter presente a ideia de que pesquisadores não são leitores-modelo de jornal; são leitores empíricos de um jornal que teve outros leitores empíricos no momento em que este circulava (ELMIR, 1995). Nesse sentido, fora buscado, por meio dos periódicos, salientar os impactos causados a uma sociedade então segmentada e revistar a forma com que suas reivindicações viriam, posteriormente, a culminar na desagregação da União das Repúblicas Socialistas Soviéticas e, por conseguinte, no fim da Guerra Fria. Para tanto, foram selecionados, especificamente, o *Jornal do Brasil* e a *Folha de S. Paulo* com o intuito de explorar a maneira com que a imprensa brasileira, ainda que mascarada pela censura militar, retratou o acirramento dos conflitos entre os EUA e a URSS. Mais, com foco nas questões relativas ao Muro de Berlim.

Guerra Fria: os férvidos anos

Enquanto o mundo se despedia daquele que fora o holocausto do século XX, marcado por um horripilante cenário de dor e ultimado pelo horror nuclear, era acolhido de braços abertos por um novo conflito ideológico conhecido por sua divisão político-econômica – a Guerra Fria. Sua permanência, porém, não fora tão instantânea. A ansiedade político-social que desprendia a população global da serenidade foi estendida por mais quatro décadas. O descanso, que tampouco chegou, havia ido embora. Os cães, em quase nível de poliglotismo, deixavam de ladrar em alemão para praticar o inglês e o russo.

Há quem considere seu início marcado logo após a Primeira Guerra Mundial, em 1922, com a fundação da União das Repúblicas Socialistas Soviéticas. A União Soviética, no entanto, já se mostrava como uma ameaça aos Estados Unidos desde a Guerra Civil Russa, iniciada em 1918, onde os EUA obtiveram uma falha tentativa de intervenção militar, tendo como resposta o bloqueio econômico-diplomático conhecido como *Cordon Sanitaire*. Em contrapartida, há também quem considere que a Guerra Fria teve seu início marcado no período pós Segunda Guerra Mundial, mais precisamente após os atentados nucleares a Hiroshima e Nagasaki. Esses ataques serviram como uma mera demonstração de poder dos EUA sobre a URSS e, também, de notoriedade da ascensão de sua influência sobre o espectro global, a fim de limitar a divisão territorial estabelecida nos acordos de Yalta apenas à Europa

> O general Groves, responsável pelo projeto Manhattan (produção da bomba A), afirmou em 1942 – em plena vigência da aliança EUA-URSS – que esta seria uma importante arma contra a União Soviética! No mesmo ano, Churchill elaborou seu Memorandum Secreto, onde afirmou que, as-

> sim que o Eixo deixasse de construir uma ameaça, os aliados anglo-saxões deveriam considerar que a URSS era o verdadeiro inimigo (VIZENTINI, 2003, p. 199).

A verdadeira hegemonia norte-americana foi exposta ao fim da Segunda Guerra, pois além de fornecer recursos básicos para a reconstrução de uma Europa devastada pelo conflito, os Estados Unidos obtiveram grandes avanços militares e tecnológicos. Além disso, a fundação da Organização das Nações Unidas (ONU) – em 24 de outubro de 1945 – fortaleceu o capitalismo internacional, favorecendo ainda mais a posição do país. Contudo, havia um forte temor pela reestruturação industrial europeia, fazendo com que o governo capitalista passasse a pressionar Truman – responsável pelo poder executivo – a tomada de medidas ainda mais rigorosas em relação ao bloco opositor, afinal, não era tempo de fortalecer o território inimigo sem ao menos garantir algum grau de redenção e aliança em troca de suporte. Assim, em março de 1947, foi implantada a Doutrina Truman, que consistia em fornecer auxílio financeiro a outros países com o intuito de conquistar aliados e adeptos ao regime capitalista, além de buscar conter a propagação do socialismo stalinista – o que cabe, também, como uma proposta plausível ao marco inicial do novo conflito. O outro ponto escondido atrás da pseudo empatia estadunidense é a consciência de que o verdadeiro triunfo pós-guerra pertencia ao domínio russo. Isso porque, além de coexistir com a Guerra – tanto Primeira quanto Segunda - em seu próprio território, a URSS enfrentou também a ameaça de blocos intercontinentais; feito esse que não a impediu de avançar em questões econômicas e firmar propósitos ideológicos além de anexar novos territórios. O Exército Vermelho, em sua marcha até Berlim, recuperou antigos territórios e ainda impôs domínio stalinista sobre novos, tendo como resultante uma fatia maior na divisão final da Europa. Posto isso, somente a capital Bonn pouco satisfazia os desejos do Tio Sam; agora todo e qualquer pedaço de terra do globo passava ser de interesse estadunidense.

Após a inserção da Doutrina Truman como um ato de instigação à Guerra, o serviço de inteligência governamental se tornou a chave para o desencadeamento do conflito, onde os planos e medidas autopreservativas se tornaram a principal estratégia para debilitar os avanços do bloco adversário. Em junho do mesmo ano foi elaborado o Plano Marshall, que serviu como um aperfeiçoamento do plano antecedente. O mesmo consistia em empréstimos com juros baixos, tendo o intuito de intensificar a comercialização de mercadorias com o povo europeu. Foi com essa ação, considerada como apoderação econômica pelos soviéticos, que a abstenção do lado oriental se tornou significativamente forte e reforçou os atritos perante o conflito. Ao tentar implantar o Plano Marshall sobre a Tchecoslováquia, o bloco capitalista foi surpreendido pela recusa de Praga, o que, com auxílio da URSS, acarretou na deposição dos conservadores que obtinham alto poder governamental, consolidando-se, assim, o Golpe de Praga. A partir deste ponto, o socialismo era finalmente instaurado em toda a Zona Soviética, intensificando a divisão geopolítica da Europa. A questão envolvendo Praga serviu, também, como forma do bloco capitalista compreender a forte influência que os socialistas exerciam sob a Europa Oriental – a batalha não estava ganha.

Com a Europa politicamente dividida entre dois blocos econômicos divergentes entre si, os Estados Unidos, juntamente com a França e a Grã-Bretanha, implantaram a nova moeda comercial – conhecida como Marco Alemão. A imposição da nova moeda criada pelo regime capitalista desvalorizou o fluxo do comércio socialista, feito a partir da antiga moeda alemã – o Reichsmarck. Em meio ao cenário de déficit econômico oriental, Stalin viu-se forçado a tomar medidas drásticas relacionadas às zonas fronteiriças entre Berlim Ocidental e Berlim Oriental e ordenou, então, que os limites terrestres que interligavam as duas parcelas da cidade fossem imediatamente bloqueados. Ele acreditava que assim obteria domínio sobre ambas as partes de uma Alemanha segmentada, restabeleceria o equilíbrio na balança comercial e, ainda, seria capaz de livrar-se do capitalismo, que era tido como principal calcanhar de Aquiles da ascensão do socialismo em parâmetros mundiais.

O temor capitalista pela perda territorial assombrava o governo de Truman, pois os EUA já haviam exposto seu interesse em todo e qualquer território que se opusesse a seu regime. Assim que os níveis de escassez de recursos básicos se tornaram alarmantes, o que dava má imagem ao bloco que se denominava superior em padrões de qualidade de vida, providências imediatas tiveram de ser tomadas a respeito do bloqueio para que se mantivesse o *status quo* norte-americano. Com o auxílio de William H. Tunner, o general Albert Wedemeyer, em 1949, recriou a ponte aérea - que outrora serviu como parte fundamental para o abastecimento da China na Segunda Guerra – com o intuito de fornecer suprimentos variados ao lado ocidental de Berlim. Durante aproximadamente 300 dias, a ponte aérea tornou-se o único meio de acesso estrangeiro para a cidade. Foi a partir do Bloqueio Aéreo de Berlim que as tensões entre as áreas de influência socialista e capitalista se acirraram .

Em 11 de maio de 1949, o fim do Bloqueio Aéreo acarretou no acordo que permitiria o acesso fixo e perdurável capitalista a Berlim, como uma forma de prevenção a outro futuro bloqueio similar. A consequência de tal acordo foi a fundação da República Federal Alemã, tendo oficialmente sua capital em Bonn. Em represália, a União Soviética, ainda no final do mesmo mês, fundou a República Democrática Alemã, que viria a se tornar oficial em 7 de outubro de 1949, com sua capital em Berlim. Ademais, o bloqueio, anos após, acarretou a eclosão de diversos conflitos terceiro-mundistas, onde a interferência dos dois grandes blocos econômicos culminou significativamente para seus respectivos desfechos. Como elemento conclusivo do conturbado fim da década de 40, a União Soviética obteve êxito no lançamento de sua primeira bomba atômica e deixou indicado que os anos seguintes tomariam um novo caráter do ponto de vista civil – o do medo.

A situação de Berlim ou até mesmo a Guerra Fria poderiam ter tido seus dias contados em 1952 quando Stalin enviou uma proposta de reunificação alemã a Adenauer, sendo ela imediatamente recusada. A condição era que houvesse eleições livres e uma única Alemanha, anulando toda e qualquer aliança militar. Desejava também que o Ocidente renunciasse a antigos territórios da Prússia. Assim, além da ganância estadunidense, tornou-se explícito que a Guerra Fria só tomaria a reta final com a derrota total de um dos blocos. Confirmando a ambição e o interesse na corrida armamentista, no mesmo ano, os Estados Unidos obtiveram êxito em seu primeiro teste com a bomba de hidrogênio. Já em 1953, com a morte de Stalin, Khrushchóv tomou a frente da União Soviética e, em 1955, devido ao temor pelo rearmamento da RFA, assinou um tratado de cooperação e aliança militar mútua com os demais países socialistas da Europa – o chamado Pacto de Varsóvia.

Em 1957, a Corrida Espacial teve seu marco inicial dado a partir do lançamento do satélite artificial Sputnik I pelos soviéticos que agora segmentavam a disputa em uma terceira vertente: a tecnológica. No entanto, a URSS era seguida de perto pelos Estados Unidos que, em 31 de janeiro de 1958, lançaram seu primeiro satélite – o Explorer I – e, em seguida, fundaram a Administração Nacional Aeronáutica e Espacial (NASA), a 1º de outubro. É inegável que a corrida espacial fora mais uma que demonstrou forte acirramento entre os blocos, afinal, era necessário garantir a atração social em meio ao cabo de guerra. Porém, também se torna irrefutável que os motores soviéticos se mostraram mais potentes, visto que em 1961 o primeiro homem chegava ao espaço; não obstante, em 1963, Valentina Tereshkova cruzava a atmosfera terrestre sendo a primeira mulher que chegara ao espaço. Ambos soviéticos, foram causadores das ojerizas americanas que só foram acalmadas em 1969 quando os capitalistas conseguem revidar enviando o primeiro homem à lua.

Em 1961, o cenário da Guerra Fria mudava drasticamente. O tão contemplado bloco capitalista tropeçara em seus próprios pés. Três meses após a posse de John F. Kennedy, o fracasso na Baía dos Porcos somado ao recente êxito obtido pelo lado soviético no lançamento do primeiro homem ao espaço deixou explícita a forma com que o equilíbrio da Guerra Fria se sucederia. Além disso, em agosto do mesmo ano, o Presidente do Conselho de Estado da República Democrática Alemã, Walter Ulbritch, com apoio do Kremlin, ordenou que as fronteiras entre Berlim Oriental e Berlim Ocidental fossem fechadas por tempo indeterminado. Por mais de 20 anos, o Muro de Berlim desempenhou, fisicamente, a divisão de uma cidade e, simbolicamente, do mundo inteiro.

A partir de 1961 os anos começaram a oscilar no mundo socialista e capitalista, uma vez que cada passo era sucedido por grandiosas penumbras de incertezas voltadas às vitórias e derrotas, bem como aos avanços e atrasos que poderiam decidir o futuro da Guerra Fria – ou melhor, seu fim. O ano de 1962 fez-se na tensão entre as duas superpotências gerada a partir da Crise dos Mísseis em Cuba. A Crise fora sucedida pelo período conhecido como détente, em que os dois blocos econômicos desfrutaram de um longo período de pacifismo – ou uma segunda coexistência pacífica – que permaneceu até os momentos finais da Guerra Fria. Em 1964, por meio de desavenças internas de seus aliados dentro de seu próprio partido e até mesmo por acusações de má administração política e econômica, Khrushchóv foi deposto de seu cargo. Leonid Brejnev, então, assumiu o cargo de Secretário-Geral da União Soviética.

A década de 70 marcou ainda mais a oscilação, uma vez que o deslumbre capitalista decaiu na primeira derrota terceiro-mundista, mas recuperou-se anos depois com a derrota soviética no fim do segundo conflito armamentista. Em 1975, chegara ao fim o maior conflito bélico simultâneo à Guerra Fria, uma vez considerada apenas ideológica. Ultimada a duradoura Guerra do Vietnã, os Estados Unidos mais uma vez demonstraram fraqueza. A derrota do vangloriado bloco capitalista gerou um profundo sentimento de fracasso a todos os aliados estadunidenses, o que ficou conhecido como Síndrome do Vietnã, que somada aos conflitos raciais e de contrarreforma dentro do território estadunidense, trouxeram ainda mais decadência à posição norte americana perante o globo.

Simultaneamente, as crises internas da URSS eram cada vez mais alarmantes. Foi a partir da guerra no Afeganistão que o definhamento soviético começou e, ligeiramente, fora sucedido por outros três acontecimentos que culminaram no seu fim: a chegada de Gorbachev ao poder, o desastre em Chernobyl e o ultimato vermelho com a queda do Muro de Berlim. Os soviéticos não poderiam ficar um passo atrás no plano internacional e esse foi, então, o caminho para sua derrota. A corrupção, a falta de suprimentos básicos para abastecimento da população e a descrença no socialismo juntamente de uma crise econômica que se agravava profunda e aceleradamente deixavam o colapso da União cada vez mais próximo.

O líder Gorbachev assumiu o cargo de representante do bloco socialista no ano de 1985. Isso significou, do ponto de vista histórico, a derradeira alternativa soviética. O bloco, já colapsado e apresentando nitidamente a falta de recursos para sustentar a guerra por mais tempo, foi entregue à mão do novo Secretário-Geral que, de formas desesperadoras, tomou medidas e propôs planos para a recuperação da força russa no contexto de disputa. O ambiente pouco era favorecedor e isso ficou ainda mais evidente à medida em que o tempo, curto e decisivo, passava.

Em 1986, o desastre nuclear de Chernobyl deixou ainda mais evidente a fraqueza socialista, mostrando, também, que nem na tentativa falha de esconder o acidente, o bloco tinha forças. Ademais, a tentativa de minimizar as informações do desastre nuclear serviu como uma pá para auxiliar a abertura da cova socialista. No mesmo ano, como uma forma desesperada por ajustes no modo econômico-social e com o intuito de restaurar o sucesso obtido no início do conflito, Gorbachev implantou medidas conhecidas como Perestroika e Glasnost – duas jogadas estratégicas que diferiam muito dos moldes ideais socialistas. O vetor, porém, apontou para o sentido contrário. A Perestroika, implantada também com o intuito de flexibilizar o comércio capitalista em território socialista, serviu apenas como forma de gerar um sorriso ainda maior no rosto estadunidense que, sem mais esforços, assistia o colapso econômico do bloco rival.

Em 1989, as manifestações em Berlim já eram incontroláveis. A revolta por parte de uma população extremamente insatisfeita com a situação que se agravava cada vez mais era somada a um governo saturado pelas tentativas fracassadas de repressão às mesmas. Ainda assim, contudo e apesar das evidências, ninguém ousava dizer o indizível: a URSS estava prestes a desaparecer (REIS FILHO, 2002). Decorrente disso, a queda do principal alicerce da União Soviética foi inevitável. O Muro de Berlim vinha a desmoronar e não levou muito tempo para que não só os ocupantes da Zona Soviética, mas também o restante do mundo percebesse que a URSS engatinhava para seu fim. Foi no dia 9 de novembro de 1989 que o Muro de Berlim recebera sua última pá de terra – o concreto encontrava o chão.

O socialismo real, inspirado na teoria de Marx, não passara de 1991, quando o sistema soviético deixava sua marca política e econômica apenas na história de mãos dadas ao maior conflito ideológico do século XX. A lápide recebe o nome do bloco vermelho: União das Repúblicas Socialistas Soviéticas.

Do arame ao cimento: a crítica e representação da Folha de S. Paulo sobre a construção do Muro de Berlim

O fracasso na reunião entre as potências em Paris no ano de 1960 deixou Khrushchóv pouco à vontade em relação a seus opositores e suas intenções. Nesse ponto, sua última esperança era a candidatura de John F. Kennedy frente ao bloco opositor, já que sua pouca experiência somada a uma série de ideais desalinhados aos de seus antecessores poderiam facilitar as relações entre os Estados Unidos e a União Soviética. Todavia, ainda que a situação fosse inclinada ao pacifismo, havia um grande impasse que necessitava de atenção imediata: o problema de Berlim precisava ser resolvido em 1961.

O Kremlin esperava finalmente perpetuar sua proposta de coexistência pacífica, pois acreditava que John Kennedy, bem como a frente soviética, não possuía interesses ligados a confrontos militares e armamentistas. No entanto, o socialista apressado precisaria ser paciente se não quisesse desencadear uma guerra na qual sairia em desvantagens. Não foi sem propósito que o Kremlin, assim que Kennedy assumiu a liderança dos EUA, enviou, como forma de agrado, dois pilotos de caças aéreos que foram apreendidos em Berlim por espionagem.

O presidente americano, como esperado, cedia às boas ações do camarada socialista. A relação amigável, porém, tinha seus dias contados. Não levou muito tempo para que Khrushchóv exigisse uma reunião às pressas com o novo presidente para tratar do impasse entre as duas potências: Berlim. Porém, ainda que a pauta da reunião estivesse firmemente definida para o premiê socialista, inúmeros foram os acontecimentos antecedentes à Cúpula em Viena que desviaram o foco do primeiro encontro oficial entre os dois líderes. Um deles foi o fracasso dos Estados Unidos no episódio na Baía dos Porcos - o que, de fato, deslocou o equilíbrio do conflito, favorecendo o lado soviético.

A situação de Berlim se agravava cada vez mais e Khrushchóv continuava a defender seu discurso de que tomaria as medidas necessárias assim que viesse a se encontrar com Kennedy. Por outro lado, o líder norte-americano parecia pouco interessado em discutir tais questões de imediato. Enquanto isso, o número de refugiados orientais que cruzavam a fronteira entre os dois segmentos da cidade crescia de forma desenfreada e, de alguma forma, essa não parecia a preocupação principal do premiê soviético naquele momento. Já para Walter Ulbritch, membro do Partido Comunista e aliado direto de Khrushchóv, a solução mais eficiente para conter a migração exponencial que, a qualquer momento, poderia corromper a economia da RDA seria o fechamento definitivo da zona fronteiriça entre os dois setores da cidade. A essa altura, a pressão do Partido sobre Krushchóv era constante.

Frederick Taylor aponta que:

> Em junho de 1961, 19.198 refugiados (aproximadamente 630 por dia) foram registrados no centro de triagem de Marienfeld. Em julho, o total chegava a 30.444 (mil por dia), o mais elevado desde 1953. Nos dias 2 e 3 de agosto, 1322 refugiados chegaram a Marienfeld; a 3-4 de agosto, 1.100; a 4-5 de agosto, 1.155; e a 5-6 de agosto, 1.283. No fim de semana de 6-7 de agosto, 3.268 pessoas deixaram a Alemanha Oriental rumo a Berlim Ocidental. O total do dia seguinte foi de 1.741 (TAYLOR, 2006, p. 192).

O crescimento exacerbado do número de migrações em um curto período de tempo indicava que o sistema socialista já não era tão convidativo aos cidadãos berlinenses que, na porta ao lado, encontravam um vislumbre de liberdade. Os dados eram definitivamente alarmantes e o ambicioso fragmento oriental da Alemanha não via outra maneira de estancar a hemorragia imigratória a não ser por meio de medidas drásticas que, claramente, descontentavam a população já saturada da RDA. As fronteiras entre Berlim Oriental e Berlim Ocidental precisavam ser fechadas imediatamente. Do contrário, a RDA em pouco tempo se tornaria auto-insuficiente – ou, na pior das hipóteses, inabitada.

Dado sinal verde aos planos de Ulbritch, Eirck Honecker – então vice-premiê e líder de segurança do Partido – rapidamente tomou as providências necessárias e comandou uma operação extremamente sigilosa que visava contar com o menor número de pessoas possível para fechar as fronteiras de Berlim. A operação que viria a receber o codinome de Operação Rosa não deixava margem alguma para interrupções ou erros de execução. Outrossim, ainda que os olhos ocidentais não pudessem enxergar com devida clareza a magnitude do que estaria por vir, a questão do fechamento das fronteiras já era atrativa à imprensa antes mesmo do 13 de agosto:

> A Alemanha comunista decidiu, conforme foi apurado ontem em círculos autorizados na zona oriental alemã, proibir as viagens de cidadãos do setor oriental para o ocidental e vice-versa.
>
> A decisão, para evitar o contínuo e crescente êxodo de habitantes da zona comunista para o lado ocidental deverá [...] ser anunciada oficialmente pelas autoridades da República Democrática Alemã dentro das próximas horas (FOLHA DE S. PAULO, 12/08/1961, capa).

Na manhã de 13 de agosto, milhares de berlinenses, às primeiras horas do dia, se depararam com o resultado do êxito da Operação Rosa. A operação sigilosa fora tão bem sucedida que até mesmo os setores ocidental, francês e britânico da cidade foram surpreendidos. As fronteiras de Berlim foram, de fato, fechadas até segunda ordem e os berlinenses só poderiam cruzá-las por via aérea. A grande surpresa, no entanto, era proveniente do contraste criado entre um conflito de perfil puramente ideológico e o que agora passava a ser uma representação visível e palpável da Guerra Fria. Nunca até então a população civil se vira tão fisicamente próxima das divergências entre os Estados Unidos e a União Soviética. O arame farpado estendido desde o Portão de Brandemburgo por todo o entorno da divisa entre os setores berlinenses denotava a ideia da divisão política, econômica e social estabelecida mundialmente. Nesse ponto, o Muro de Berlim tornou-se, de fato, o maior símbolo da Guerra Fria.

Em 14 de agosto, a *Folha de S. Paulo* ressaltou a demarcação física das fronteiras de Berlim:

> "Cortina de Ferro" isola zona comunista de Berlim: O governo da República Democrática Alemã fechou na noite de sábado para domingo a fronteira entre
>
> Berlim Oriental e Berlim Ocidental e desde ontem de manhã uma cortina de ferro isolou hermeticamente o setor comunista do setor ocidental da ex-capital alemã [...]. Cercas de arame farpado e barricadas foram levantadas na madrugada de ontem para delimitar a nova fronteira (FOLHA DE S. PAULO, 14/08/1961, p. 2).

Passada a agitação causada pela surpresa com que a Operação Rosa foi recebida pelo lado ociental, o cenário mudou drasticamente: o pacifismo já era inconcebível e o clima de tensão entre as superpotências era facilmente perceptível. A relação entre os setores internos de Berlim tampouco era amigável já que, apesar da estratégia ser favorável aos interesses soviéticos, a obstrução do fluxo de pessoas evidentemente acarretaria em um declínio econômico para a RFA. Além disso, não levou tempo para que a insatisfação do fragmento oriental da cidade pudesse ser notada pelo lado de fora do cerco. Todavia, ainda que todo o trabalho realizado por trás dos veículos de informação fosse suscetível a intervenções, tornava-se cada vez mais difícil omitir os anseios de uma população extremamente insatisfeita, fragmentada e repudiada às medidas que foram impostas de maneira abrupta pela URSS.

As manifestações sociais na RDA ganhavam força e preocupavam as autoridades soviéticas justamente por incitarem um sentimento anticomunista. Esses manifestos, no entanto, foram violentamente calados pelas frentes militares da cidade já que, naquele momento, a questão de Berlim era alvo absoluto de muitos holofotes. Ademais, àquela altura, deixar transparecer certa inclinação popular em relação ao capitalismo, considerando que um grande número de habitantes já havia migrado em relação ao sistema e que, naquele contexto, uma grande parcela clamava pela possibilidade de fazê-lo, definitivamente não estava nos planos do Kremlin.

A manchete da *Folha de S. Paulo*, publicada ainda no dia 14, expõe em suas entrelinhas uma visão ocidental do episódio:

> Durante o dia, as autoridades da Alemanha Comunista haviam posto a sua própria capital praticamente em pé de guerra, ao mobilizar, dentro de seu perímetro, fortes contingentes armados com tanques soviéticos, bombas lacrimogêneas e mangueiras de água.
>
> As medidas militares de precaução têm por objetivo impedir que possa surgir uma revolta entre os elementos anticomunistas que circularam ontem pedindo que se voltem a abrir as rotas de fuga a Berlim Ocidental (FOLHA DE S. PAULO, 14/08/1961, p. 2).

O fechamento das fronteiras de Berlim Oriental e a violenta repressão aos movimentos que circundavam a cidade demonstravam com veemência a autoridade que o Kremlin esperava impor sobre o local. Por outro lado, os Estados Unidos manifestaram momentânea vulnerabilidade ao serem pegos de surpresa pela estratégia socialista e o desconforto em Washington era evidente. O agosto de 1961 colocou os norte-americanos em uma posição pouco comum à grande potência capitalista que, anos antes, saíra como grande vitoriosa da Segunda Guerra Mundial.

Nesse momento, os estadunidenses viam-se em significativa desvantagem em relação ao bloco opositor, visto que desproviam de estratégias que pudessem contrapor a medida de contenção migratória adotada pela União Soviética. Contudo, fazia-se mais do que necessário mostrar aos russos e ao próprio povo ocidental que a *pax americana* ainda era eminente no conflito e Kennedy sabia que, se ainda quisesse manter a balança equilibrada, precisaria agir com urgência. O grande impasse, porém, era encontrar uma maneira de se sobressair frente aos soviéticos sem que o conflito rumasse diretamente para uma disputa a níveis nucleares. Como resposta, decidiram, então, demonstrar a grandeza de seu poder bélico-militar, direcionando tanques de guerra às extremidades ocidentais da fronteira. Não obstante, os soviéticos responderam à altura: seus dirigentes, de imediato, enviaram militares munidos de armamento de guerra para fazer frente ao seu lado da fronteira. Com isso, a URSS mostrava-se, mais uma vez, uma forte concorrente na disputa pela hegemonia global.

> Como já lhe apresentara fotos do exército de Clay na floresta, onde tanques derrubaram uma réplica do Muro, achava que o premiê tinha de levar a sério a possibilidade de os americanos tentarem invalidar o sucesso soviético. Khrushchóv, que administrara a crise pessoalmente, apesar do Congresso do Partido, já havia ordenado que mais de 23 tanques rumassem para Berlim (KEMPE, 2011, p. 465).

Ainda que quisessem superar a questão de Berlim e demonstrar superioridade no contexto da Guerra Fria, os EUA não chegaram a tal medida extrema em vão. As tentativas de negociação com os orientais eram falhas. A RDA não estava aberta a quaisquer conversações a respeito do Muro, pois acreditava que essa era a única maneira de controlar o fluxo de desertores e não voltaria atrás em sua decisão. As fronteiras permaneceriam fechadas até que se dissesse o contrário. Do outro lado do concreto, os ocidentais insistiam em dar fim a esta divisão pois, ao enfraquecer o socialismo de Berlim, poderiam finalmente assumir outros setores da cidade, bem como expandir seu potencial ideológico para outros territórios na Europa e, assim, conquistar novamente sua posição de triunfo.

A Folha de S. Paulo, já em outubro de 1961, explicitou o ultimato do Ocidente em relação a Berlim:

> Os Estados Unidos exigiram da URSS que restabeleça o livre acesso dos aliados a Berlim Oriental ou encare a possibilidade de que não se iniciem negociações sobre a ex-capital alemã. A URSS rejeitou imediatamente a exigência, reabrindo o "impasse" sobre Berlim (FOLHA DE S. PAULO, 27/10/1961, p. 2).

O socialismo de arame farpado nunca poderia dar certo. Por outro lado, cabe perguntar: e se Khrushchóv deixasse os portões de Brandemburgo abertos, restaria alguém para apagar a luz?

Cortina de Fumaça: a repercussão da queda do Muro de Berlim pelo Jornal do Brasil

A magra margem de vitórias da União das Repúblicas Socialistas Soviéticas encaminhava-se para o fim. Uma grave crise interna, marcada por questões políticas, ideológicas e, sobretudo, sociais, assombrava os anos finais da URSS. A década de 1980 vinha sendo a pior para os soviéticos, que já não possuíam mais forças suficientes para lutar pela primeira posição na corrida ideológica da Guerra Fria. A explicação para a decadência era óbvia: uma economia que não conseguira suprir suas próprias necessidades não era párea para competir tecnologicamente com seu bloco opositor.

A situação em Berlim era ainda mais complicada. O principal foco de insatisfações e de manifestações que exprimiam reivindicações populares se concentrava na República Democrática Alemã, que passava por uma grave crise econômica interna que acarretava na falta de mantimentos básicos para sua população. Em 1989, as manifestações saíram, definitivamente, do controle. Um grande número de alemães orientais tentava migrar a qualquer custo para o Ocidente. No início de setembro, as fronteiras da RDA com a Tchecoslováquia foram reabertas e, embora o caminho fosse mais extenso, a migração rumo ao Ocidente foi desenfreada.

> Alemães tentam em Praga fuga para o Ocidente: Mais de 1.200 alemães-orientais lotaram a Embaixada da Alemanha Ocidental, em Praga, em busca de vistos de emigração. O governo da Alemanha Oriental reabriu na quarta-feira a fronteira com a Tchecoslováquia, depois de mantê-la fechada desde 3 de outubro para evitar a saída em massa (JORNAL DO BRASIL, 3/11/1989, capa).

As manifestações sociais foram de extrema intensidade na primeira semana de setembro. O regime socialista estava por um fio, apesar das tentativas desesperadas de Gorbatchev de refortificar o socialismo soviético com as políticas conhecidas como *Perestroika* e *Glasnost*. As estratégias político-econômicas se fundamentavam nos princípios de "reconstrução" e "transparência", procurando estabelecer um espaço em que o povo oriental pudesse participar de decisões que viriam a influenciar na atuação do Estado. Porém, sem deixar para trás seu lado conservador, os soviéticos procuravam reconquistar antigos adeptos do sistema através de manipulações autoritárias. Evidentemente, as medidas adotadas diferiam das antecedentes, que consistiam em utilizar dos alicerces de um regime ditatorial para reconquistar seus simpatizantes. Apesar disso, os planos de Gorbachev vinham muito a tardar. Os orientais já estavam extremamente saturados do regime soviético e, ao que parecia, nada faria os faria mudar de ideia - nem mesmo drásticas mudanças no sistema que era considerado imutável.

Uma vez fracassadas as tentativas de implementação de uma nova fase do socialismo soviético, foi desencadeado, pouco a pouco, um rol de rompimentos de diversos países pertencentes à Zona Soviética com a URSS que, mais tarde, fundariam a Comunidade dos Estados Independentes. O socialismo já não servia como modelo e era notório que não mais só a sociedade berlinense ansiava por seu fim. Pedindo por eleições livres, maior liberdade econômica e de expressão, melhor qualidade de vida e outros diversos fatores que não eram disponibilizados pelos russos, milhares de soviéticos foram às ruas, afinal, todo o investimento direcionado a uma corrida tecnológica e armamentista travada há décadas com os Estados Unidos já não era convidativa a uma população que, desprovida de recursos financeiros e sem o amparo necessário advindo do Estado, não possuía condições singelas de qualidade de vida. No caso de Berlim Oriental, havia ainda a reivindicação pela derrubada do Muro de Berlim e, consequentemente, pelo fim do bloqueio terrestre que separava a cidade.

> Mais de 1 milhão de pessoas saíram às ruas de Berlim Oriental exigindo democracia, na maior manifestação da história do país e uma das maiores de todo o Leste europeu. [...] "Chega da ditadura do PC" e "Viva a liberdade de expressão" eram algumas das reivindicações impressas nas faixas (JORNAL DO BRASIL, 5/11/1989, capa).

O Kremlin não teve outra opção a não ser aderir, gradativamente, às reivindicações sociais. Aos poucos, as fronteiras eram liberadas. Viagens vinham sendo permitidas entre um setor e outro de Berlim. Mas então, qual seria o futuro do saudoso Muro de Khrushchóv?

Outrora construído com o intuito de impedir a fuga e emigração em massa, a 9 de novembro de 1989, o Muro de Berlim era derrubado pelo mesmo motivo que originou sua construção. Em uma coletiva de imprensa transmitida a toda a Alemanha Oriental, discorrida por Günter Schabowski, então um dos dirigentes da Alemanha Oriental, foi anunciado que qualquer cidadão poderia, novamente, transitar livremente por via terrestre entre ambas as partes de Berlim. Porém, a medida só deveria entrar em vigor em outra data, posterior à de sua transmissão – o que Schabowski não sabia. Entretanto, de maneira equivocada, foi dito que os berlinenses estavam livres de imediato, ainda no dia 9 de novembro. Os soldados que patrulhavam a fronteira, desorientados, não conseguiram conter a grande aglomeração que se formava confronte aos portões e acabaram liberando a passagem.

A manchete que tratava da queda do Muro de Berlim compôs a capa do *Jornal do Brasil*, em 10 de novembro:

> Com a decisão do governo alemão oriental, termina uma era. "As viagens para fora do país poderão ser feitas por todos os postos fronteiriços entre nosso país e a Alemanha Ocidental ou outros vizinhos", anunciou Günter Schabowski, novo dirigente reformista da Alemanha Oriental. Embora o Muro de Berlim, a marca geográfica mais grotescamente poderosa com que o mundo aprendeu a conviver nesta segunda metade de século, permaneça intacto, na prática perdeu todo seu significado (JORNAL DO BRASIL, 10/11/1989, capa).

O Muro, então, desmoronara. O maior símbolo da Guerra Fria, a hipocrisia do século. Em uma nova forma de manifesto, no dia 10 de novembro, os cidadãos de Berlim deram ao Muro seu merecido fim. Picaretas, machados, barras de ferro e quaisquer outros meios de depredação foram utilizados para fazer o grande divisor berlinense sucumbir ao chão. Os dirigentes e estrategistas da URSS se viam em colapso enquanto seu maior plano estrutural caía por terra. Sentiam-se, naquele momento, tão impotentes quanto os norte-americanos se sentiram logo após a construção do Muro de Berlim. O ponto crucial da situação era encontrar uma maneira de apaziguar a fúria do povo oriental pois, do contrário, hora ou outra não só a divisão física, mas também a divisão ideológica, seria insustentável. Na virada da década de 80 para a de 90, era nitidamente visível que não só o concreto estava em pedaços, mas que a própria União das Repúblicas Socialistas Soviéticas não era autossuficiente como superpotência. Os soviéticos, que buscaram perpetuar seu triunfo por intermédio da construção do Muro, haviam o transformado em seu próprio fim.

> A queda do muro de Berlim, em novembro de 1989, é considerada o símbolo máximo do final da Guerra fria, embora essa tenha se extinguido oficialmente com a desintegração da URSS em 1991 (QUINSANI; GONZAGA, 2009, p. 174).

A repercussão da queda do Muro atingiu todos os continentes do mundo, principalmente os que uma vez foram aliados da União Soviética. O bloco socialista, por sua vez, se via enfraquecido frente ao resto do globo e drasticamente inferiorizado diante dos Estados Unidos da América. A tensão no Kremlin se intensificou ainda mais no ano seguinte, em 1990, quando foi instaurada a reunificação da Alemanha e a URSS perdeu seu eixo central de competição. Berlim desempenhou um papel de extrema importância para o contexto da Guerra Fria, além de ter representado dois momentos extremamente distintos do conflito: a ascensão da URSS, em 1961, e sua desintegração, trinta anos mais tarde. Foi em Berlim que as duas superpotências demonstraram, num primeiro momento, suas forças e tentaram conquistar o restante do mundo. Até o agosto de 1961, não houve outro palco central de disputas ideológicas e nenhum outro local mais perigoso que a capital alemã. Da mesma forma, a Berlim de 1989 fez com que a disputa que jamais fora encerrada com um acordo, mas sim por meio de uma queda de braço incansável, finalmente tivesse seus dias contados.

A queda do Muro de Berlim representou não só o fim da bipolaridade mundial, marcada principalmente por antagonismos ideológicos, mas também devolveu a liberdade de um povo segmentado por décadas. As comemorações alemãs também fizeram parte da capa do *Jornal do Brasil*, em 11 de novembro de 1989:

> Muro da vergonha vira brinquedo: Numa espécie de estado de choque, embriagados da liberdade súbita e mal acreditando na surpresa de ter hoje o que parecia fora de alcance para muitas gerações ainda, os alemães continuaram a comemorar ontem a derrogação do Muro de Berlim e o fim da proibição de ir e vir entre as duas partes da nação. "Foi o dia mais feliz da história dos alemães", comemorou o prefeito de Berlim Ocidental, Walter Momper (JORNAL DO BRASIL, 11/11/1989, capa).

Além da queda do Muro de Berlim, a reunificação alemã agravou muito a situação da União Soviética ao ponto de, em 1991, ter sido realizado um referendo para discutir seu próprio futuro. A votação em questão levantou os principais fatores que vinham assombrando a sustentação do socialismo soviético na Europa. Foi decidido, então, que muitos parâmetros tradicionais deveriam ser modificados para que o futuro da potência fosse garantido mesmo após uma possível declaração de derrota na Guerra Fria. Com isso, Gorbatchev, mesmo que contrariado, se via em maus lençóis e não encontrava outra maneira de prosseguir a não ser se reajustar às definições do governo, tendo que deixar para trás muito do seu conservadorismo inato. De qualquer forma, ainda que os esforços fossem árduos, àquela altura, nada mais salvaria a União Soviética de seus inúmeros problemas internos e externos. Gorbatchev renunciou ao seu cargo, em 25 de dezembro de 1991. Ninguém acreditava no que estava prestes a acontecer, mas o cenário era inevitável: a União das Repúblicas Socialistas Soviéticas chegara a seu fim. O socialismo soviético desfez-se por suas próprias mãos. A Guerra Fria tinha, então, um lado vitorioso.

Aquela que, outrora, fora nomeada como Cortina de Ferro passava a ser conhecida como Cortina de Fumaça.

Considerações finais

O Muro de Berlim, como símbolo maior da Guerra Fria, marcou o início das tensões entre as duas superpotências da mesma forma com que marcou seu fim. Sua repercussão foi mundial em todos os veículos de comunicação. O Brasil, por sua vez, não esteve alheio aos fatos. Mantendo relações de interesses diplomáticos com ambas as potências, os periódicos brasileiros se manifestaram de diferentes formas. Tais divergências podem ser vistas, por exemplo, nos jornais analisados. A *Folha de S. Paulo*, em relação à construção do Muro de Berlim e às vésperas do reatamento das relações brasileiras com a União Soviética, se manteve menos tendenciosa, exprimindo os fatos como mera fonte de informação, ainda que fosse possível notar um pequeno ponto da influência capitalista. O *Jornal do Brasil*, por sua vez, expressou de maneira explícita a sua visão capital-hegemônica por meio dos artigos e manchetes publicadas, deixando evidente a sua afeição à posição dos Estados Unidos da América no confronto. A análise crítica dos jornais possibilitou a percepção da influência norte-americana sobre os meios de comunicação brasileiros, seja de maneira subentendida ou explícita, ainda que o Brasil tentasse permanecer, estrategicamente, ponderado em relação aos países que disputavam a Guerra Fria.

O palco central entre capitalismo e socialismo, nascido no berço do apogeu soviético influenciou o mundo inteiro, marcando o ponto principal do conflito: a disputa pela ascensão e domínio da economia mundial.

O concreto, que não só criou atritos, mas também marcou a dissolução de uma superpotência, foi responsável pelo término de um conflito indireto entre sistemas divergentes. O Muro de Berlim, por quase três décadas, segmentou não só a cidade alemã, mas também a Europa e todas as partes do globo. Sua queda, por conseguinte, modificou toda a estrutura econômica mundial: a desintegração da URSS, atrelada ao fim da Guerra Fria e da bipolaridade mundial, moldou a forma com que o capitalismo e a posição dos Estados Unidos da América, ainda hoje, influenciam no restante do mundo.

Referências

Fontes primárias

Folha de S. Paulo – Disponível no Acervo online da Folha de S. Paulo

Jornal do Brasil – Disponível na Hemeroteca Digital da Biblioteca Nacional

Fontes secundárias

ELMIR, Cláudio Pereira. As armadilhas do jornal: algumas considerações metodológicas de seu uso para a pesquisa histórica. *Cadernos do PPG em História da UFRGS*, Porto Alegre, n.13, p. 19-28, dez. 1995.

KEMPE, Frederick. *Berlim: 1961*: Kennedy, Kruschóv e o lugar mais perigoso do mundo. São Paulo: Companhia das Letras, 2013.

LUCA, Tania Regina de. História dos, nos e por meio dos periódicos. In: PINSKY, Carla (org.) *Fontes Históricas*. 2ª ed. São Paulo: Contexto, 2006, p. 111 – 153.

QUINSANI, Rafael Hansen; GONZAGA, Sandro. A Vida dos Outros e de Todos Nós: a divisão cinematográfica da República Democrática Alemã ou o dia em que o *big brother* se afeiçoou ao *little brother*. In. GUAZZELLI, Cesar Augusto Barcellos; DOMINGOS, Charles Sidarta Machado; BECK, José Orestes; QUINSANI, Rafael Hansen. (Orgs.). *A Prova dos 9*: A História Contemporânea no Cinema. Porto Alegre: Suliani Letra & Vida, 2009, p. 165 – 188.

REIS FILHO, Daniel Aarão. Crise e desagregação do socialismo. In. REIS FILHO, Daniel Aarão; FERREIRA, Jorge; ZENHA, Celeste. (Orgs). *O Século XX*: O tempo das dúvidas – do declínio das utopias às globalizações. 2ª ed. Rio de Janeiro: Civilização Brasileira, 2003, p. 163 – 183.

TAYLOR, Frederick: *Muro de Berlim*: um mundo dividido 1961 – 1989. Rio de Janeiro: Record, 2009.

VIZENTINI, Paulo G. Fagundes. A Guerra Fria. In. REIS FILHO, Daniel Aarão; FERREIRA, Jorge; ZENHA, Celeste. (Orgs.). *O Século XX*: O tempo das crises – revoluções, fascismos e guerras. 2ª ed. Rio de Janeiro: Civilização Brasileira, 2003, p. 195 – 225.

Desce a Bandeira Vermelha:

a dissolução da União Soviética na grande imprensa brasileira

Hernani Santos de Oliveira

Introdução

Os anos gélidos da Guerra Fria, marcados pela disputa entre dois sistemas, o capitalismo e o socialismo, marcaram de tal maneira a história do século XX que é impossível entendê-lo integralmente sem passar por esse período de disputa entre a União das Repúblicas Socialistas Soviéticas (URSS) e os Estados Unidos da América (EUA). Entretanto, essa disputa nunca foi justa. Enquanto os EUA já eram uma potência consolidada, apoiada pelo sistema capitalista e, consequentemente, por todos os outros países capitalistas, a União Soviética se viu isolada em uma longa e árdua caminhada, suportando e solucionando conflitos internos e externos até o ano de 1991.

O fatídico dia de 25 de dezembro de 1991 consagra o final do processo de dissolução da União das Repúblicas Socialistas Soviéticas (URSS). Esse processo de desintegração – que muitas vezes se atribui a polêmica figura de Mikhail Gorbachev como seu único responsável – se destaca por ser a soma de falhas estruturais, políticas, econômicas e sociais ao longo de toda uma história. Entretanto, existe uma lacuna a ser preenchida quanto a esse processo no que tange o quesito de *quando* surge o primeiro termo a integrar esta complexa soma. Em uma análise mais ampla sobre a história da União Soviética, pode-se notar que desde a morte de Josef Stálin em 1953 o grande Estado socialista vinha trilhando seu lento caminho para o fim. Os Planos Quinquenais, antes gloriosos para a situação econômica da União Soviética pós-revolução, agora já não obtinham mais os mesmos resultados. Politicamente, o fantasma dos ideais stalinistas permanece influenciando a política soviética até meados da década de 1980, apesar de medidas como a desestalinização propostas e promovidas por Nikita Khruschev.

A soma de apenas estes dois fatores, de uma economia em lenta queda somada a uma organização política desestabilizada, já favorece, por si só, um certo caos econômico. Ironicamente, o período seguinte à morte de Stálin apresentou um crescimento econômico mais elevado do que o esperado, sendo ainda maior do que em sua última década no poder. Nos anos de 1941 a 1950, segundo autores como Segrillo (2013 p. 235), a tendência de crescimento da economia Soviética girava em torno de 6,3% enquanto dos anos de 1951 a 1960 girava em torno de 10,3%. Entretanto, é a partir da década de 1960 que o fantasma de Stálin e a pressão da Guerra Fria e a Corrida Armamentista começam a apontar seus efeitos e consequências: o crescimento anual médio dos gastos militares no pós-guerra diminuiu em 2,1%

nos anos de 1955-1960, enquanto aos anos de 1960 a 1970 o crescimento aumentou em 8,1%. Os Estados Unidos da América, principal concorrente da União Soviética, apresentavam um crescimento médio de apenas 4,7%. Já em meados da década de 1970, o investimento soviético em tecnologia estaria comprometido devido ao investimento ainda crescente no setor militar. Além do setor tecnológico da União Soviética estar comprometido, a estagnação política e econômica começaria a promover o caos na sociedade soviética. Os únicos que não sofriam com essa situação eram os membros da alta cúpula do Partido Comunista, os membros do Politburo. Esse caos geral na União Soviética faz com que em março de 1985 o Partido Comunista aposte em Mikhail Gorbachev como uma salvação.

Apesar de, como destacado anteriormente, os problemas estarem se acumulando e parecerem não ter uma solução, Gorbachev entra na política soviética com um caráter reformista. Neste sentido, no Congresso do Partido Comunista de 1986 Gorbachev surge com sua primeira política reformista, a *perestroika*. A "reestruturação", em tradução livre, se destaca por ser um conjunto de medidas políticas introduzidas e caracterizadas pela abertura econômica do Estado. A *perestroika*, cujas principais medidas foram a retirada das tropas do Afeganistão, a negociação com os Estados Unidos para a redução na produção de armamento (chamado posteriormente de Acordos de Yalta) e a chamada Doutrina Sinatra, que se resumia à não-interferência de Moscou nos outros Estados Satélites da União Soviética, encontrou a sua justificativa como uma reforma política e econômica urgentemente necessárias. A *glasnost*, lançada em conjunto à *perestroika*, traduz-se na "transparência" do Estado. A medida visava a maior transparência do Estado para com a população, apesar de no Ocidente a medida ser reconhecida apenas pela maior liberdade de expressão promovida pela medida. Com a *glasnost* promovendo uma maior liberdade de expressão e maior abertura política – tanto em política interna quanto externa –, houve também o surgimento de novos partidos políticos e frentes dentro da União Soviética, onde antes eram estritamente proibidos. Neste sentido, a *glasnost* foi, acima de tudo, um processo de abertura política.

Porém, por mais que as medidas de Gorbachev tenham tentado restaurar a antiga glória soviética, o Partido Comunista se divide entre grupos reformistas, a favor das medidas implantadas e propostas por Gorbachev com a justificativa de que essas mudanças eram necessárias para se evitar o colapso; e a velha guarda, contra as medidas e com a justificativa de que eram medidas inúteis, afirmando que isso afetaria cada vez mais a frágil estrutura política da União Soviética, o que poderia acarretar em seu fim. Essa divisão do Partido que não colaborava com a política de Gorbachev, somado a um conflito interno indiretamente fortalecido pela própria *glasnost*, e somado, ainda, ao caos econômico e político instaurado pela *perestroika*, abriram as portas para aqueles que quisessem sair. As nações que faziam parte da União Soviética começaram, uma a uma, como uma reação em cadeia, a declarar suas independências – desde a Estônia em agosto de 1991 ao Turcomenistão em outubro de 1991. Nesse contexto, a ala da velha guarda do Partido Comunista foi a responsável pela tentativa de golpe em 1991, fato também conhecido como o Golpe de Agosto ou o *Putsch* de Moscou: essa tentativa de golpe teve como causa principal a defesa do socialismo soviético e o impedimento da formação de uma nova União das Repúblicas **Soberanas** Soviéticas. O golpe, apesar de falho, descredibilizou ainda mais o Partido Comunista e fortaleceu, ainda mais, o apoio à figura de Boris Yeltsin, o então presidente da Federação Russa.

Yeltsin, principal membro da frente liberal que se estabeleceu dentro da União Soviética – e apoiado pelos Estados Unidos – aproveitou seu forte apoio e criou a chamada Comunidade dos Estados Independentes (CEI) com a Ucrânia e Belarus, desintegrou o Partido Comunista e afastou Gorbachev do cargo de Soviete-Supremo da União Soviética. Sem mais chances, Gorbachev, na noite de 25 de dezembro de 1991, renuncia ao cargo e desintegra, oficialmente, a União das Repúblicas Socialistas Soviéticas.

O início da economia soviética e o fantasma do stalinismo

Compreender e apresentar 74 anos de história de uma união de 15 países com culturas e mentalidades distintas é um trabalho de extrema complexidade. Apesar de ter sido fundada como Rússia Socialista na Revolução Russa de 1917, a terminologia "União das Repúblicas Socialistas Soviéticas" (URSS) só apareceu no vocabulário euroasiático após a anexação da Ucrânia, Geórgia e outros países no determinado projeto comunista com sua fundação em 30 de dezembro de 1922. A maioria das anexações, entretanto, se deram principalmente após a Segunda Guerra Mundial, evento no qual a União Soviética teve a chance de demonstrar seu imenso poderio militar e econômico.

Quanto à economia do novo Estado, num primeiro momento, a estratégia econômica implantada foi a chamada "Nova Política Econômica", a NEP. Essa política econômica, idealizada diretamente por Lênin, entrou em vigor em 1922, após o chamado "Comunismo de Guerra", com o intuito de expandir os patamares políticos e econômicos da antiga Rússia (um país que sempre foi atrasado nesse sentido) e que restabeleceria práticas capitalistas que já existiam na Rússia antes da Revolução Russa. Os princípios da NEP buscavam, inicialmente, reverter as medidas adotadas durante o Comunismo de Guerra, como a suspensão da estatização das fábricas (que ainda não haviam sido coletivizadas), e a interrupção do racionamento de alimentos. Além disso, agora os camponeses poderiam vender uma parcela da sua produção agrícola para o Estado por um preço fixo, e que o resto da produção poderia ser vendida livremente no mercado, assim como no modelo capitalista. Ainda, economicamente, houve a liberdade de comércio interno e externo, autorização para o funcionamento de empresas particulares e a permissão de entrada de capital estrangeiro para a reconstrução econômica do país. Politicamente, houve a formação de um modelo político chamado tecnocracia, no qual selecionava novos integrantes para o quadro de operários que estavam, ideologicamente, ligados aos ideais da revolução socialista.

Os resultados iniciais da NEP foram positivos para a economia soviética. O país, num regime socialista, tinha sua economia dividida: enquanto empresas, minas, transportes e bancos eram estatizados, o capitalismo urbano implantado pelo produtor rural fortalecia o comércio interno enquanto fortalecia uma economia de subsistência pelos camponeses mais pobres. Esses primeiros momentos das reformas econômicas foram de grande importância para a União Soviética começar a se restabelecer econômica e politicamente, agora com a produção agrícola sendo lentamente restabelecida e com as pequenas indústrias produzindo e vendendo mais produtos no mercado interno e externo. Entretanto, apesar dos resultados positivos, a NEP, segundo especialistas, poderia trazer de volta maiores elementos capitalistas à Rússia socialista, visto que a própria NEP fortalecia, por exemplo, a emergência de uma burguesia rural dentro da União Soviética. Não é à toa que, em 1923, a NEP gerou a primeira crise econômica da União Soviética, o que favoreceu uma forte onda de greves no país devido às reduções de salário e aumento das cargas horárias dos trabalhadores operários. A crise, que ficou conhecida como a Crise das Tesouras, escancarava a desvalorização dos produtos agrícolas e o fortalecimento exacerbado dos produtos manufaturados, produzidos pelas pequenas (que agora eram muitas) indústrias que haviam surgido.

A crise econômica gerada influenciou diretamente uma pequena crise política dentro do partido. Grupos compostos por diferentes economistas e líderes do partido se dividiram entre apoiadores da NEP e críticos à ela. A principal crítica à NEP consistia na ideia de que a União Soviética precisava de maiores investimentos, e que a única maneira de se conseguir esses investimentos e sustentar a União seria através da industrialização acelerada. A NEP, entretanto, começou a perder cada vez mais apoio a partir de 1924, ano da morte de Lênin, até 1928 quando o I Plano Quinquenal foi lançado por Josef Stálin, abandonando completamente a NEP.

O período que antecede a aplicação do I Plano Quinquenal, por Stálin, foi caracterizado pelo medo por parte da União Soviética. Temendo ataques vindos do Ocidente, regidos pelo hostil sistema capitalista, a União Soviética foi reconhecida como nação apenas em 1924, após a morte de Lênin, por todas as grandes potências mundiais. Os Estados Unidos, entretanto, não reconheceram a União Soviética, o que levou, em 1927, a uma série de países cortando relações diplomáticas com o país. O Estado se viu acuado. O histórico Russo/Soviético de invasões estrangeiras ameaçando a soberania do país, somado a uma economia e política desestabilizadas pelos anos finais da NEP, aguçaram no imaginário popular o sentimento de necessidade de proteção. Esse sentimento que irá se manter no imaginário popular por muitos outros anos, será uma das causas da posterior dissolução da União Soviética. Por agora, entretanto, ele apenas influencia Stálin a adotar a coletivização e lançar as bases para a chamada "industrialização acelerada", visando, inicialmente, aumentar o poderio bélico soviético para possíveis guerras.

A coletivização, também chamada de coletivização forçada, foi um processo de expropriação das pequenas propriedades privadas na União Soviética, que até então eram permitidas pela política da NEP. Essas propriedades, agora sob o controle do Estado, foram transformadas em pequenas cooperativas em um processo hostil, com necessidade de participação do exército vermelho, visto que os donos dessas pequenas propriedades não tinham interesse em cedê-las para o estado. Esse processo de coletivização, que fazia parte do I Plano Quinquenal, gerou centenas de focos de resistência nas áreas rurais da União Soviética que teve que contar com a participação da NKVD e do exército vermelho. Esse processo seria posteriormente chamado de "segunda revolução", sendo a primeira teria sido na cidade com a expropriação dos bens da burguesia.

Durante a Guerra Fria, a principal estratégia econômica foi a criação do Conselho para Assistência Econômica Mútua, o COMECON, em 1949. O COMECON era um mercado interno entre os países socialistas que compunham a união, mas que posteriormente foi expandido para a integração e participação de Cuba, Mongólia e Vietnã, além de diversos outros países que, raramente, faziam uso do mercado, como China e Coreia do Norte. Segundo João Novoa, "[nele, os países] trocavam produtos primários por outros de maior valor intelectual" (NOVOA, 2012, p. 27).

A partir de 1953, com a misteriosa morte de Stálin, a União Soviética começou a trilhar a sua lenta jornada para o fim. Segundo Angelo Segrillo (2013, p. 235), o crescimento da União Soviética entre 1961-70 estava abaixo de 7,5% enquanto a partir de 1971-5 estava abaixo de 6%. Pelo fato de não investir mais em tecnologia, a União Soviética havia estagnado em um patamar com um baixo crescimento econômico. Isso tudo era somado ao fato da antiga política de Stálin ainda estar em vigência, ou seja, o foco econômico soviético era na indústria bélica para sustentar a competição com os Estados Unidos, agora em razão da Guerra Fria, e não na sua população. Por esta razão, havia filas e mais filas para se comprar itens básicos como um simples pão; além disso, o rublo estava cada vez mais desvalorizado. Os únicos que não sofriam com essa pressão eram os membros do Politburo, um comitê formado apenas pelos membros com os mais altos cargos do Partido Comunista e que, entre outras atribuições, eram os responsáveis pela escolha do Soviete-Supremo. Nessa conjuntura, é válido ressaltar que a escolha do novo *gensek* se deu pois Konstantin Chernenko, o opaco burocrata e sucessor de Andropov, havia sido vítima de uma pneumonia que o levou à morte: "pela terceira vez em apenas pouco mais de três anos, era necessário escolher um novo czar." (DOBBS, 1998, p. 142)

Já era a segunda vez que o Politburo se reunia para discutir o assunto, e isto deixava claro para todos que havia um clima de tensão política no ar. A União Soviética se encontrava numa encruzilhada que, vista de fora, seria difícil de se resolver. Havia quem apoiasse Gorbachev para ser o novo Soviete-Supremo, mas haviam aqueles que discordavam da ideia justamente por Gorbachev ter um caráter reformista.

> Gromyko encaminhou-se para a tribuna. A tensão subiu. Seria o veterano ministro das Relações Exteriores capaz de oferecer-se para exercer a liderança? Houve um preâmbulo se suspense, quando Gromyko prestou o ritualizado tributo a Chernenko. Logo a seguir, as palavras que todos aguardavam: – O Politburo concordou unanimemente em recomendar – disse em tom ríspido, olhando impassível para o salão, como se estivesse anunciando outro nyet no Conselho de Segurança da ONU – Mikhail Sergeyevich Gorbachev... [...] O primeiro estado socialista do mundo tinha um novo czar (DOBBS, 1998, p. 146-7).

Portanto, em 11 de março de 1985, a União Soviética conhecia seu novo Soviete-Supremo, o cargo mais alto que um cidadão soviético poderia ocupar. Segundo Daniel Aarão Reis Filho,

> Gorbachev exprimia as pressões diversificadas por mudanças. De um lado, as mutações sociais verificadas nos últimos trinta anos, que se acomodavam mal às tradições centralistas e autoritárias do Estado soviético. De outro, os desafios impostos pela competição internacional [...] transformava profundamente a paisagem econômico-social dos países capitalistas avançados. [...] A União Soviética poderia perder a condição de superpotência se não respondesse à altura (REIS FILHO, 2003, p. 135).

Poucos meses depois de sua eleição,

> [...] a União Soviética recebeu outro abalo econômico: pela primeira vez em muitos anos a produção petrolífera começava a declinar. Essa queda recebeu escassa atenção no Ocidente, onde as pessoas estavam mais interessadas na personalidade do novo líder; ela iria, porém, moldar todo o curso do esforço de reformas de Gorbachev. Seus ambiciosos planos de modernização industrial dependiam de investimentos de grande escala. Se o boom do petróleo se convertesse numa queda, nada disso seria possível. O seu movimento de reforma perestroika, pelo menos como originalmente concebido, estaria condenado ao fracasso (DOBBS, 1998, p. 159).

O primeiro passo para salvar a União Soviética do colapso foi uma reaproximação com o Ocidente. Para Michael Dobbs (1998, p. 187) "para realizar a perestroika [...] ele precisava de uma peredychka, uma pausa ou espaço para respirar, na competição [com os Estados Unidos]." Ao contrário do que vários de nós podemos pensar, essa reaproximação foi mais fácil do que o esperado, já que Gorbachev era um homem dotado de um bom humor e disposição para o diálogo jamais visto até então em relação aos antigos líderes da União Soviética. O que poucos no Ocidente sabiam é que a envergadura dos gráficos de crescimento da União Soviética começou cada vez mais a diminuir. Por este motivo, a reaproximação com o Ocidente foi uma medida crucial para a União Soviética, pois a competição com os Estados Unidos estava ficando insuportável em termos econômicos. Segundo Daniel Reis Filho, "os gastos militares gravavam enormemente o orçamento soviético" (REIS FILHO, 2003, p. 135).

Enquanto "lá fora" estava tudo bem, sem a menor hipótese de uma III Guerra Mundial, dentro da União Soviética a situação não era a mesma. A perestroika lançada por Gorbachev não foi uma das melhores medidas que tomou enquanto Soviete-Supremo. Apesar da medida dar uma maior abertura para a população, tirando o foco do Estado, havia quem discordasse da medida. É neste contexto caótico que surgem os conservadores e os reformistas. Para Angelo Segrillo "não seria exagero afirmar que o desencadeamento, o desenrolar e desenlace dessa reestruturação soviética a partir de meados da década de 80 equivaleu a um furacão político, social e econômico" (SEGRILLO, 2013, p. 19). Essa reestruturação lidava com problemas estruturais que Reis Filho apresenta como sendo: desperdícios colossais, excessivo centralismo, critérios de avaliação exclusivamente quantitativistas, privilégios inconcebíveis e negligência às demandas sociais. Contrário à isso, Gorbachev propunha uma sociedade ideal, caracterizada por ser mais produtiva, mais justa e livre, bem como mais pacífica e democrática: "Era preciso, argumentava, reconquistar a alma dos soviéticos para o socialismo que devia recuperar o charme e mobilizar as pessoas pela sedução do convencimento e não pela força dos tanques" (SEGRILLO, 2013, p. 19). Ainda segundo Michael Dobbs, "a perestroika estava condenada ao fracasso antes mesmo de ter começado" (DOBBS, 1998, p. 169).

Apesar de já se haver uma política e economia mais transparentes, foi apenas no congresso de fevereiro-março do PCUS que a palavra *glasnost* (transparência) veio a aparecer oficialmente no vocabulário soviético. Apesar de ser apenas uma palavra, ela vinha carregada de diversas propostas: mais transparência, mudanças na política externa, economia e instituições políticas da própria União Soviética. "Neste ponto, devemos retornar da economia para a política do "socialismo realmente existente", pois a política, tanto a alta quanto à baixa, é que iria provocar o colapso euro-soviético de 1989-91" (HOBSBAWM, 2003, p. 460). E Eric Hobsbawm não estava errado. As medidas de Gorbachev foram péssimas escolhas (segundo a população) desde o momento em que ocupou o cargo. Com as campanhas contra o consumo imoderado de vodca, Gorbachev, na verdade, acabou com uma das principais fontes de receita fiscal da União Soviética que era justamente a venda e exportação de vodca. Além disso, a imprensa oficial soviética estava trabalhando extraordinárias horas a mais para imprimir rublos que estavam cada vez mais desvalorizados.

> Em 1991, não havia nem poder central, nem obediência universal. Um golpe de verdade poderia muito bem ter tido êxito na maior parte do território e população da URSS [...] corajosamente, mas também em segurança, Yeltsin, cujos talentos políticos e capacidade de decisão contrastavam sensacionalmente com estilo de Gorbachev, aproveitou logo a oportunidade para dissolver e desapropriar o partido comunista, e tomar para a Federação Russa o que restava dos bens da URSS, formalmente liquidada poucos meses depois. O próprio Gorbachev foi empurrado para o esquecimento. O mundo, que estivera disposto a aceitar o golpe, agora aceitava o muito mais eficaz contragolpe de Yeltsin, e tratou a Rússia como sucessora natural da morta URSS nas Nações Unidas e em outras partes. A tentativa de salvar a velha estrutura da União Soviética acabara por destruí-la mais súbita e irrevogavelmente do que se poderia esperar. (HOBSBAWM, 2003, p. 479)

A União Soviética sob Gorbachev caiu nesse fosso entre *glasnost* e *perestroika*. As medidas que deveriam salvá-la, acabaram dirigindo-a direto ao seu fim, ao seu fracasso. "Ninguém governava, ou melhor, ninguém mais obedecia na União Soviética" (HOBSBAWM, 2003, p. 469). No dia 25 de dezembro, último dia como líder soviético, Mikhail Sergeyevich Gorbachev formaliza o fim da União das Repúblicas Socialistas Soviéticas renunciando ao cargo e passando todo o controle do arsenal nuclear à Rússia, a qual também ocupou o lugar soviético na bancada da Organização das Nações Unidas (ONU). Agora, o futuro daquela história estava nas mãos de Boris Iéltsin.

Antes de darmos início a pesquisa com jornais, deve-se ter em mente que cada pesquisa demanda um método diferente de análise. Podemos nos deparar, às vezes, com formas diferentes de se trabalhar com o mesmo objeto (neste caso, o jornal). Além disso, deve-se ter o cuidado com o tratamento de determinada fonte quando em uma pesquisa histórica, pois ela não apresenta a reprodução exata do ocorrido, mas sim (por mais que corretas) interpretações do ocorrido, estando, por vezes, carregada com informações que portam a perspectiva ideológica de seus autores. Por estes e outros motivos, autores como Elmir (1995, p. 21) nos apresentam conceitos como o de "leitura intensiva" e "leitura extensiva". A primeira delas se baseia em uma leitura de qualidade e foco total com o objeto a ser trabalhado, visando os detalhes e razões de cada matéria ali exposta, já a segunda, a "leitura extensiva", não deixa de ser a leitura do dia-a-dia, como se estivéssemos a nos inteirar das notícias, apenas.

Outro ponto que deve ser levado em consideração quando o objeto de pesquisa é o jornal é a materialidade do impresso. A historiadora Tânia de Luca aponta que não existe nada de natural na seleção e razão de tais matérias estarem em tais lugares; de tais matérias terem mais destaques que outras e assim por diante (LUCA, 2006, p. 133). Ainda no conceito de materialidade, é válido ressaltar que tais jornais valem-se de recursos gráficos (que é o caso de ambos os jornais em questão) para assegurar uma melhor transmissão daquilo que lhes é interessante. E como sabemos, imagens em jornais são artigos de luxo, pois chamam a atenção do autor antes mesmo de ter sua atenção voltada a uma manchete ou, quem dirá, uma pequena matéria escondida em um rodapé. É por este motivo que cada jornal apresenta sua própria hierarquia visual, dando destaque às matérias que interessam à vontade do jornal. É neste contexto que o autor, em sua pesquisa, deve ter em mente que os relatos destes impressos são, também, a prova de que determinados pensamentos dominavam certas classes na época em que foram escritos, principalmente quando o jornal apresentava uma grande taxa de circulação. É justamente pelas altas taxas de circulação no estado de São Paulo e no Brasil, que ambos os jornais que elegemos como fontes primárias se encaixam na característica de "grande imprensa" apresentada por Nelson Werneck Sodré na qual se caracteriza pela vontade de se intervir em um meio social (SODRÉ, 2010, p. 93).

O primeiro deles é o jornal *O Estado de São Paulo*, anteriormente chamado de *Província de São Paulo* (ou até mesmo *Estadão* como também é conhecido). Esse jornal surge no século XIX, em 4 de janeiro de 1875, tendo como líderes Américo Brasiliense de Almeida Melo e Manuel Ferraz de Campos Sales. O jornal se iniciou com o nome *Província de São Paulo*, mas, com a Proclamação da República (onde o jornal procurou manter-se neutro) passou a se chamar *O Estado de São Paulo*. Esse periódico sempre contou com forte apoio da opinião pública no estado de São Paulo. O jornal sofreu com diversos processos que lutavam para encerrar suas atividades, mas, mesmo assim, se manteve na ativa e até hoje é um dos jornais mais populares no Brasil. É relevante, também, comentar que entre julho e setembro de 1993, o jornal passou por uma reformulação gráfica marcante. Agora, poderíamos encontrar imagens mais chamativas por serem coloridas e informações mais precisas. Achamos relevante apresentar esse fato, pois foi um dos primeiros jornais que contou com a participação popular para se acertar uma mudança. Isso se deu graças a uma pesquisa de opinião pública para votarem no que gostariam os leitores que mudassem.

A outra fonte primária que escolhemos para esse trabalho é o jornal *Folha de S. Paulo*, de publicação diária e matutina, em circulação desde o início da década de 1960 – e que foi antecedido por outros três jornais: *Folha da Noite*, *Folha da Tarde* e *Folha da Manhã* – publicados entre 1921 e 1925, todos pertencentes à *Folha da Manhã S.A.* A origem da empresa é datada em 1921 quando Olívio Olavo de Olival Costa e um pequeno grupo de amigos montaram a *Folha da Noite*. Em 1° de janeiro de 1925 é lançada a *Folha da Manhã*, esperando que alcançasse a mesma prosperidade do primeiro. Mas, isso não aconteceu. Os gastos eram muito altos e cada edição lançada servira apenas para pagar a anterior; ambos os jornais eram marcados pela simplicidade, sendo sempre destinados às camadas médias da sociedade, levando honestidade e informações em suas notícias, bem como comentários bem-humorados com palavras mais fáceis para que todo o leitor pudesse compreender sobre o que estavam falando. Isso se manteve até 1960 quando surge a *Folha de S. Paulo* – que decide manter o padrão. A diferença mais marcante é que, agora, o jornal publicava também sua opinião. Nos últimos anos da década de 1990, o jornal já era considerado o segundo maior jornal em circulação no país. Aos finais de semana, em especial aos domingos, sua circulação média atingia a marca de 2 milhões de exemplares vendidos.

Na capa da edição de 12 de março de 1985 do O *Estado de São Paulo*, encontramos a seguinte manchete: "Morre Chernenko. Gorbachev no poder". Atrelada a essa matéria, havia uma foto que mostrava uma televisão fazendo a transmissão da notícia na rede nacional soviética de TV bem como uma pequena matéria que se iniciava apresentando apenas dados como a razão da morte de Chernenko e afirmando, ainda, que tudo já vinha sendo preparado para que Gorbachev fosse o sucessor de Chernenko. Ainda existem mais duas pequenas matérias: a primeira, "Um apelo ao diálogo. E Reagan já aceitou" que trata da vontade de Gorbachev manter as negociações com os Estados Unidos, mas traz poucas informações; é na próxima matéria, "Genebra, negociação mantida" onde aparece mais elementos sobre os acontecimentos da URSS – as três matérias continuam nas páginas 8, 9, 10, 11 e 12.

Quando em direção a página 8 do jornal, a primeira página do caderno internacional desta edição, a manchete afirma: "Morre Chernenko. Assume Gorbachev". Sem muitos detalhes a matéria apresenta apenas dados que já foram apresentados na capa, mas, dessa vez, informando como se seguiriam as negociações de Genebra

> Enquanto o corpo de Chernenko era velado na Casa dos Sindicatos, rodeados por membros do Politburo, (o enterro será amanhã), anunciava-se em Genebra que as negociações sobre o controle de armas nucleares entre a URSS e os EUA serão reiniciadas hoje, como estava previsto, depois de uma interrupção de 15 meses. A decisão de continuar as conversações foi anunciada pela delegação Soviética em Genebra apenas meia hora depois do anúncio oficial da morte de Chernenko, o que confirma a ideia de que estava tudo programado para a passagem do poder, assim como o interesse da URSS de manter a agenda das negociações (O Estado de São Paulo, 12/03/1985, p. 8).

Ao lado desta matéria, havia também um tímido comunicado da TASS (agência de notícias soviética) que informava o falecimento de Chernenko:

> COMUNICADO DO COMITEH CENTRAL DO PARTIDO COMUNISTA DA UNIÃO SOVIEHTICA, DO PRESIDIUM DO SOVIETE SUPREMO DA URSS E DO CONSELHO DE MINISTROS DA URSS MOSCOVO. 11 DE MARÇO. /TASS/. O COMITEH CENTRAL DO PARTIDO COMUNISTA DA UNIÃO

SOVIEHTICA. O PRESIDIUM DO SOVIETE SUPREMO DA URSS E O CONSELHO DE MINISTROS DA URSS INFORMAM, COM PROFUNDO PESAR, O PARTIDO E TODO O POVO SOVIEHTICO QUE, AS 19 HORAS E 20 MINUTOS DE 10 DE MARÇO DE 1985, DEPOIS DE TER ESTADO GRAVEMENTE DOENTE, FALECEU KONSTANTIN UNSTINOVITCH TCHERNENKO, SECRETÁRIO GERAL DO CC DO PCUS E PRESIDENTE DO PRESIDIUM DO SOVIETE SUPREMO DA URSS [...]. (O Estado de São Paulo, 12/03/1985, p. 8).

No resto da página, bem como nas páginas 9 e 10, o foco das matérias era mais político do que informativo. Ainda na página 8, a matéria "Desde os 20 anos na escada do poder", uma matéria assinada por Cecília Thompson, aborda a vida política de Gorbachev: desde quando associou-se ao partido comunista em 1931 até a chegada de Gorbachev ao poder em 1985. Já na página 9, a manchete é "Novo líder quer diálogo. Reagan aceita" fazendo referência a algo que já fora tratado (e será agora mais bem explorado) que eram as negociações de Genebra, mas não somente isso.

Além disso, havia, também, outras pequenas matérias que merecem destaque: a primeira, chamada "O PC é o motor da máquina burocrática", falava do "autoritarismo exacerbado" do PCUS (Partido Comunista da União Soviética) no monopólio das decisões políticas do Estado. A segunda matéria, "A escolha foi rápida. Tudo estava preparado" falava, repetitivamente, sobre o fato da alta cúpula do PCUS já saber (e ter certeza) que Gorbachev seria o novo líder da União Soviética. A terceira matéria – que, ao fim, assimila-se a uma opinião – "Mudanças esperarão a consolidação do poder" assinada por A. M. Pimenta Neves, correspondente do *Estadão* em Washington, afirmava que, apesar de Gorbachev ser um homem de bom humor e que aparentava ser mais caloroso que os antigos líderes soviéticos, o Ocidente ainda não deveria confiar no novo líder, pois "ainda é um líder soviético" (O Estado de São Paulo, 12/03/1985, p. 9-10).

A última página do caderno, página 12, iniciava com a matéria "Gorbachev herda um país esclerosado" que tem como destaque mapas da União Soviética, dados da população, números sobre a economia, uma breve explicação sobre como funcionava o poder na União Soviética e, ao fim da página, uma imagem mostrando os "fatos históricos mais importantes". O que se nota na imagem é que dos 6 acontecimentos que o jornal julga como os mais importantes da história soviética, 3 são fotos de intervenções soviéticas em países euro-asiáticos. Aborda a intervenção na Hungria, a intervenção na Tchecoslováquia e a intervenção no Afeganistão. Todas estas três fotos apresentam características como pessoas violentadas e/ou tanques de guerra soviéticos. Além disso, as outras três imagens falam sobre a Revolução de 1917, a morte de Lênin e a morte de Stálin. O problema com esta imagem, entretanto, é que pode-se entender que o jornal estava tentando passar a imagem de uma União Soviética que usava do seu poderio político-militar para satisfazer as vontades do seu governo, o que concorda com a matéria "**A grande fábrica de robôs**" (O Estado de São Paulo, 12/03/1985, p. 12), a qual afirma que a população soviética nada mais eram do que robôs destinados a satisfazerem as vontades do Estado.

Quanto a *Folha de S. Paulo*, o número de matérias divulgadas foi menor em comparação ao *Estadão*. Enquanto o *Estadão* dedicou 5 páginas do jornal ao fato, a *Folha de S. Paulo* dedicou apenas 3. Na capa do jornal, por exemplo, a manchete do dia era "Tancredo anuncia hoje seu Ministério" e abaixo a manchete "Morre Tchernenko, assume Gorbachev" falando apenas sobre quem seria o sucessor de Chernenko e da chegada da notícia em Washington. Abaixo da matéria havia também uma opinião de Paulo Francis "Uma nova geração no poder" que continuava apenas na página 23, junto com a matéria anterior.

Uma das características da *Folha de S. Paulo* era a de colocar seu editorial e opiniões nas páginas 2 e 3, apresentando opiniões ora assinadas, ora não – que é o caso da opinião intitulada "Gorbachev no poder, nada de novo" que trazia com simplicidade a mesma ideia que o *Estadão*, de que apesar de Gorbachev ser um homem novo, de bom humor, a União Soviética continuaria sendo a mesma:

> [...] assim, dentro de alguns dias, é provável que Gorbachev seja distinguido com mais essa honraria, e tudo continuará mais ou menos como antes, com diferenças de estilo, de um toque pessoal de comando e de imagem, já que é tido como pessoalmente mais aberto e afável. Nenhuma alteração profunda, porém, se acha à vista (Folha de S. Paulo, 12/03/1985, p. 2).

Agora já na página 22 (ou página 2 do caderno Exterior), a manchete concordava com a capa e apenas continuava com o que já fora apresentado nela: dados sobre a morte de Chernenko, e como os países receberam a notícia da morte e da chegada de Gorbachev ao poder. Abaixo dessa matéria havia também outra menor que falava das causas da morte de Chernenko, afirmando que a morte foi causada por um enfisema pulmonar.

Quando na página 23, a manchete "Reagan ansioso para encontrar o novo dirigente" tinha grande destaque, apesar da matéria ser relativamente pequena, falando apenas do comunicado da Casa Branca da vontade dos Estados Unidos manterem as negociações para a diminuição da produção de armamento nuclear, o que corrobora com outras duas matérias da mesma página: "Negociações de Genebra não serão canceladas" e "Desarmamento ganha novo impulso", uma matéria assinada por Newton Carlos (analista da *Folha de S. Paulo* especializado nos assuntos de política e segurança internacional) que mencionava sobre a diminuição da produção de armamento nuclear, abordando sobre como isso seria confortável para a União Soviética (devido ao decrescimento da sua Economia) quanto para os Estados Unidos.

Já na última página do caderno, a matéria com maior destaque é, na verdade, uma opinião assinada por Pilar Bonet, correspondente do *El País* desde 1982, sendo encarregada das notícias internacionais da União Soviética. Quanto ao título da opinião, "Gorbachev herda os frutos de um país medíocre e sem liderança", já deixava claro o conteúdo que seria transmitido ao leitor: a imagem de uma União Soviética acabada, medíocre e com uma cúpula frágil, sem equilíbrio de poder. Além disso, a opinião também trata de corrupção, falando dos "subornos, gorjetas e mercado negro" e como faziam parte da vida cotidiana da União Soviética (Folha de S. Paulo, 12/03/1985, p. 23), fazendo questão de mostrar o quão corrupto era o Estado.

Para o encerramento do caderno e da série de reportagens, apenas uma imagem intitulada "as mudanças no poder desde a revolução de 1917", uma imagem que apresenta apenas os nomes dos líderes soviéticos e apenas breves informações sobre cada um e sobre seu governo, fazendo também críticas e expressando a opinião do jornal sobre cada líder.

A dissolução da União Soviética na grande imprensa de São Paulo

Custando os seus comuns Cr$500,00 (aproximadamente R$4,00) a edição de quinta-feira, 26 de dezembro de 1991, de *O Estado de São Paulo* já estava nas bancas. Na capa, uma foto de Gorbachev e uma matéria que já deixava claro o ocorrido: Gorbachev renuncia, URSS cede espaço para a Rússia.

> Virando uma página desconcertante, atribulada e riquíssima do século 20, o presidente soviético Mikhail Gorbachev renunciou ontem a seu cargo, que declarou extinto, em discurso de 12 minutos transmitido por uma cadeia de rádio e televisão às 15 horas de Moscou (19 de Brasília). Logo Em seguida, Gorbachev anunciou os decretos pelos quais passou o controle do dispositivo nuclear soviético para o presidente da Rússia, Boris Yeltsin. Ato contínuo, os poucos cidadãos que enfrentavam o frio de inverno na Praça Vermelha, em Moscou, assistiram a uma cena simbólica que nem os futurólogos mais ousados poderiam prever há apenas dois ou três anos: a bandeira vermelha da foice e do martelo desceu do mastro principal do Kremlin, símbolo do poder da superpotência construída pelo comunismo, e cedeu lugar à bandeira azul, branca e vermelha da Rússia (O Estado De São Paulo, 26/12/1991, capa).

Além destas palavras, havia mais três títulos: "Yeltsin promete ter cuidado com suas armas nucleares"; "Forças do governo Central começam a deixar a Geórgia" e "Europa reconhece Rússia no lugar da ex-União Soviética". Todas essas matérias continuavam a partir da página 7, enquanto a matéria principal se estendia pelas páginas 7, 8 e 9. Além disso, a capa apresentava uma foto de Gorbachev assinando o documento citado na matéria com a legenda: "Último ato: Moscou, 25 de dezembro de 1991: Gorbachev transfere para a Rússia de Yeltsin o controle do arsenal atômico da antiga URSS"

Agora, em direção à página 7 do jornal, era notável a manchete "Gorbachev sai e bandeira soviética desce". A matéria se iniciava confirmando as informações que haviam sido dadas na capa, mas conforme o leitor avançava, poderia encontrar mais detalhes:

> Essa cerimônia marcando o encerramento do império soviético havia sido marcada para o dia 31, mas foi antecipada, tendo sido assistida por apenas algumas pessoas que desafiavam o frio na Praça Vermelha. Quem apareceu na tela da TV, numa transmissão que a rede americana CNN levou a todo o mundo, não foi um Gorbachev conformado com a extinção de seu cargo e da União que tentou salvar a todo custo. Ele deixou claro que não pode aceitar a forma pela qual foi constituída a CEI e continuou

> defendendo sua própria fórmula: a de uma União de Estados Soberanos, com um poder central rarefeito (O Estado De São Paulo, 26/12/1991, p. 7).

Além dessas informações, a matéria contava com trechos da fala de Gorbachev em seu discurso:

> "Devido à situação criada com a formação da Comunidade de Estados Independentes, encerro minhas atividades como presidente da URSS. [...] Não posso concordar com essa linha. [...] Uma decisão desse calibre deveria ser tomada com base na vontade popular. [...] Farei tudo que puder para que os acordos firmados levem a uma verdadeira concórdia na sociedade e facilitem a solução da crise" (O Estado De São Paulo, 26/12/1991, p. 7).

Com essas informações encerrava-se o discurso de Gorbachev na página 7 de *O Estado de São Paulo*. A continuação desta mesma matéria apenas dava informações sobre o último ato de Gorbachev, fato que foi ressaltado diversas vezes nessa edição do jornal. Com essas informações e uma foto intitulada "Despedida" a matéria se encerrava.

Agora, abaixo dessa matéria havia mais uma que já fora citada na capa do jornal, mas que enfatizava a sucessora da União Soviética: a Rússia.

> Yeltsin promete comunidade pacífica MOSCOU – No mesmo dia em que recebeu das mãos de Mikhail Gorbachev o comando dos arsenais nucleares da antiga URSS e se tornou senhor da segunda potência atômica do planeta, a Rússia, o presidente Boris Yeltsin se esforçou ontem para mostrar que a Comunidade dos Estados Independentes (CEI) será um ator disposto a cooperação e a defesa da paz. Num discurso perante o Parlamento Russo e, mais tarde em entrevista à CNN, Yeltsin enfatizou que seu poder de utilizar as ogivas atômicas dependerá de consulta prévia com outras três repúblicas, Ucrânia, Bielo-Rússia e Cazaquistão, que também dispões de arsenais nucleares. [...] O presidente russo também prometeu que as quatro repúblicas nucleares ratificarão conjuntamente o tratado de redução das armas atômicas de longo alcance, assinado dia 31 de julho por Gorbachev e George Bush (O Estado De São Paulo, 26/12/1991, p. 7).

Além destas matérias, havia também outra que apresentava a informação que o Ocidente – em especial os Estados Unidos – reconheceram a Rússia como sucessora natural da União Soviética. Em nossa percepção, apresentar essa informação tanto na capa como logo na primeira página do caderno, logo abaixo da principal manchete, seria mostrar que os Estados Unidos junto a todas as outras grandes potências capitalistas ocidentais, teriam, enfim, "vencido" o comunismo soviético, vencido a Guerra Fria.

Agora, já na página 8, poderíamos ver no cabeçalho um desenho de Gorbachev com a legenda: "Ao iniciar as reformas há seis anos na antiga URSS, Mikhail Gorbachev liberou forças que acabariam por desintegrar o império do próprio reformador". Abaixo disso, apenas uma matéria intitulada "Onda de reformas engole o seu criador", no qual falava das medidas políticas de Gorbachev: a *perestroika* e a *glasnost* e ocupava uma página inteira, além de apenas uma imagem no centro da matéria mostrando Yeltsin e Gorbachev.

Também custando seus típicos Cr$500, a edição da *Folha de S. Paulo* do dia 26 de dezembro de 1991 apresentava em sua capa, assim como O *Estado de São Paulo*, uma foto de Gorbachev assinando o seu último ato. Havia também um título que, abaixo dos anúncios típicos do jornal, ocupava todo o cabeçalho.

> Gorbachev renuncia à presidência; Boris Iéltsin controla botão nuclear. Jaime Spitzcovsky, de Moscou – Mikhail Gorbachev, 60, renunciou ontem à presidência da União Soviética. Deixa de dirigir um país que já desapareceu. Em discurso de 12 minutos transmitido pela TV, afirmou que sua missão chegou ao fim com a criação da Comunidade de Estados Independentes (CEI), que já obteve a adesão de 11 das ex-repúblicas soviéticas. A bandeira vermelha com a foice e o martelo foi substituída no Kremlin pela bandeira tricolor que a Rússia possuía antes da Revolução de 1917. Gorbachev entregou à CEI os códigos para detonar os mísseis nucleares. "No momento em que um grande Estado deixa de existir, continuo fiel a meus princípios", disse. O oitavo e último líder da URSS comandou o Kremlin por 2.481 dias, deslanchou a perestroika e enterrou a Guerra Fria. O prêmio Nobel da Paz de 1990 e "Homem da Década" pela revista "Time" se despede derrotado (Folha de S. Paulo, 26/12/1991, capa).

A matéria era curta, mas, logo ao fim do parágrafo encontrava-se um aviso que alertava o leitor que havia um caderno especial chamado "O Fim".

Além desse caderno especial, outros capítulos especiais foram lançados, como o 'Especial-3" para abordar o fim da União Soviética.

Agora, já abaixo dessa matéria encontravam-se mais duas: "Presidente russo dá garantia" e "EUA reconhecem a Rússia". A primeira matéria encontrava-se em um capítulo especial, enquanto a segunda apresentava um pequeno parágrafo:

> Em discurso à noite, o presidente norte-americano, George Bush, reconheceu a Rússia e as repúblicas que integram a CEI como Estados Independentes. "Apesar dos riscos de instabilidade e caos, os acontecimentos na ex-URSS correspondem aos nossos interesses internacionais, disse (Folha de S. Paulo, 26/12/1991, capa).

O caderno especial "O Fim" iniciava com um título chamativo que dizia "GORBACHEV SAI DE CENA", enquanto a matéria dizia o seguinte:

> Mikhail Sergueievitch Gorbachev, 60, renunciou ontem a Presidência da União Soviética. Deixa de dirigir um país que já desapareceu. "Com a criação da CEI encerro minhas atividades como presidente da URSS", afirmou. Em seus 2.481 dias no Kremlin, ele deslanchou a perestroika, enterrou a Guerra Fria e testemunhou a ruína do império soviético. A bandeira vermelha com a foice e martelo foi retirada do Kremlin às 19h32. [...] Em Brasília, o Palácio do Planalto anunciou que o presidente Fernando Collor de Mello enviou mensagem a Gorbachev e anunciou que nos próximos dias o Brasil reconhecerá a CEI (Folha de S. Paulo, 26/12/1991, p. 23).

Na página seguinte, havia uma opinião com o título "Ex-líder oscila entre trágico e patético" assinada por Pilar Bonet. A opinião trazia, em poucas palavras, o que Gorbachev não pôde fazer; seus fracassos; a *perestroika* e a *glasnost* como vilãs da queda de seu império. Tratavam as medidas como um tubo de ensaio com um vírus em seu interior, e que só Gorbachev teve a capacidade (para não dizer idiotice, como o texto apresenta) de abrir o frasco. Ao lado da matéria, há uma pequena coluna sobre como grandes jornais internacionais, como o *The New York Times*, *The Washington Post*, *El Pais* e *Le Monde* apresentaram a dissolução da URSS. O problema que encontramos com este resumo é que não encontramos registro destas matérias em acervos on-line, o que nos deixa com o questionamento sobre a veracidade do que a Folha publicou sobre outros jornais de grande prestígio internacional, podendo ser verdade ou apenas uma tentativa de concordar com o seu discurso.

Na página seguinte, o conteúdo era mais geográfico do que político. Apresentava uma matéria intitulada "Líder lamenta fim da nacionalidade soviética"

> Líder lamenta fim da nacionalidade soviética: Em seu discurso de despedida, Gorbachev acena com o fantasma das disputas étnicas e inter-repúblicas. Saída terá impacto nos EUA, diz Bush. O presidente dos EUA, George Bush, despediu-se ontem do presidente da ex-URSS, Mikhail Gorbachev, elogiando-o por ter colocado em marcha a histórica transformação da União Soviética. Gorbachev telefonou para Bush para avisar que já não detinha o controle nuclear. Já o chanceler alemão, Helmut Kohl, agradeceu a Gorbachev por ter permitido a reunificação alemã. O governo da Itália reconheceu a Federação Russa. Um comunicado do Ministério das Relações Exteriores informava que a decisão estava de acordo com a posição da Comunidade Europeia. Outro país da CE a formalizar oficialmente o reconhecimento foi a Grã-Bretanha (Folha de S. Paulo, 26/12/1991, p. 24).

Abaixo da matéria, havia um mapa da eurásia pós-soviética e a íntegra do discurso de Gorbachev. É importante que seja apresentado este fato pois, diferente do *Estadão* a *Folha de S. Paulo* utilizou trechos do discurso de Gorbachev para concordar com seu discurso, mas apresentou o discurso na íntegra, algo que o Estadão não fez.

Conclusões

A queda da União Soviética, como já era aguardada ansiosamente pelos países capitalistas, traz consigo o desfecho do maior embate do Século XX: a Guerra Fria. Uma União que outrora foi capaz de superar seu principal oponente, os Estados Unidos, se viu nas mãos erradas durante seus últimos anos de vida. Os Estados Unidos, assistindo a queda de camarote junto da facção liberal que apoiava dentro da União Soviética, anunciava a sua vitória ao mundo por meio do financiamento de jornais para que saísse como o vencedor de um embate onde quem saía perdendo não era um sistema, mas sim as diversas culturas que compunham a União Soviética, a história de uma nação e, por fim, a esperança do proletariado russo e europeu. A queda da União Soviética, portanto, se deu por conta de um caos político e econômico que se manteve no ideal soviético durante anos, desde Stálin. Esse ideal, de mostrar que a Rússia e a União Soviética eram tão poderosos quanto as outras potências, foi a principal causa de sua dissolução. As medidas de Gorbachev, nos últimos anos de história, foram apenas consequência desses ideais.

Quanto aos jornais, que apoiavam os Estados Unidos nesse embate, conclui-se que existe uma repetitividade de matérias apresentadas. Enquanto *O Estado de São Paulo* publicava mais matérias em alguns casos e a *Folha de S. Paulo* em outros, isso não significava uma maior profundidade da mensagem que poderia ser apresentada ao leitor. Quando já na dissolução, a *Folha* se faz diferente e apresenta outros pontos de vista e outras perspectivas sobre assuntos que o *Estadão* tratou de maneira plana, superficial, como por exemplo, a opinião de pessoas que moravam na União Soviética e viram tudo isso acontecer: desde a entrada de Gorbachev em 1985 até a queda da União Soviética em 1991.

Outra diferença entre os jornais é quanto à importância que deram a série de reportagens sobre o ocorrido. Enquanto o *Estadão* publicava estas matérias na primeira página do caderno internacional, a *Folha de S. Paulo* publicava nas últimas (quando publicava). Em sua capa, por exemplo, só fatos extremamente marcantes mereciam destaque, já que alguma matéria relacionada à política interna do Brasil sempre tinha o destaque ou preferência do jornal. Mas isso não é exatamente um problema, em algumas destas matérias com menos relevância no jornal, a *Folha de S. Paulo* conseguiu expressar melhor os fatos e, às vezes, informações a mais do que *O Estado de São Paulo*, citando, diversas vezes, como outros países vinham reagindo àquele acontecimento, inclusive a reação do Brasil.

Outro ponto que é de extrema relevância ser apresentado é quanto a neutralidade da imprensa. Sabemos que ela não existe, mas ambos os jornais se esforçam (e merecem reconhecimento por isso) para deixar isso o menos visível possível. O problema disso é que o leitor do dia a dia em sua "leitura extensiva" não nota estes detalhes; não nota que Paulo Francis assina uma matéria avisando para Reagan ter cuidado ao sorrir para Gorbachev, pois isso pode ser interpretado como um acordo de paz; não nota como está sendo manipulado. E este é o ponto que ressaltamos: ambos os jornais fazem o máximo para não mostrar que são pró-Estados Unidos, deixando isso apenas nas entrelinhas, em pequenos detalhes como dizer que o ocidente capitalista é o lado democrático do mundo e o oriente comunista não, corroborando com a ideia de grande imprensa de Nelson Werneck Sodré já que ambos os jornais tiveram sim o interesse de intervir na vontade social.

Nesse sentido, temos, ainda, como exemplo o fim da Guerra Fria em que ambos os jornais atrelaram o seu fim aos Estados Unidos, quando apresentamos dados que apontam que, desde a chegada de Gorbachev no poder em 1985, quem teve o interesse de manter as negociações de Genebra, quem desde o início teve a vontade de parar com a produção de armamento nuclear e bélico, foi Gorbachev, fato que lhe rendeu o Prêmio Nobel da Paz, que fora menosprezado por ambos os jornais.

Referências

Fontes primárias

Folha de S. Paulo – Disponível no Acervo online da Folha de S. Paulo.

O Estado de São Paulo – Disponível no Acervo online de O Estado de São Paulo.

Fontes secundárias:

DOBBS, Michael. *A Queda do Império Soviético.* Rio de Janeiro: Campus, 1998.

ELMIR, Claudio Pereira. As armadilhas do jornal: algumas considerações metodológicas de seu uso para a pesquisa histórica. In: *Cadernos do PPG em História da UFRGS.* Nº13. Porto Alegre: 1995.

HOBSBAWM, Eric. *Era dos Extremos*: o breve século XX (1914 – 1991). 2ª ed. São Paulo: Companhia das Letras, 2003.

LEWIN, Moshe. *O Fenômeno Gorbachev*: uma interpretação histórica. Rio de Janeiro: Paz e Terra, 1988.

LUCA, Tania Regina de. História dos, nos e por meio dos periódicos. In: PINSKY, Carla Bassanezi (org.). *Fontes Históricas.* 2ª ed. São Paulo: Contexto, 2006, p. 111-153.

NOVOA, João Vitor Cassela. *Os últimos dias de União Soviética*: análise da série de reportagens "A Segunda Revolução", de Zero Hora". 2012. Trabalho de Conclusão de Curso

(Graduação em Comunicação Social) - Universidade Federal do Rio Grande do Sul, Porto Alegre, 2012.

REIS FILHO, Daniel Aarão. *As Revoluções Russas e o Socialismo Soviético*. São Paulo: UNESP, 2003.

SEGRILLO, Angelo. *O Declínio da União Soviética*: um estudo das causas. 2ª ed. Curitiba: Prismas, 2013.

SODRÉ, Nelson Werneck. *História da imprensa no Brasil*. Porto Alegre: EdiPUCRS, 2010.

VISENTINI, Paulo Fagundes. *Os paradoxos da revolução russa*: ascensão e queda do socialismo soviético (1917-1991). Rio de Janeiro: Alta Books, 2017.

Adrian Nunes de Carvalho – Estudante do Curso Técnico Integrado em Informática no Instituto Federal de Educação, Ciência e Tecnologia Sul-rio-grandense (IFSul).

Alice da Cruz Busatto – Graduanda em Relações Internacionais na Universidade Federal de Santa Maria (UFSM). Técnica em Informática pelo Instituto Federal de Educação, Ciência e Tecnologia Sul-rio-grandense (IFSul). Foi Bolsista de Iniciação Científica no projeto de pesquisa "Revolução Cubana: a representação da invasão da Baía dos Porcos na grande imprensa brasileira".

Andrielly Saraiva de Araujo – Estudante do Curso Técnico Integrado em Informática no Instituto Federal de Educação, Ciência e Tecnologia Sul-rio-grandense (IFSul).

Bárbara Lopes Nobre de Souza – Estudante do Curso Técnico Integrado em Informática no Instituto Federal de Educação, Ciência e Tecnologia Sul-rio-grandense (IFSul).

Cássia Luísa de Menezes Ferreira – Graduanda em Engenharia Hídrica na Universidade Federal do Rio Grande do Sul (UFRGS).

Charles Sidarta Machado Domingos – Doutor em História pela Universidade Federal do Rio Grande do Sul (UFRGS). Atualmente, realiza estágio de pós-doutorado junto à UFRGS. Professor D-403 no Instituto Federal de Educação, Ciência e Tecnologia Sul-rio-grandense (IFSul).

Gabrielly Hampe Salvador - Estudante do Curso Técnico Integrado em Mecatrônica no Instituto Federal de Educação, Ciência e Tecnologia Sul-rio-grandense (IFSul). Foi bolsista de Iniciação Científica no projeto de pesquisa "O impacto causado pelo assassinato do presidente John F. Kennedy na imprensa brasileira".

Hernani Santos de Oliveira –Técnico em Mecatrônica pelo Instituto Federal de Educação, Ciência e Tecnologia Sul-rio-grandense (IFSul).

Karolayne de Lima Recoba – Graduanda em Fisioterapia na Universidade Federal de Ciências da Saúde de Porto Alegre (UFCSPA). Técnica em Informática pelo Instituto Federal de Educação, Ciência e Tecnologia Sul-rio-grandense (IFSul). Foi Bolsista de Iniciação Científica no projeto de pesquisa "Revolução Cubana: a representação da invasão da Baía dos Porcos na grande imprensa brasileira".

Laura Martins de Lima – Graduanda em Engenharia Elétrica na Universidade Federal do Rio Grande do Sul (UFRGS). Técnica em Mecatrônica pelo Instituto Federal de Educação, Ciência e Tecnologia Sul-rio-grandense (IFSul).

Manuela da Rosa Azeredo – Estudante do Curso Técnico Integrado em Informática no Instituto Federal de Educação, Ciência e Tecnologia Sul-rio-grandense (IFSul).

Natália Ramazzini Lindner – Estudante do Curso Técnico Integrado em Mecatrônica no Instituto Federal de Educação, Ciência e Tecnologia Sul-rio-grandense (IFSul). Foi bolsista de Iniciação Científica no projeto de pesquisa "O impacto causado pelo assassinato do presidente John F. Kennedy na imprensa brasileira".

Pedro Duarte Pereira – Estudante do Curso Técnico Integrado em Informática no Instituto Federal de Educação, Ciência e Tecnologia Sul-rio-grandense (IFSul).

Rafaela Gulgelmin Collovini – Graduanda em Psicologia na Pontifícia Universidade Católica do Rio Grande do Sul (PUCRS). Técnica em Mecatrônica pelo Instituto Federal de Educação, Ciência e Tecnologia Sul-rio-grandense (IFSul).

Vitória Simon de Souza – Estudante do Curso Técnico Integrado em Mecatrônica no Instituto Federal de Educação, Ciência e Tecnologia Sul-rio-grandense (IFSul). Foi bolsista de Iniciação Científica no projeto de pesquisa "O impacto causado pelo assassinato do presidente John F. Kennedy na imprensa brasileira".

Este livro foi composto em fonte tipográfica Crimson Pro 11/14pt em papel pólen soft 80g/m² e impresso pela Gráfica RJR para a Editora Coragem no Outono de 2022.

Gráfica RJR
www.graficarjr.com.br

Impresso em sistema digital, com papel proveniente de florestas plantadas e certificadas.

Produzido com **Energia Solar**